Sebastian Schoepp

DAS ENDE DER EINSAMKEIT

Was die Welt von
Lateinamerika lernen kann

WESTEND

Mehr über unsere Autoren und Bücher:
www.westendverlag.de

Die Deutsche Nationalbibliothek verzeichnet diese Publikation in
der Deutschen Nationalbibliografie; detaillierte bibliografische Daten
sind im Internet über http://dnb.d-nb.de abrufbar.

ISBN 978-3-938060-58-2
© Westend Verlag GmbH, Frankfurt/Main 2011
Satz: Publikations Atelier, Dreieich
Druck und Bindung: CPI – Clausen & Bosse, Leck
Printed in Germany

Para Paula

Inhalt

1 Gute Nachrichten aus Lateinamerika

*»Das nächste Jahrzehnt könnte das Jahrzehnt
Lateinamerikas werden.«*
Osvaldo Rosales von der UN-Wirtschaftskommission für Lateinamerika
(Tagesspiegel, 25. November 2010)

Als der Befreier 1830 auf dem Weg zum Sterben den Río Magdalena an Bord eines Schiffes hinabfährt, ist er ein gebrochener
Mann. Seine Träume von einem vereinten, fortschrittlichen
Großreich ehemaliger Kolonien sind geplatzt. Verfolgt von seinen Feinden, vom Fieber geschüttelt, von Depressionen um-
nachtet, gibt Simón Bolívar seinen berühmten Stoßseufzer von
sich: Seine Revolution sei nichts anderes gewesen als »Pflügen
im Meer«.[1]

In einem jahrelangen Feldzug hat er die Heere der spanischen
Kolonialherren in vielen Schlachten angegriffen, zurückge-
drängt und geschlagen und ein riesiges Gebiet von Caracas an
der Karibik bis La Paz in den Anden von der Fremdherrschaft
befreit. Doch mit jedem Meter, den er vorrückt, werden hinter
seinem Rücken alle seine Bemühungen um Einheit von egoistischen Nutznießern und Verschwörern zunichtegemacht: Großgrundbesitzer, Oligarchen, Plantagenbetreiber, Caudillos, Kir-
chenfürsten und Offiziere teilen die Beute untereinander auf,
konspirieren und intrigieren mit- und gegeneinander. Die Landarbeiter, die Viehhirten, Bauern, Pflanzer, Handwerker und
Bergleute, die Indios und Schwarzen bleiben so entrechtet und

arm wie eh und je. Der Subkontinent zerfällt politisch in Bruchstücke. Am 17. Dezember 1830, kurz vor seinem Tod, zieht Bolívar angesichts der Trümmer seines Lebenswerks eine bittere Bilanz: »Jesus Christus, Don Quijote und ich, wir waren die drei
größten Dummköpfe der Geschichte.«[2]

Und in der Tat bleibt der Subkontinent, für den sich in der
zweiten Hälfte des 19. Jahrhunderts der Begriff Lateinamerika
durchsetzt, weil dort romanische, also »lateinische« Sprachen
gesprochen werden, ein Hort des Chaos, der Unordnung, der
Staatsstreiche, Krisen, Katastrophen und Pleiten. Bis Ende des
20. Jahrhunderts produziert die Weltgegend zwischen Río
Grande und Feuerland – abgesehen von Fußballsiegen – fast
durchgehend schlechte Nachrichten. Die Bilder von Putschen
und Massakern, von finsteren Diktatoren, von Elendsvierteln
und Drogenbossen prägen die öffentliche Wahrnehmung der
restlichen Welt.

Doch ziemlich genau zweihundert Jahre nach der Unabhängigkeit beginnt sich das Bild zu wandeln. In fast allen Ländern
etablieren sich innerhalb weniger Jahre Demokratien, die nicht
mehr so leicht ins Wanken zu bringen sind wie ihre Vorläufer.
Die Wahlen verlaufen in der Mehrzahl fair und frei. Ja, mehr
noch: Manche Regierungschefs erreichen Zustimmungsraten,
von denen europäische Politiker nur träumen können. Die Wirtschaft, jahrhundertelang das Hauptproblem Lateinamerikas,
boomt nicht nur, sie zeigt sich sogar krisenresistenter als die Europas und Nordamerikas. Die Armut, zwar immer noch das
drängendste Problem, wird durch Sozialprogramme signifikant
verringert. Der Mittelstand wächst.

Dazu kommen weitere Erfolge. Fremdenfeindliche Debatten,
die anscheinend unausrottbare Seuche der Alten Welt, sind Lateinamerika fremd. Nach einem jahrhundertelangen, konfliktrei-
chen Integrationsprozess haben die verschiedenen Völker, die
Kreolen[3], Indigenen und Schwarzen gelernt, zusammenzuleben. Ja, manche leiten aus der gelungenen Mischung, dem Mes-

tizentum, gar eine Vorbildfunktion ab, etwa der kolumbianische Schriftsteller und Essayist William Ospina in seinem Buch *América Mestiza*: »Die Mestizaje, die unsere große Schwierigkeit war, ist auch unsere große Chance auf der Bühne der derzeitigen Kultur, da die Tendenzen zur Vermischung eine der Hauptcharakteristiken der Modernität sind.«[4]

Selbst der Machismo scheint auf dem Rückzug zu sein: Im Jahr 2010 stehen in Lateinamerika vier Frauen an der Spitze großer oder wichtiger Staaten – im Gegensatz dazu gab es in den USA, Frankreich, Spanien, Portugal oder Italien zum selben Zeitpunkt noch nie eine Präsidentin. In Argentinien regiert Cristina Kirchner, im kleinen, aber einflussreichen Costa Rica heißt die Staatschefin Laura Chinchilla. In Chile scheidet Michelle Bachelet im März 2010 mit rekordverdächtigen Zustimmungsraten aus dem Amt. Im Giganten Brasilien gewinnt Dilma Rousseff im Oktober die Präsidentenwahl.

Der alte lateinamerikanische Minderwertigkeitskomplex scheint angesichts des Fortschritts zu schwinden. Brasilien, Schauplatz eines gewaltigen Wachstums, fühlt sich sogar stark genug, eine Neuverteilung der Machtverhältnisse in der Welt zu fordern. Ein Ruf, der auch in der reichen Welt von denen aufmerksam wahrgenommen wird, die der Alleinherrschaft einer Supermacht und ihres konfrontativen Verhaltens gegenüber Ländern mit anderen Religionen und Weltanschauungen müde sind.

Innerhalb Lateinamerikas sind es die Nachkommen der Ureinwohner, jahrhundertelang dezimiert, missachtet und unterdrückt, die nun ihre Rechte einfordern – und dafür nicht mehr mit Speer und Blasrohr kämpfen, sondern mit Laptop und Wahlplakaten. Die Indigenen greifen nach der Macht und erringen sie 2005 in Bolivien. Ja, die Weltsicht der Anden und des Amazonas gewinnt unter zivilisationsmüden Europäern Anhänger, weil sie das Prinzip »weniger ist mehr« verkündet und angesichts des Klimawandels Respekt im Umgang mit den Schätzen der Erde einfordert.

Der mexikanische Literaturnobelpreisträger Octavio Paz skizzierte 1950, wo die Stärke Lateinamerikas dereinst liegen könne: in der »Aktualisierung des europäischen Gedankens«. In seinem Essay »Das Labyrinth der Einsamkeit« fragte der Autor in Bezug auf Mexiko: »Können wir eine Gesellschaft entwickeln, die nicht in der Beherrschung des anderen begründet liegt?«[5] Die Erfolge bei Völkerverständigung, Demokratisierung und Wirtschaftsentwicklung deuten darauf hin, dass Lateinamerika das kann. Geht von Lateinamerika also möglicherweise gar ein Impuls für die Welt aus, für ein Friedenszeitalter, wie es der mexikanische Philosoph José Vasconcelos in den 1920er Jahren formulierte? Das mag utopisch sein. Doch für sich selber scheint Lateinamerika eine Formel gefunden zu haben. Während alle Welt vor Terroranschlägen zittert, gibt es an lateinamerikanischen Flughäfen weder Nacktscanner noch Flüssigkeitsverbot. Ausgerechnet auf dem früheren Kontinent der Diktaturen kann man unbeschwert zwischen den meisten Staaten hin und her reisen.

Innerhalb der einzelnen Länder sieht das freilich anders aus. Noch immer ist Lateinamerika ein Hort der Gewalt und des Drogenhandels, direkte Konsequenz der Armut. Nirgendwo auf der Welt ist der Reichtum ungerechter verteilt – eine Folge des Kolonialismus, dessen Strukturen die Befreier des 19. Jahrhunderts wie Simón Bolívar nicht verändern konnten. Ihre Nachfolger wollten sie nicht verändern, weil die kleinen postkolonialen Eliten, die Clans und die Caudillos von den Handelsströmen, die der Kolonialismus gegraben hatte, profitierten. In Europa und Nordamerika beförderten das Gold und Silber, Erze, Blei, Kupfer, Salpeter, Uran und Öl aus Lateinamerika die Industrialisierung. Die, die Reichtümer aus der Erde kratzen mussten, wurden auf einen Weg der Verdammnis geschickt, aus der es so leicht kein Zurück gab.

Doch vorbei scheint die Zeit, da Revolutionäre in blutigen – und meist erfolglosen Umstürzen – versuchten, die ungerechten

Verhältnisse mit der Waffe in der Hand zu ändern, um dann in den Folterkellern und Verliesen grausamer Diktatoren zu landen. Lateinamerikas moderne Revolution verläuft demokratisch. Fast alle Länder haben sich ihrer Gewaltherrscher aus eigener Kraft entledigt, von denen viele abgeurteilt wurden – zumeist ohne Hilfe von außen, ohne Weltgerichtsbarkeit, Blauhelme und UN-Sicherheitsrat. Kommt es zu Rückschlägen im Demokratisierungsprozess, wie etwa beim Putsch in Honduras 2009, stehen die Länder in einer Weise zusammen, von der auch die ewig zerstrittene Europäische Union lernen könnte.

Träger des politischen Fortschritts seit 2000 sind in vielen Fällen die, die den Folterkellern und der Verfolgung der 1970er und 1980er Jahre entkamen: Michelle Bachelet in Chile, Dilma Rousseff und Luiz Inácio Lula da Silva in Brasilien, Néstor und Cristina Kirchner in Argentinien, José Mujica in Uruguay. Sie alle gehörten zum Kreis oder Umkreis der Verfolgten oder Verfemten. Ihre politische Renaissance, ihre auf Versöhnung ausgerichteten und in Rechtsstaatlichkeit wurzelnden Präsidentschaften wirken angesichts der blutigen Vergangenheit wie ein Akt von Weltgerechtigkeit. Ihr Aufstieg zeigt, dass eine andere Politik, die die Geschichte revidiert, offenbar möglich ist. Sie sind links orientiert – direkte Konsequenz des Rechtsrucks der vorhergehenden Jahrzehnte. Jedoch haben sie von klassenkämpferischen Maximalforderungen beizeiten Abschied genommen und sich auf den mühseligen Weg begeben, als gewählte Volksvertreter zweihundert Jahre schiefgelaufene Entwicklung mit marktwirtschaftlich orientierten, aber staatlich gesteuerten Modellen in eine andere Richtung zu lenken. Dass das nicht in ein oder zwei Amtszeiten bewerkstelligt werden kann, liegt auf der Hand. Doch ein vielversprechender Anfang ist gemacht. Wobei auch Machtwechsel zurück nach rechts – wie 2010 in Chile oder Panama – friedlich und geordnet verlaufen. Die neuen Präsidenten verzichten – anders als früher üblich – darauf, Errungenschaften ihrer Vorgänger im Handstreich zunichtezumachen.

Wie war das möglich? Hat Lateinamerika in seiner tragischen Geschichte vielleicht doch mehr Ansätze zu Selbstkorrektur und Gesundung aufzuweisen, als die ewig schlechten Nachrichten vermuten ließen? Hat es nicht gerade in Lateinamerika neben finsteren Diktatoren und rabiaten Revolutionären stets klarsichtige Denker gegeben, die – aufbauend auf einer Mischung aus europäischem geistesgeschichtlichem Erbe und neuweltlicher, indigener Vision – die Misere treffend analysierten und Vorstellungen einer bessere Zukunft entwarfen? Lateinamerikas Schriftsteller, Philosophen und Essayisten gehören seit jeher zu den besten der Welt, was die große Zahl von Literaturnobelpreisen zeigt, die nach Lateinamerika gingen.

»Die philosophische Betrachtung wurde zur heilsamen, dringenden Aufgabe, die (…) das Finden einer konkreten Lösung, die unserem Dasein Sinn zu geben vermöchte, zum Ziel hatte«, schrieb Octavio Paz.[6] Literatur, Kunst und Musik sind in Lateinamerika stets Rettungsanker gewesen, psychologische Stützen in der Not und moralischer Ansporn. Und all das stets ein wenig mehr als in der technisierten Welt, die dazu neigt, kulturelle Leistungen als Zeitvertreib geringzuschätzen. Nicht umsonst sind so viele lateinamerikanische Schriftsteller als Politiker tätig gewesen, von Domingo Faustino Sarmiento im 19. Jahrhundert in Argentinien bis Mario Vargas Llosa im Peru des ausgehenden 20. Jahrhunderts.

Lateinamerikaner sind stets in der Lage gewesen, vermeintliche Nachteile in Vorteile zu verwandeln. Sie sind Miseren gewohnt – und sie erholen sich schneller davon als andere Völker. Und sie sind möglicherweise mit einem größeren Talent zum Glücklichsein ausgestattet. 2008 zitiert der Lateinamerika-Dienst der BBC eine Untersuchung der Interamerikanischen Entwicklungsbank und des Meinungsforschungsinstitutes Gallup über die Zufriedenheit der Menschen in den Ländern des Subkontinents.[7] Die Studie stellt fest, dass die Zufriedenheit über das eigene Leben nicht etwa in den entwickelteren Staaten wie Uruguay oder Chile am größten ist, wo der Lebensstil am ehesten dem der nördlichen Industriestaaten ähnelt, sondern in Guatemala oder Kolumbien, dort also, wo kriegs- und krisenbedingt die Probleme am größten sind. Wachstum sei also nicht immer gleichbedeutend mit Glücksgefühl, bilanziert die Studie.

Die Autoren stellen weiter fest, dass gerade in den armen Ländern andere Faktoren wie vor allem die Familie, zwischenmenschliche Beziehungen und Religion für die Menschen einen großen Stellenwert besitzen. Der Wertekanon unterscheidet sich signifikant von dem der auf Fortschritt und Perfektion ausgerichteten protestantisch-puritanischen Gesellschaften des Nordens. Dort sind die Menschen laut Studie wesentlich weniger zufrieden mit ihrem Leben – trotz eines höheren Einkommens und mehr Sicherheit. William Ospina schreibt:»Im Kontrast zur reinen Botschaft der Produktivität, die keinen Platz lässt für das Leben oder für die Vorstellungskraft, oder im Kontrast zur schrecklichen Botschaft der Macht (…), haben unsere Völker zwei fundamentale Imperative aufzuweisen: den Imperativ zu überleben, so wie es die tiefen Gesetze der Natur vorschreiben und was auch beinhaltet, das natürliche Universum zu schützen, von dem wir abhängen; und den Imperativ der Suche nach Glück, nach Schönheit und nach Harmonie.«[8]

In letzter Zeit holt Lateinamerika sogar in Wissenschaft und Technik auf. In Brasilien wird erfolgreich in der Landwirtschaft experimentiert, um die Ernährung für die Zukunft sicherzustellen. Lateinamerikanische Mediziner sind führend in der Malariaforschung. Argentinien exportiert Atomtechnologie. 2010 rettet Chile 33 verschüttete Bergleute nach einem Grubenunglück in einer ausgefeilten Aktion, die mehr Fernsehzuschauer findet als die Mondlandung.

Die großen Gemeinsamkeiten bezüglich Kultur und Empfinden erlauben es übrigens, von Lateinamerika – trotz aller Unterschiede – als einer Einheit zu sprechen. Lateinamerikaner tun dies längst. William Ospina nennt Lateinamerika gar etwas kühn »El país del futuro« (das Land der Zukunft): »Es existiert eine kontinentale Kultur, wir sind kulturell eine einzige Nation, eine riesige Nation, die fähig ist, in Allianz zu arbeiten, ohne diese zu propagieren, nur durch Inspiration ihres tiefen Geistes.«[9]

Lateinamerika musste aus sich selbst heraus wachsen, das hat dem Subkontinent gutgetan. Nach der Unabhängigkeit fühlte man sich zunächst wie »die Vorstädter der Weltgeschichte, wie nicht eingeladene Tischgäste, die sich durch den Hintereingang des Westens« eingeschlichen hätten, schrieb Octavio Paz.[10] Der lateinamerikanische Geisteszustand habe daher lange der »Einsamkeit stiller Wasser« geglichen. »Wir kamen spät an in der Geschichte (…), unsere Völker legten sich zunächst ein Jahrhundert lang schlafen, und während sie schliefen, wurden sie ausgeraubt.«[11] Das daraus resultierende Misstrauen in die eigenen Fähigkeiten, die renitente Haltung gegenüber dem Fortschritt, das alles spiegelt sich wider im Begriff der »Einsamkeit«, der die Schriften lateinamerikanischer Denker von Octavio Paz über Gabriel García Márquez bis Jorge Volpi durchzieht. Aber vielleicht waren es ja genau diese Einsamkeit, dieser innere Zwang zur Eigentümlichkeit, dieser Hang zu friedlicher Irrationalität, zu Reflexion statt Aggression, zu Kontemplation statt Expansion, die Lateinamerika letztlich auf den richtigen Weg gebracht haben. Tatsache ist, dass der lateinamerikanische Weg zunehmend Beachtung verdient in einem Moment, da das Fortschrittsmodell der industrialisierten Welt an seine Grenzen stößt. »Lateinamerika ist überraschend zu einer politischen Werkstatt in der Weltzivilisation geworden«, schreibt der Anthropologe und Kulturwissenschaftler Constantin von Barloewen.[12]

Auffällig ist, dass der Betrieb in dieser Werkstatt nach einem Moment besonders großer Einsamkeit richtig in Gang kam. 2001 lag Lateinamerika nach fast zwei Jahrzehnten von außen induzierter, marktliberaler Experimente, die von Diktatoren und ihren nur mäßig demokratisch legitimierten Nachfolgern willfährig umgesetzt worden waren, wirtschaftlich und sozial am Boden, war der Paria des Weltwirtschaftssystems. Hunderttausende suchten das Heil in der Auswanderung, es kam zu Aufständen und Krawallen, Politiker wurden verjagt, Investoren zogen sich zurück. Die USA – bis dahin stets maßgebliche Hegemonialmacht im Süden – wandten sich nach den Terroranschlägen vom 11. September 2001 anderen Weltgegenden zu. Nicht mehr der schnurrbärtige Guerillero galt fortan als Bedrohung des American Way of Life, sondern Turbanträger und Taliban. Die nordamerikanische »Manifest destiny«[13], der religiös motivierte Wille, andere mit dem eigenen Lebensmodell zu beglücken – und sei es mit Gewalt –, tobt sich seither im Mittleren und Nahen Osten aus. 2008 konstatierte der mexikanische Schriftsteller Jorge Volpi in seinem Werk *El Insomnio de Bolívar* (Die Schlaflosigkeit Bolívars): »Die Welt hat Lateinamerika vergessen.«

Doch gerade dieses Vergessen hat Lateinamerika gutgetan. Im Windschatten des neuen Desinteresses hat es sich aus eigener Kraft entwickeln können, hat die Gelegenheit genutzt, aus dem Scheitern der Vergangenheit eigene Schlüsse zu ziehen und Änderungen zu erproben, die mehr seinem Naturell entspringen als die auferlegten Modelle der ersten zweihundert Jahre. Lateinamerika begann, links zu wählen, als alle Welt rechts wählte. Die Regierungen, die zwischen 2001 und 2010 an die Macht kamen, pflegten zwar alle ihre jeweilige Agenda, waren sich jedoch in einem Aspekt einig: sich von außen nichts mehr vorschreiben zu lassen. Und sie begannen, im Kleinen aufzubauen, was andere im Großen demontieren: ein auf Umverteilung und Solidarität fußendes Gemeinschaftsmodell, das andere nicht bevormunden will. »Die Welt muss Lateinamerika als die dynamische und wachsende Region zur Kenntnis nehmen, die sie längst ist«, sagt US-Präsident Barack Obama im März 2011 bei einer Reise durch den früheren »Hinterhof« der Vereinigten Staaten.[14]

Die Demokratisierung in Staaten wie Chile und Brasilien preist er als Vorbild für den Nahen Osten, wo sich die Völker gerade gegen ihre Diktatoren erheben. Die Lektionen Lateinamerikas seien eine Anleitung für alle, »die ihre eigene Reise zur Demokratie beginnen«.[15]

Es gibt ihn also, den lateinamerikanischen Weg, doch er ist gewunden, ausgesetzt und beizeiten von blühendem Dickicht überwuchert. Eigentlich ist er eher ein Umweg. Doch nun scheint ein Ziel greifbarer denn je zu sein: Lateinamerika hat die Chance, ein reicherer, gerechterer Kontinent zu werden, wie der britische *Economist* feststellt.[16] Lateinamerika wird weiterhin gute und schlechte Nachrichten produzieren. Aber vieles spricht dafür, dass es vorläufig mehr gute als schlechte sein werden.

»Wir sind nicht mehr das Problem, sondern Teil der Lösung«

Lateinamerika ist der einzige Kontinent, der eine gemeinsame Kulturcharta hat. Sie legt den Grundsatz fest, dass Iberoamerika[17] ein Ensemble von Nationen darstellt, die gemeinsame Wurzeln besitzen und ein kulturelles Erbe teilen, das auf der Summe unterschiedlicher Völker verschiedener Herkunft und Glaubensvorstellungen gründet. Im Kern ist die Charta der Versuch, die kolonialen Gegensätze zu überwinden. Am 1. Oktober 2010 reiste der Chef des iberoamerikanischen Sekretariats und frühere Direktor der Interamerikanischen Entwicklungsbank, Enrique V. Iglesias, aus Madrid nach Frankfurt am Main, um die deutsche Übersetzung der Charta am Instituto Cervantes in Frankfurt vorzustellen. Eine Gelegenheit, um mit ihm über das wachsende Selbstbewusstsein Lateinamerikas zu sprechen.[18]

Señor Iglesias, welche Bedeutung hat die iberoamerikanische Kulturcharta in der Praxis?

Iglesias: Sie ist eine Navigationshilfe für unsere Zusammenarbeit. Sie betont die Bedeutung der Kultur bei der politischen und sozialen Entwicklung der Länder. Keine andere Weltregion besitzt etwas Vergleichbares. Lateinamerika ist längst eine kulturelle Macht. Eine Gesamtheit von Kulturen, die koexistieren in einem Völkergemisch aus Mestizen, Ureinwohnern, Weißen, Schwarzen, Asiaten, die auf einem Kontinent zusammenleben. Jede dieser Kulturen ist sehr reich, sie haben gelernt, miteinander auszukommen und sich gegenseitig zu stärken. Das Erbe der Mestizaje ist in dieser Intensität einzigartig. Aus ihr besteht die Identität der Region.

Dass Lateinamerika eine kulturelle Macht ist, bezweifelt niemand. Aber was ist mit der Wirtschaftsentwicklung und vor allem mit der Armutsbekämpfung? Lateinamerika ist der Kontinent, auf dem die Reichtümer am ungerechtesten verteilt sind.

Iglesias: Die Kultur hat auch einen ökonomischen Wert, ist Instrument der Wirtschaftsentwicklung, schafft Arbeitsplätze, sie ist ein Motor der Entwicklung. Aber natürlich müssen wir weiter an sozialem Ausgleich arbeiten.

Kann Lateinamerikas Völkergemisch ein Beispiel für das Zusammenleben auf der Welt sein?

Iglesias: Es gibt derzeit so viele ethnische Zusammenstöße, man spricht sogar vom Clash der Zivilisationen. Lateinamerika mit seinen vielen Kulturen ist derzeit die friedlichste Region der Welt. Es gab Konflikte, klar. Heute ist es ein Vorbild für Koexistenz.

Wie nachhaltig ist die politische Stabilisierung Lateinamerikas?

Iglesias: Lateinamerika befindet sich in einem Moment, in dem die Chancen größer sind denn je. Die Konjunktur war nie so gut. Man muss bis zum Beginn des 20. Jahrhunderts zurückgehen, um Vergleichbares zu finden. Wir haben Wachstumsraten von sechs bis sieben Prozent. Wir sind nicht mehr das Problem, sondern Teil der Lösung.

Inwiefern?

Iglesias: Lateinamerika war nicht der Ursprung der Weltfinanzkrise, sondern es waren die USA und Europa. Lateinamerika hatte mit den Gründen, warum sie ausgebrochen ist, nichts zu tun. Und wir kamen aus der Krise mit einer leichten Delle heraus. 2010 überstieg das Wachstum dann schon wieder die sechs Prozent. Dieses Wachstum trägt zur Lösung der Weltfinanzkrise bei. Wir sind direkt am Aufstieg Asiens beteiligt durch unsere Rohstofflieferungen. Und wir erzielen dafür viel stärkere Preise als in der Vergangenheit.

Was kann die Welt von Lateinamerika lernen?

Iglesias: Wir haben unser Lektionen gelernt in den letzten 25 Jahren, und es waren dramatische Lektionen schlechter Wirtschaftsführung. Heute wissen unsere Länder viel besser, wie sie ihre Wirtschaft lenken müssen. Die Mischung aus einer besseren inneren Verwaltung und guten internationalen Beziehungen führt dazu, dass wir von dem enormen Rohstoffreichtum viel besser profitieren können. Das stärkt auch den Konsum.

Aber ist die Abhängigkeit von der Rohstoff-Förderung auf die Dauer nicht ein Hemmnis für die Entwicklung?

Iglesias: Auf lange Sicht gibt es da Risiken. Man muss die Jahre der Bonanza, des Aufschwungs, nützen, um technologisch und in der Bildung weiterzukommen. Wir müssen eine Produktion, eine diversifiziertere Wirtschaft aufbauen. Heute glaubt niemand mehr, dass man Fortschritt nur auf den Verkauf von Rohstoffen gründen kann.

Wie sieht es mit der politischen Stabilisierung aus? Was sagen Sie zu den Unruhen in Ecuador 2010 oder dem Putsch in Honduras 2009? Waren das nicht Rückschritte in vergangene Zeiten?

Iglesias: Die Krawalle in Ecuador waren ein sehr bedauernswerter Zwischenfall, der aber keine Konsequenzen hat. In anderen Zeiten hätte so etwas in einem Staatsstreich enden können, das ist jedoch diesmal nicht der Fall gewesen. Die demokratischen Institutionen sind stärker geworden. Es gibt ein Klima, das Verstöße gegen die Demokratie nicht gestattet. Das hat die eindeutige Verurteilung des Putsches im Fall Honduras gezeigt. Die Demokratie in Lateinamerika ist stärker denn je.

Hat die Kulturcharta das Selbstbewusstsein der indigenen Völker befördert?

Iglesias: Es gibt eine Renaissance der indigenen Kulturen. Sie sind nicht unterentwickelt, sondern eine wichtige Quelle der Kreativität für die Welt. Natürlich werden in der Charta die ursprünglichen Kulturen erwähnt und ihre Rolle betont. Sie sind eine Quelle der Weisheit, des Wissens, entwickeln Medizin. Sie lehren den Respekt vor der Natur, das ist die religiöse Basis dieser Gesellschaften und kann eine historische Lektion sein in Zeiten des Klimawandels.

Bleibt die lateinamerikanische Einheit Utopie?

Iglesias: Sie ist nicht unmöglich, aber sehr weit weg und sehr schwierig. Es gibt ja bereits die Union Südamerikanischer Nationen Unasur. Man kann kooperieren, und zwar noch viel mehr.

Missachtet Europa Lateinamerika?

Iglesias: Ich verstehe, dass Asien und Afrika ein Magnet sind. Aber Lateinamerika ist ein dynamischer Wachstumsfaktor, der der Welt guttun kann.

2 Das verlorene Jahrzehnt

>»Es war klar, dass das nicht funktionieren konnte, aber jeder,
>mit dem man darüber sprach, sagte nur: Nächste Woche
>mache ich Urlaub in Miami, dann sehen wir weiter.«
>Marcelo Figueras, argentinischer Schriftsteller
>(Gespräch mit dem Verfasser am 6. Oktober 2010)

Argentinien zwischen Diktatur und Demokratie

Von der Druckerei klang leise das Geräusch der stampfenden
Maschinen in meine Wohnung und unterlegte die Musik im Radio wie eine Rhythmusmaschine, die schleppend einen falschen
Takt schlug. Ich hörte Radio »FM Tango« und dürfte zu dieser
Zeit einer der wenigen Mittzwanziger in Buenos Aires gewesen
sein, die diese Musik mochten. Tango galt im Argentinien des
Jahres 1990 als Musik der Großeltern, der Einwanderer, der Vergangenheit. Argentiniens Jugend wollte etwas anderes, sie
wollte Michael Jackson und Prince. Das Land steckte tief in einer Krise, und es sah auch nicht so aus, als würde das bald besser werden. Der Norden war das Vorbild, Rettung, so die allgemeine Überzeugung, konnte nur von dort kommen. Argentinien
wollte sein wie die USA.

Ich wohnte Calle Tucuman Ecke 25 de Mayo. Das Haus hatte
– wie die meisten im Viertel – bessere Zeiten gesehen, war in
den 1930er Jahren sicher mal repräsentativ gewesen. Jetzt sollte
es verkauft werden, die meisten Wohnungen standen leer. Die

Häuser, die den Hof umgaben, waren schmutzig und grau. Von Dächern und Balkonen hingen Kabelstränge herab, das Telefonnetz brach jedes Mal zusammen, wenn einer der subtropischen Regenschauer sich vom Himmel ergoss. Im Zentrum von Buenos Aires zu wohnen, galt nicht mehr als schick, wer Geld hatte, zog ins grüne Umland und mauerte sich dort in einem Country Club ein, einer bewachten Wohnanlage am Stadtrand. Fernhalten sollten die Zäune konkret die dunkelhäutigen Einwanderer aus Bolivien oder Paraguay, die mit dem Verkauf von Kugelschreibern und Taschentüchern zu überleben versuchten. Abends wurden sie von den Müllsammlern aus den Armenvierteln abgelöst, die mit Säcken und Karren durch die Straßen zogen und die Abfallberge vor den McDonald's-Filialen und von US-amerikanischen Ketten aufgekauften Luxushotels nach Dosen, Glas und Pappe durchwühlten. Als letztes krochen die Schlepper der Bordelle aus ihren Löchern, die einem auf der Calle Florida, der »Blühenden«, nachliefen und ihre Ware anpriesen: »Señoritas und saubere Laken!«

Fast alltäglich waren *apagones*, Stromausfälle. Wenn der Kühlschrank ausfiel, brach ich die fetten Batzen gefrorenen Wassers aus dem Eisfach, bevor es meine Wohnung fluten konnte. Ich legte sie aufs Fensterbrett und sah zu, wie sich in der Januarhitze Tropfen um Tropfen aus der Masse löste, und wie sie die sechs Stockwerke weit nach unten fielen und auf das Dach der Druckerei platschten. Wollte man nach unten, war es besser, die Treppe zu nehmen als den Aufzug. Einmal blieb ich bei einem Stromausfall im Lift stecken. Mein Nachbar hörte meine Hilferufe, eilte herbei, kniete sich auf den Boden, fingerte nach dem Hebel, der die Verriegelung öffnete und schob die Gittertür des schmiedeeisernen Käfigs beiseite. Dann streckte er die Hand aus und wuchtete mich aus der Kabine. Ich bedankte mich mit einem lauwarmen Quilmes-Bier aus meinem frisch abgetauten Kühlschrank. Man musste sich zu helfen wissen im Buenos Aires des Jahres 1990.

»FM Tango« spielte um Mitternacht häufig Astor Piazzollas »Buenos Aires Hora Cero« (Buenos Aires, Stunde null). Das passte, denn in der Tat schien sich Argentinien – wie ganz Lateinamerika – an einer »Stunde null« zu befinden, am Beginn einer Zeitenwende, die jedoch äußerst langsam anlief. Das Land hatte wie die meisten Staaten Lateinamerikas eine blutige Militärdiktatur hinter sich. Von 1976 bis 1983 hatte eine Junta geherrscht, die sich, was die Systematik der Verfolgung und des Tötens anging, an die Spitze des Kontinents gesetzt hatte. Der Schriftsteller Marcelo Figueras hat diese Jahre in seinen Romanen aufgearbeitet. Er nennt sie eine »Wasserscheide der argentinischen Geschichte«.[1] Das Land hatte viele Diktaturen erlebt, manche konnten sogar mit einer gewissen Akzeptanz rechnen, weil das Militär den Menschen als einziger Hort von Stabilität und Ordnung im Dauerchaos erschienen war. Doch die tödliche Konsequenz, mit der die Junta von 1976 bis 1983 gewütet hatte, diskreditierte alles Militärische auf unabsehbare Zeit.

Jeder, der links oder sonst irgendwie kritisch gegenüber der Junta eingestellt war, musste in den dunklen Jahren damit rechnen, im Folterkeller zu landen. Gefangene wurden betäubt, in Flugzeuge gesetzt und ins Meer geworfen. Das traf nicht nur Guerilleros, Kommunisten oder Widerstandskämpfer, sondern Journalisten, Intellektuelle, Gewerkschafter, Künstler, Politiker, Priester, Arbeiter, Studenten, Unternehmer – Menschen, die in der Gesellschaft eine bedeutende Rolle gespielt hatten. Der Schriftsteller Rodolfo Walsh, einer der Begründer des literarischen Journalismus in Argentinien, trug stets eine Pistole bei sich, um den Folterern nicht lebend in die Hände zu fallen. Als die Geheimpolizei kam, schoss er zurück. Nach Schätzungen von Menschenrechtsorganisationen sollen 30 000 Menschen der Vernichtung zum Opfer gefallen sein.

Dazu kam, dass die Generäle noch nicht mal in der Lage waren, wirtschaftlich Ordnung zu halten. Offiziere und ihre Clans gebärdeten sich wie eine Räuberbande. Milliarden wurden auf

Konten ins Ausland transferiert. Kontrolle gab es ja nicht. Gleichzeitig begann die Demontage des Sozialsystems und der Industrie. Um von den inneren Problemen abzulenken, führte General Leopoldo Fortunato Galtieri 1982 einen Krieg um die Falkland-Inseln, die in Argentinien Malvinas heißen und deren Besetzung durch Großbritannien seit jeher ein Symbol nationaler Demütigung darstellt. Doch der letzte Versuch, das bankrotte System zu retten, misslang. Nach der Niederlage auf den Malvinas mussten die Generäle abtreten.

1983 fanden freie Wahlen statt, die der linksliberale Politiker Raúl Alfonsín gewann. Seine größte Leistung war, dass unter seiner Regierung den Junta-Generälen in einem weltweit beachteten Verfahren der Prozess gemacht wurde. Doch er scheiterte an der Wirtschaft. Alfonsín hatte von den Militärs zerrüttete Staatsfinanzen und eine galoppierende Inflation geerbt. Er schaffte es nicht, das Land zu stabilisieren. Ständig schwebte das Damoklesschwert eines Staatsstreiches über ihm. Er musste mehrere Putschversuche überstehen. Um Ruhe in den Kasernen zu schaffen, erließ der erschöpfte Präsident ein »Schlusspunktgesetz«, das die Verfolgung der Verbrechen der Diktatur beendete. Folterer durften sich nun auf »Befehlsnotstand« berufen. Der erste Versuch einer konsequenten Aufarbeitung der Geschichte war auf halber Strecke steckengeblieben.

Menem, der Musterschüler

1989 gewann Carlos Menem von der Peronistischen Partei die Präsidentenwahl. Er war ein Jahr im Amt, als ich nach Buenos Aires kam. Menem gehörte zu einem Typus von Politikern, wie er damals häufig anzutreffen war in Lateinamerika, eine Figur des Übergangs von der Diktatur zur Demokratie. Er war wie viele seiner Kollegen in den Nachbarländern ein treuer Anhänger des Washington Consensus, der neuen wirtschaftspolitischen Leitlinie aus den USA. Die US-Regierung hatte 1990 unter dem Eindruck des Zusammenbruchs des kommunistischen Systems im Ostblock ihre Politik gegenüber den Entwicklungsländern neu definiert. Der Washington Consensus war der Versuch, die marktliberalen Lehren, die unter US-Präsident Ronald Reagan Mode geworden waren, auf die Dritte Welt anzuwenden und gewissermaßen am hilflosen Objekt zu erproben.

Gemäß dem Dogma der »Reagonomics« lässt sich die Armut am besten bekämpfen, indem man den Reichen mehr gibt. Gewährt man ihnen ausreichend »Incentives«, also Anreize zur Aktivität, etwa durch Steuererleichterungen, ein Minimum an staatlicher Kontrolle und Privatisierungen, so die Lehre, dann werde der positive Effekt schon irgendwann zu den Armen »durchsickern«, etwa in Form neuer Arbeitsplätze oder der durch mehr Konkurrenz verbilligten Waren. »Trickle down Theory« hieß das bei Reagans Strategen. Anfangs wurde die »angebotsorientierte Wirtschaftspolitik« von Kritikern wegen ihres bedingungslosen Glaubens an die Selbstheilung des Marktes als »Voodoo Economics« belächelt. In den 1990er Jahren jedoch trat sie unter dem Etikett »Neoliberalismus« ihren Siegeszug um den Globus an.

Der Washington Consensus forderte von den Entwicklungsländern strengste Haushaltsdisziplin, Abbau von Subventionen, Entbürokratisierung, Schutz des Privateigentums und vor allem eine Öffnung der Märkte. Letztere nutzte dabei vor allem den USA, die damit ihren Warenabsatz steigerten. Sie selber hielten sich nur in Maßen an die Vorgaben, behielten etwa die Subventionierung der Landwirtschaft bei, was ihren Produkten einen riesigen Preisvorteil verschaffte.

In den 1990er Jahren machten Weltbank und Internationaler Währungsfonds (IWF) die Grundsätze des Washington Consensus zur Bedingung für Kredite an Lateinamerika und andere arme Weltgegenden. Carlos Menem, ein backenbärtiger Politiker aus der argentinischen Provinz, der gern hohe Absätze trug, um größer zu wirken, war wild entschlossen, der Musterschüler des Marktliberalismus zu werden. Das neoliberale Jahrzehnt begann – in Argentinien wie auch in Venezuela, Ecuador, Peru, Nicaragua, Brasilien.

In Argentinien waren die ersten Anzeichen dafür 1990 unübersehbar. Die Diktatur hatte mit Privatisierungen begonnen. Menem machte weiter. Er nahm sich die Eisenbahnen vor, mit denen das Land einst erschlossen worden war. Die neuen Eigentümer verhökerten Schienen, Waggons und Loks an afrikanische oder asiatische Länder oder gleich als Alteisen, anstatt in teure Modernisierungen zu investieren. Manche waren Busunternehmer, und man wollte sich ja nicht selber Konkurrenz machen. In den 1950er Jahren hatte Argentinien ein Streckennetz europäischen Ausmaßes gehabt. Nun entvölkerten sich ganze Landstriche, weil viele Siedlungen entlang der Schienen entstanden waren. Das Transportsystem brach zusammen. In Tucumán, Argentiniens Obstgarten, verfaulten die Früchte an den Bäumen. Das Ende der Bahn hatte den erwünschten Nebeneffekt, dass damit auch die mächtige Eisenbahnergewerkschaft ihre Geschäftsgrundlage verlor.

Nach und nach ergriff die Privatisierungswelle Schulen, Ölindustrie, Rentenversicherung und die Aerolineas Argentinas, die unter ihren neuen spanischen Eignern zu einer traurigen Regionalfluglinie verkamen. In Buenos Aires standen Telefonzellen herum, die das Logo der neuen Betreiber, der spanischen Telefónica, trugen, jedoch selten funktionierten. Bei den Konsumenten waren Importprodukte aus den USA gefragt, vom einstigen Markenzeichen Industria Argentina blieb nur eine leere Hülle. Wer bei einem Staatsbetrieb arbeitete, galt als Verlierer. Anstatt die öffentlichen Verwaltungen der zweifellos nötigen Restrukturierung zu unterziehen, demontierte Menem sie bis zur Funktionsuntüchtigkeit. Damit stellte der peronistische Präsident Menem die Lehren seines eigenen Parteigründers auf den Kopf, ja, er demontierte alle Anstrengungen des Vorvaters, dem Land größere Autarkie zu verschaffen.

Juan Domingo Perón war 1946 als Präsident angetreten, um den ausländischen Einfluss aus Argentinien zu verdrängen und das Land wirtschaftlich selbständig zu machen. Dafür war ihm so ziemlich jedes Mittel recht, er heuerte beispielsweise geflohene Nazitechniker an, um eine argentinische Luftfahrt- und Atomindustrie zu begründen. Perón schuf auch das erste schlagkräftige Gewerkschaftssystem in der argentinischen Geschichte, damit mobilisierte er die bis dato politisch bedeutungslosen Arbeiter und Tagelöhner, die *descamisados* (»Hemdlosen«) als Wähler. Seine Frau Eva, bekannt unter dem Kosenamen Evita, war zuständig für Sozialgeschenke, die sie nach Gutdünken verteilte.

Perón regierte von 1946 bis 1955 so autoritär wie charismatisch. Manche Elemente seines Staatsaufbaus erinnerten an Benito Mussolini, und in der Tat war Perón in den 1930er Jahren Militärattaché an der Botschaft im faschistischen Italien gewesen und hatte sich dort einiges abgeschaut. Er war jedoch eher ein »politisches Chamäleon, das sich den veränderten Verhältnissen anzupassen wusste«, wie es der Dresdner Kulturwissenschaftler Norbert Rehrmann formuliert hat. Der Peronismus sei »keine kohärente Theorie, geschweige denn eine totalitäre, die ganze Gesellschaft umfassende Praxis« gewesen, eher eine »rigide Kommandodemokratie«.[2]

Peróns korporatives Gesellschaftsmodell bedeutete einen klaren Bruch mit der liberalistischen Tradition, der Argentinien sich im 19. Jahrhundert verschrieben hatte – und damit auch das vorläufige Ende der Vorherrschaft der aus Europa stammenden Einwanderungseliten. Ärmere Leute erinnern sich an die Perón-Jahre gern mit dem Spruch: »La Argentina era una fiesta« (Argentinien war ein Fest). Tatsächlich jedoch gab die Wirtschaftsleistung des chaotischen und von Korruption gezeichneten Einwandererlandes die Substanz für Peróns Wohltaten einfach nicht her. Argentinien, das in den 1940er Jahren zu den zehn reichsten Nationen der Welt gehört und zu Kanada aufgeschlossen hatte, versank in der Misere. 1955 stürzte eine von Bürgerkreisen unterstützte Militärjunta den Präsidenten. Perón floh ins Exil und hinterließ seinem Land eine tiefe Spaltung in Arm und Reich. Argentinien bekam lange keine stabile Regierung mehr, Wahlen und Putsche lösten einander ab, letztlich ging es den Besitzenden darum, die Peronisten von der Macht abzuhalten.

Unordnung und Niedergang, vor allem aber die ständige Auseinandersetzung mit den verpassten Möglichkeiten formten den argentinischen Charakter. Das Land lebte in dem Gefühl, der ewige Aspirant geblieben zu sein, so wie es in dem Tango »Cuesta abajo« (Abwärts) heißt: »So schleppe ich den Schmerz umher, etwas gewesen zu sein, und die Scham, es nicht mehr zu sein.«

Der Peronismus franste in den 1960er und 1970er Jahren ideologisch in alle Richtungen aus, wurde von seinen verschiedenen Protagonisten mal sozialrevolutionär, mal kryptofaschistisch interpretiert. Einziger gemeinsamer Nenner blieb der Name des Parteigründers, ein typisches Kennzeichen der stark personalisierten politischen Gruppierungen in ganz Lateinamerika. Sie folgen selten einer festgeschriebenen Ideologie, sondern ordnen sich dem Charisma eines Anführers, eines Caudillo, unter.

So weit wie Carlos Menem in den 1990er Jahren hatte allerdings noch keiner den Peronismus ausgelegt, er erweiterte seine Bandbreite bis hin zum Neoliberalismus. Die mühsam erarbeiteten Ansätze einer Industrialisierung wurden dem Umbau des Landes zum Rohstofflieferanten geopfert. Ein waschechter Peronist blieb Menem nur in einem einzigen Aspekt: der Korruption. Kulturell nahm Argentinien in diesen Jahren vorläufig Abschied vom europäischen Erbe. Menem, einem Nachkommen syrischer Einwanderer, bedeutete Europa nicht viel. In den Vorstädten breitete sich ein US-amerikanischer Lebensstil aus mit Shopping-Malls, Golfplätzen und streng abgeschirmten Ghettos der Reichen.

Die Präsidenten des 19. Jahrhunderts hatten Argentinien nach europäischem Vorbild formen wollen, es sollte eine Art kultureller Brückenkopf der Alten Welt an den Gestaden der Neuen werde. Für die gewollte dynamische Entwicklung waren Einwanderer nötig. »Gobernar es poblar« (regieren heißt bevölkern) lautete der Leitspruch jener Zeit. Zwischen 1880 und 1930 folgten Hunderttausende Europäer dem Ruf. Letztlich erwies sich der ideelle Rückgriff auf das Zurückgelassene jedoch als Webfehler im argentinischen Staatsmodell, der die Herausbildung einer eigenständigen staatsbürgerlichen Vision verhinderte. Es fehlte Argentinien die gemeinschaftliche Identität, die integrative Kraft, um ein *melting pot* wie die USA zu werden. Die Gesellschaft zerfiel in Einwanderergruppen, die ihre mitgebrachte Identität pflegten, manche über Generationen hinweg. Sie zogen sich in Kolonien zurück, trugen ihre Trachten, sprachen ihre Sprachen. In den 1930er Jahren erschienen in Buenos Aires Hunderte Publikationen auf Italienisch, Ungarisch, Englisch Französisch, Litauisch, Russisch, Jiddisch. Erst im Laufe der Jahrzehnte löste sich der Bezug zur Herkunftsnation auf, ohne dass jedoch etwas Neues an seine Stelle getreten wäre – ausgenommen vielleicht die Begeisterung für den Fußball.

Wo Staatsbürgerlichkeit fehlte und die landsmannschaftliche Nostalgie verblasste, blieb die Familie als ordnendes Element – auch das letztlich ein Erbe der südeuropäischen Leitkultur und ein Zustand, den Argentinien mit vielen Einwanderernationen Lateinamerikas teilt. Nur innerhalb des Clans traut man einander, weshalb Führungspositionen in Wirtschaft und Staat gern vererbt werden.

Was die Familie in Argentinien bedeutet, spürte ich, der Fremde, wenn ich bei Bekannten eingeladen war. Weihnachten 1990 etwa verbrachte ich bei großer Hitze in der Badehose vor riesigen Fleischbergen am Grill im Garten einer Großfamilie im Vorort Adrogué. Eine solche Festmahlzeit wird dort Asado genannt. Ich war der einzige Gast, der mit keinem der Anwesenden verwandt war, und wurde mit freundlicher Skepsis beäugt. Man verstand nicht recht, wieso ich zum Fest nicht bei meiner eigenen Familie saß. Länger ins Ausland zu reisen und dazu noch allein wurde weder als anständig noch als geschmackvoll angesehen. Es kostete mich beim Hausherrn den letzten männlichen Respekt, als ich nach dem Asado den Frauen in der Küche beim Abwasch helfen wollte. Die Emanzipation war ebenfalls noch nicht angekommen in Argentiniens Mittelschicht, die geborgte Modernität und der US-Lebensstil blieben eine Fassade.

Die schwindende Macht der alten Eliten

Buenos Aires glich zu jener Zeit der Kulisse eines längst abgesetzten Theaterstücks. Architektonisch ist die Stadt das Ergebnis der Verschmelzung vieler Elemente der Alten Welt zu einer neuen, eine verwirrend bunten Vielfalt, die mit Hilfe wohlgesinnter – oder tückischer, man weiß es nicht – Winde zu einem Ganzen zusammengefügt worden ist. Die Viertel heißen Palermo, Versalles und Montserrat, die Fußballmannschaften Newell's Old Boys oder River Plate. Im Zentrum stehen verglaste Bankpaläste, die Wolkenkratzer sein wollen, und graue Bürotürme im faschistoiden Stil der Perón-Jahre neben verschnörkelten Gründerzeithäusern, die einen Hauch von Paris oder Madrid verströmen. All das verkam zu einem riesigen Trödelladen verstaubter europäischer Andenken – wie ein Dachboden, den lange niemand aufgeräumt hat. Schmuckstücke, Bilder, Reminiszenzen, Kitsch, Souvenirs und Leckereien türmten sich hinter fleckigen Schaufenstern auf. Die zerschlissenen Ledergarnituren der Cafés, die aus Wien oder Warschau oder sonst woher mitgebrachten Art-déco-Lampen, die Grammophone in San Telmo, die bunten, aus Schiffsplanken zusammengenagelten Bretterbuden des alten Seefahrerviertels Caminito, der stinkende Hafen, die ständig kreisenden Ventilatoren: Alles wirkte rückwärts, nach Übersee gewandt und wurde nach und nach durch importierten Plastiktand ersetzt.

Ich arbeitete als Volontär beim *Argentinischen Tageblatt*, einem besonders stark angestaubten Relikt der Einwanderungsgeschichte. Die deutschsprachige Zeitung war 1889 von Schweizer Einwanderern gründet worden, um, wie es im Zeitungskopf hieß, »mit echtem Freisinn und unerschütterlicher Überzeugungstreue die Deutschsprechenden im Lande auf den Weg des Fortschritts und der Freiheitsliebe zu führen«. In der Redaktion hieben alte Männer auf mechanische Olivetti-Schreibmaschinen ein und übersetzten Meldungen der Nachrichtenagenturen ins Deutsche. Diese ratterten auf Endlospapier aus einer Telex-Maschine in einem verglasten Nebenraum. Eine Klimaanlage kühlte den Raum auf gefühlte 15 Grad herunter, was einen heftigen Kontrast zu der mörderischen Hitze in meinem Zimmer unter dem Dach des Verlagsgebäudes darstellte, das man mir gewissermaßen als Bezahlung überlassen hatte. *Arge tinisches Tageblatt* stand draußen an der Fassade, ein »n« fehlte.

Die Zeitung wurde geleitet von den Erben des Gründers, der Familie Alemann. Die Alemanns gehörten zur Einwandererelite Argentiniens. Sie hatten die Geschicke des Landes stets mitbestimmt, anfangs eine gewichtige Rolle in der Einwanderungspolitik gespielt und sich später der Wirtschaft zugewandt. In den 1930er Jahren hatten die Alemanns mutig Widerstand gegen die Infiltrationsversuche der Nazis in der deutschsprachigen Kolonie geleistet und ihr Blatt Journalisten und Schriftstellern geöffnet, die vor Hitler nach Argentinien geflohen waren.

»Sie können sich nicht vorstellen, was das für uns bedeutete, hier am anderen Ende der Welt eine Zeitung vorzufinden, die in unserem Sinne schrieb«, sagte mir Chefredakteur Peter Gorlinsky, damals schon weit in den Achtzigern. Er hatte Berlin 1933 als 18-Jähriger verlassen müssen und war in Lateinamerika mit zehn Mark in der Tasche von Bord eines Dampfers gestiegen, das war alles, was jüdische Auswanderer aus Deutschland mitnehmen durften. Er fing als junger Mann beim *Tageblatt* an und war mit der Zeitung alt geworden. Mit Leuten wie ihm ging die europäische Einwanderungsgeschichte Argentiniens vorerst zu Ende.

Die Leserschaft war spärlich, sie bestand aus den Nachkommen deutscher Emigranten, die die Zeitung aus Dankbarkeit und Tradition abonnierten, ohne sie richtig lesen zu können. Einzig die wirtschaftspolitischen Analysen des Herausgebers Roberto Alemann auf der letzten Seite hatten ihren festen Leserkreis in den deutschsprachigen Unternehmerkreisen von Buenos Aires. Er wurde von allen nur »Dr. Roberto« genannt, war ein freundlicher Endsechziger mit Glatze, vollendeten Umgangsformen und der hintergründigen, leisen, aber keinen Widerspruch duldenden Autorität eines Karrierediplomaten, der einer Familie entstammt, die das Führen gewohnt ist. Sein karges Büro atmete die Austerität, die seinem wirtschaftspolitischen Credo entsprach. Seine Analysen waren inhaltlich gewichtig, aber in einem schwer verständlichen Deutsch abgefasst. Belgrano-Deutsch nannte man den Jargon der vor allem im Stadtteil Belgrano siedelnden deutschen Einwanderer, die gern spanische Wörter eindeutschten, »kobrieren« sagten für »den Lohn kassieren« von Spanisch *cobrar*, »präpotent« statt »arrogant« und »Protestanten« statt Demonstranten.

Roberto und sein Bruder Juan Alemann galten im Land als ausgewiesene Finanzfachleute. Sie waren Minister der letzten Militärdiktatur gewesen. Ich fand das schockierend, erfuhr jedoch erst davon, als ich schon in Argentinien angekommen war, googeln konnte man 1990 ja noch nichts. Die Verwicklung der Alemanns in die Junta schien im krassen Widerspruch zur antifaschistischen Familientradition zu stehen, hatte jedoch ihre innere Logik, die ich erst nach und nach verstand und die mit den chaotischen Ereignissen Mitte der 1970er Jahre zu tun hatte.

1973 war Juan Domingo Perón triumphal in Begleitung seiner dritten Frau Isabel aus dem Exil nach Argentinien zurückgekehrt. Der 78-Jährige wurde von den Massen wie ein Heiland bejubelt und gewann die Präsidentenwahl. Der alternde Caudillo war jedoch stark nach rechts gerückt, dem linken Flügel seiner Partei wies er die Tür. Die peronistische Bewegung spaltete sich, die Rechte folgte dem Präsidenten, die Linken verschwanden im Untergrund, aus ihnen ging die Guerillabewegung der Montoneros hervor. Die Montoneros kämpften für ein sozialistisches Argentinien, für die endgültige Machtübernahme der »Hemdlosen«, Kuba war ihr Vorbild, ein Teil von ihnen war idealistisch, ein Teil gewaltbereit. Guerilleros stürmten Kasernen und erbeuteten Waffen.

Am 1. Juli 1974 starb Perón, seine Witwe Isabel wurde seine Nachfolgerin. Die frühere Tingeltangeltänzerin regierte jedoch konfus und hilflos. Die peronistischen Gewerkschaften besetzten Betriebe, auch den der Alemanns. Die Familie gehörte zu den erbittertsten Feinden der Peronisten, die im Hause Alemann als umstürzlerisches Lumpenproletariat galten. Juan und Roberto Alemann waren wie viele andere Unternehmer in dieser Zeit Ziele von Attentaten der Montoneros, Roberto wurde viermal verletzt. Juan entkam nur knapp einem Bombenanschlag.

Es war also kein Wunder, dass die Alemanns den Putsch von 1976 begrüßten. Damit bildeten sie keine Ausnahme. Weite Teile des Bürgertums rechtfertigten den Umsturz als notwendiges Mittel zur Wiederherstellung der Ordnung, darunter der Schriftsteller Jorge Luis Borges, der Musiker Astor Piazzolla, die Herausgeber der großen Zeitungen *Clarín* und *La Nación*. Das könne man nur verstehen, wenn man die Verhältnisse vorher erlebt habe, wurde mir von den Redaktionskollegen auf meine Nachfragen hin mitgeteilt.

Doch die Alemanns gingen noch weiter: Roberto wurde Wirtschaftsminister der Junta, Juan ihr Finanzstaatssekretär. Es war ein Geschäft auf Gegenseitigkeit: Die Generäle benutzten die Alemanns als ziviles Feigenblatt, sie waren beim Internationalen Währungsfonds (IWF) und der Weltbank hochangesehen, vor allem Roberto kannte sich aus in den USA, er war in den 1960er Jahren Botschafter in Washington gewesen. Die Gebrüder Alemann wiederum sahen die Militärdiktatur als geeignetes Vehikel an, ultraliberale Wirtschaftsreformen durchzusetzen und den Staat von innen her zu demontieren – ähnlich wie es unter Augusto Pinochet im Nachbarland Chile geschah.

Was das *Argentinische Tageblatt* war, wussten 1990 in Argentinien nur noch ein paar Nachkommen deutscher Emigranten. Wer die Alemanns waren, das wusste so ziemlich jeder. Für sie zu arbeiten machte einen nicht zwangsläufig beliebt. Bei der Journalistengewerkschaft wollte man mich zuerst vor die Tür setzen, dann jedoch drückte mir ein freundlicher Sekretär eine ältere Ausgabe der Zeitschrift *Semana* in die Hand. In dem Artikel wurden die Alemanns beschuldigt, den Generälen bei der Ausplünderung des Landes geholfen zu haben. Milliarden Dollar Staatsvermögen seien zwischen 1976 und 1983 illegal auf Schweizer Banken transferiert worden. Dabei hätten die Alemanns durch ihre Kontakte in die alte Heimat geholfen.

»Unsere Auslandsverschuldung trägt die Unterschrift des Dr. Alemann«, hieß es in dem Artikel. In der Tat waren die Außenstände Argentiniens während der Diktatur förmlich explodiert. In den sechs Jahren stieg die Auslandsverschuldung von sieben auf 42 Milliarden Dollar.

Sieben Jahre nach dem Ende der Diktatur hatte ein Großteil der argentinischen Gesellschaft noch keine Formel gefunden, wie man mit den Protagonisten der Vergangenheit umgehen sollte. Präsident Carlos Menem lieferte die perfekte Handreichung für alle, die der Meinung waren, man sollte schleunigst mit dem Vergessen beginnen – und das zu einem Zeitpunkt, zu dem die Öffentlichkeit noch kaum mit dem Erinnern angefangen hatte. 1990 stellte Menem seine Pläne für eine Amnestierung der Junta-Generäle vor, die in den Prozessen der Alfonsín-Zeit verurteilt worden waren. Die zivilen Helfer der Diktatur, die Alemanns, wollte er sogar wieder in seine Regierung holen. Damit offenbarte Menem, dass er im Grunde nichts anderes vorhatte, als die ultraliberale Wirtschaftspolitik der Diktatur fortzuführen, nur eben unter dem Dach der demokratischen Adelung durch den Washington Consensus.

Welches Gewicht der Name Alemann in einer verunsicherten Gesellschaft und einem stark personalisierten System hatte, merkte ich beim Geldwechseln. Bei meiner Ankunft in Argentinien 1990 bekam ich für einen Dollar 5 000 Australes. Danach sackte die Währung in rasendem Tempo ab. Die Hyperinflation zwang einen dazu, Dollars nur in kleinsten Mengen umzutauschen. Man ging in eine Wechselstube auf der Calle Corrientes, verfolgte die purzelnden Kurse und tauschte, wenn man den Eindruck hatte, der Tiefpunkt sei erreicht. Jeder Schuhputzer war ein Kleinstspekulant. Die Gerüchte, Roberto Alemanns Berufung zum Minister stehe bevor, stoppten die Talfahrt. Er war ja bekannt für knallhartes Sparen und ein Anhänger von Privatisierungen, die zu der Zeit als Allheilmittel galten.

Zur Ausrüstung beim Geldwechseln gehörte ein tragbares Radio, das einen über die neuesten Entwicklungen auf dem Laufenden hielt. Als ich vor der Wechselstube stand und tauschen wollte, kam die Nachricht, Alemann habe den Ministerposten abgelehnt. Er fühle sich zu alt dafür. Es war sein letzter Eingriff in die argentinische Politik – mit spürbaren Folgen. Der Kurs rutschte binnen Minuten dramatisch ab, ein Dollar kostete nun plötzlich 9 000 Australes. Ich tauschte und rannte in den Supermarkt – doch ich war zu langsam. Die Kassiererinnen, ebenfalls das Radio am Ohr, passten die Preise laufend an. Während ich um die Ecken geflitzt war, hatte der Austral noch ein paar Punkte verloren.

Der letzte Putschversuch

Mit seiner Umarmung der Täter verhöhnte Carlos Menem nicht nur die Opfer, er trug auch eine Mitschuld, dass die Ewiggestrigen in den Kasernen Morgenluft witterten. An einem Dezembermorgen 1990 weckte mich das Geräusch von Gewehrfeuer auf der Straße. Aus der Ferne klang es wie ein Feuerwerk. In der Redaktion erwarteten mich die Kollegen mit sarkastischem Grinsen.

»Was sagen Sie nun? Wir bieten Ihnen hier alles, nun sogar einen Putsch«, sagte Chefredakteur Gorlinsky, schob aber gleich nach: »Keine Sorge wir haben hier viele Putsche erlebt – das ist kein richtiger.«

Ich rannte auf die Straße. In der Calle Florida sah ich einen Jagdflieger, der donnernd seine Kreise über den Dächern zog. Ich lief weiter hinab zur Calle Leandro L. Alem.

»Vienen los tanques« (die Panzer kommen), raunten sich die Passanten zu. Der Boden bebte, dann bog tatsächlich eine Panzerkolonne um die Ecke und rollte auf das Militärhauptquartier zu, das Edificio Libertador, ein hässliches, graues Gebäude, das den rosagetünchten Präsidentenpalast, die Casa Rosada, drohend überragt. Carapintadas, Exkämpfer des Malvinas-Krieges, die Gesichter mit Tarnfarben bemalt, hatten es unter der Führung einer renitenten Clique von Unteroffizieren besetzt. Auch einige Kasernen waren in ihrer Gewalt.

Vorläufig blieb unklar, wie viel Unterstützung die Putschisten in der Armeeführung genossen. Doch schon am frühen Nachmittag kam über Radio die Nachricht, der Generalstab stehe loyal zur Regierung. Ich fragte mich, inwieweit dazu die Machosprüche von Carlos Menem beigetragen haben mochten. Der Präsident hatte angeordnet, man solle ihm die Aufrührer in Unterhosen vorführen. Gegen Abend kamen Eliteeinheiten dieser Aufforderung nach, sie stürmten das Militärhauptquartier. Der Putsch hatte nicht mal einen Tag gedauert.

Menem tat ihn als letztes Aufbäumen einer Gruppe enttäuschter Veteranen ab. Doch der Aufstand verfehlte nicht seine Wirkung. Wenige Tage später unterschrieb der Präsident seine Amnestie, die Junta-Generäle kamen frei.

Ich taute im März 1991 meinen Kühlschrank ein letztes Mal ab und ging zurück nach Deutschland. Das Land, das ich verließ, wirkte erschüttert, demoralisiert, gedemütigt und ziellos.

Kurze Zeit später führte Menem eine Währungsreform durch, die die Hyperinflation stoppen sollte. Er koppelte den Dollar im Verhältnis eins zu eins an den neuen Peso. Die Maßnahme war drastisch und mehr als nur ein Akt typischer argentinischer Selbstüberschätzung. Sie war befeuert worden durch die Einflüsterungen von IWF und Weltbank. Die Dollarbindung löste einen kurzzeitigen Import- und Konsumboom aus, der ohnehin schwächelnden argentinischen Exportwirtschaft versetzte sie den Todesstoß. Kurzsichtigkeit war seit jeher Argentiniens Leiden – Menems Währungspolitik steigerte sie zur Blindheit. Gleichzeitig schwoll trotz Sparmaßnahmen das Defizit im öffentlichen Haushalt an. Menem versuchte, der Misere durch die ungezügelte Ausgabe windiger Schuldpapiere Herr zu werden. Massen von europäischen Kleinanlegern fielen darauf herein und bezahlten später teuer dafür.

Zwischen 1998 und 2002 taumelte das Land in die schwerste Krise seiner Geschichte. Die Wirtschaftskraft ging um zwanzig Prozent zurück. Der absurde Wechselkurs war nicht zu halten. 2002 kam der Kollaps. Argentinien saß auf 200 Milliarden Dollar Schulden, die es nicht zurückzahlen konnte, stellte die Rückzahlung ein. Es war der größte Staatsbankrott der Weltgeschichte.

Die Armen hatten in Menems Zeit vergeblich auf den Trickle-down-Effekt der neoliberalen Reformen gewartet. Nun verarmte auch noch die Mittelschicht, und sogar die neuen Reichen mussten ihre Villen in den Country Clubs zu Schleuderpreisen verkaufen. Rentner wühlten in den Mülltonnen nach Essbarem. Wer konnte, emigrierte. Argentinien lag am Boden. Niemand hätte zu diesem Zeitpunkt vorausgesagt, dass sich das Land binnen kurzem wieder aus der Asche erheben sollte – schon gar nicht die Strategen aus dem Norden. Die Rezepte für die Gesundung sollten aber auch nicht von dort kommen.

Heimkehr in die Fremde

>*»Ich weigere mich, auf dem Bau zu arbeiten!«*
>
>*Wilfredo Silva, Exfunktionär der peruanischen*
>*Fujimori-Regierung im spanischen Exil 2001*

Es war schlichtweg unmöglich, sich verständlich zu machen. Ich versuchte zu telefonieren, aber die Schluchzer aus der Kabine nebenan ließen jeden Kommunikationsversuch in einem Meer der Tränen ertrinken.

»Ich vermisse euch so sehr«, jammerte eine hörbar junge Frau durch die dünnen Sperrholzwände.

Ihr Akzent war argentinisch. Als unfreiwilliger Zuhörer erfuhr ich, dass sie Mutter zweier Kinder war und mit ihren Eltern in Buenos Aires sprach.

Sie war sechs Monate zuvor nach Spanien gekommen, um der Wirtschaftskrise in Argentinien zu entfliehen. Sie verdiente ihren Lebensunterhalt als Putzfrau bei einer reichen Familie in Barcelona. Ihre Kinder mühten sich in der Schule mit der katalanischen Sprache, die sie nicht verstanden. Ihr Mann hatte keine Arbeit gefunden und sich davongemacht.

Im Jahr 2001 machte sich in Barcelona ein neuer Geschäftszweig breit, den es in dieser Form zuvor nicht gegeben hatte: Telefonläden für Immigranten. Die meisten waren auf bestimmte Weltgegenden fokussiert: Es existierten Locutorios telefónicos mit speziellen Angeboten für Afrikaner, für Asiaten und Lateinamerikaner. Sie waren sichtbarer Ausdruck der enormen Immigrationswelle, die Spanien zur Jahrtausendwende erreichte. Ein Großteil der Einwanderer kam aus Lateinamerika – als Folge der schweren Krise.

1999 waren in Spanien eine Million Ausländer gemeldet. Zehn Jahre später waren es fast sechsmal so viele, ein paar hunderttausend Einwanderer ohne Papiere nicht mitgerechnet. Sie lockte die Aussicht auf Arbeit, denn Spanien war zu dieser Zeit

Schauplatz eines beispiellosen Baubooms und wurde binnen weniger Jahre vom Auswanderungs- zum Einwanderungsland. Lateinamerika machte die umgekehrte Entwicklung durch. Der Kontinent der Einwanderer wurde zum Kontinent der Auswanderer.

Die politische Emigration der 1960er und 1970er Jahre hatte Paris als Zufluchtsort bevorzugt. Die französische Hauptstadt war seit der Unabhängigkeit stets kultureller Identifikationspunkt lateinamerikanischer Eliten gewesen, weit mehr als das provinzielle Madrid, Hauptstadt der alten Kolonialmacht. Doch fast zweihundert Jahre nach Beginn der Unabhängigkeitskriege mussten die historischen Animositäten praktischen Erwägungen weichen. Die gemeinsame Sprache und die verwandte Kultur erleichterten den Latinos den Einstieg. Umgekehrt begann das einstige Heimatland Spanien, die Madre Patria, durch den Zustrom, Lateinamerika neu zu entdecken, diesmal allerdings als Investitionsziel.

In Barcelona siedelten die Lateinamerikaner bevorzugt in der einfachen Wohngegend um die Kirche Sagrada Familia des Architekten Antonio Gaudí. Der greise Pfarrer Luis Bonet verteilte in seiner winzigen Pfarrei im Schatten der modernistischen Kirchtürme Lebensmittel an arme Einwanderer. Vor der Kathedrale standen die Touristen Schlange, vor der Suppenküche nebenan die hungrigen Peruaner.

Der Telefonladen, in dem die weinende Argentinierin telefonierte, lag nur wenige Schritte von der Sagrada Familia entfernt. Der Besitzer war Arturo Zambrano, ein Ecuadorianer, der fünf Jahre zuvor nach Spanien gekommen war. Er hatte als Lagerarbeiter geschuftet und das Ersparte in den Laden investiert. Eine Flagge und ein Foto der Fußballnationalmannschaft kündeten von seiner Herkunft. Zambrano orderte Einheiten en gros bei einem Anbieter und verkaufte die Minuten Gesprächszeit mit moderatem Aufschlag an seine Kunden weiter. Er war damit billiger als die Telefónica, die gerade erst ihr staatliches Monopol verloren hatte und Preise verlangte, die für Immigranten unerschwinglich waren.

Zambrano hatte eine Pinnwand, auf der ein Reisebüro mit Billigflügen nach Südamerika und eine Einwandererkneipe mit kreolischer Küche warben. Ein ecuadorianischer Discjockey bot seine Künste als Plattenaufleger und eine Señorita ihre Dienste als Putzkraft »täglich ab 17 Uhr« an, was darauf schließen ließ, dass sie mindestens noch einem weiteren Job nachging. Ein handgemaltes Schild kündigte an, wann die nächste Ladung Pakete nach Ecuador abgehen würde. Zambrano vermittelte auch Geldtransfers, ein großes Geschäft. Überweisungen über Banken nach Lateinamerika waren zu dieser Zeit noch schwierig und mit viel Papierkram verbunden, außerdem verfügten die wenigsten Immigranten über ein Konto. Fast das ganze Geld lief durch die Hände von Landsleuten, sogenannten mulas, »Maultieren«, die auf Heimreisen einen Packen Scheine mitnahmen und sie an die Familien ausliefern sollten. Für Geschäfte dieser Art bot Zambrano ein diskretes Hinterzimmer an.

Wenn Zambrano von seiner ecuadorianischen Heimat sprach, geriet er ins Schwärmen. Der Ort Balzar, wo er herstamme, sei »ein einziger Garten«. Es gebe nicht diese kalten Winter wie in Spanien. Der Dezember 2001 war in Barcelona besonders hart, es fiel früh Schnee, der die Palmen weiß überzuckerte. Die Einwanderer schlotterten in ihren ungeheizten Wohnungen. Nicht mal »Hierbaluisa« wachse hier, klagte Zambrano, ein würziges Heilkraut, das die Nerven beruhigt. Schon zweimal hatte er Ableger aus Ecuador mitgebracht. »Aber die schlagen hier einfach keine Wurzeln.« Wie er. So bereitete Zambrano seine Rückkehr vor: In seinem Telefonladen warb er für einen Fonds zum Bau einer »Emigrantensiedlung«, wie er das nannte, in seiner Heimatstadt Balzar. Er hoffte, dass sich fünfzig bis hundert Familien finden würden, die in seine Geschäftsidee investieren wollten. »Ich will eine Perspektive bieten, damit die enormen Mühen und Entbehrungen, die wir auf

spanischem Grund und Boden erlitten haben, einen Sinn bekommen.«

Anlass, diese Entbehrungen auf sich zu nehmen, war die ge-
scheiterte Wirtschaftspolitik der 1990er Jahre. Nicht nur in Argentinien, sondern in vielen anderen Ländern war eine dubiose
Sorte von Egomanen und Semidiktatoren an der Macht gekommen, die eines gemeinsam hatten: Sie folgten willfährig den
Vorgaben aus Washington beziehungsweise des Internationalen
Währungsfonds (IWF) und der Weltbank.

Los Locos

Ecuador, die Heimat des größten Teils der Auswanderer, hatte
in den 1990er Jahren gleich sechs Präsidenten. Manche kamen
unter dubiosen Umständen ins Amt. Die bizarrste Figur des Hor-
rorkabinetts war Abdalá Bucaram, ein vorbestrafter ehemaliger
Leichtathlet mit Hitlerbärtchen, der sich ganz der Privatisierung
verschrieben hatte. Wegen seines unberechenbaren Verhaltens
nannten ihn die Leute »El Loco«, der Verrückte, was ihm auch
noch gefiel. Sein Nepotismus erreichte selbst für das korrupti-
onsgeplagte Ecuador ungekannte Ausmaße, es kam zu Aufständen und Krawallen, bis das Parlament Bucaram absetzte und für
unzurechnungsfähig erklärte. Nachfolger Jamil Mahuad trieb
das Land durch eine chaotische Währungspolitik in eine solche
Inflation, dass er am Ende den Sucre abschaffte und durch den
US-Dollar ersetzte, Ecuador also eines Teils seiner Souveränität
beraubte. Als er begann, Bankguthaben einzufrieren und nach
den Armen auch den Mittelstand ins Elend zu stürzen, wurde er
weggeputscht und später des Missbrauchs öffentlicher Gelder
angeklagt.

In Peru schwang sich Präsident Alberto Fujimori Anfang der
1990er Jahre zum Quasidiktator auf, er entmachtete das Parlament und begann einen schmutzigen Krieg gegen die Terrororganisation Leuchtender Pfad, den er zwar gewann, aber zu einem
hohen Preis: Die Kämpfe mit den maoistischen Rebellen kosteten

200 000 Menschen das Leben. Lima wurde zum größten Flücht-lingslager der Welt, Millionen Menschen strömten aus den zer-störten Dörfern der Anden an die Pazifikküste, besetzten das kahle Land und zogen an den bröckeligen Wüstenbergen armse-lige Siedlungen hoch, in denen sie seither ums tägliche Überle-ben kämpfen. Die ohnehin schwache Wirtschaft stürzte ab.

In dem Telefonladen an der Sagrada Familia traf ich einen Mann in Anzug und Lederslipper, der sich von den anderen ab-seitshielt. Er stellte sich als Wilfredo Silva vor und war ein hoher Funktionär der Regierung Fujimori gewesen. Als der korrupte Präsident im Jahr 2000 aus dem Land türmen musste, konnte auch Wilfredo Silva nicht bleiben. Also lief der 54-Jährige nach dreißig Jahren im gehobenen Staatsdienst im Jahr 2001 seine dünnen Ledersohlen auf den Straßen Barcelonas ab, um einen Job zu suchen, der seinen »Qualifikationen« entsprechen sollte – allerdings ohne Erfolg.

In Bolivien waren zwei Präsidenten für den Exodus verant-wortlich: Gonzalo Sánchez de Lozada, genannt »Goni«, und Hugo Banzer. Die erste Amtszeit »Gonis« dauerte von 1993 bis 1997. Der Ölmagnat und Minenbesitzer war ein Oligarch bester postkolonialer Tradition, er war in den USA aufgewachsen und sprach Spanisch mit Gringo-Akzent. Hugo Banzer war ein Ex-diktator, der sich 1997 zum Präsidenten wählen ließ. Er betrieb unter US-Anleitung eine radikale Privatisierung des Bergwerks-sektors, des wichtigsten Wirtschaftszweigs des Andenlandes. Die neuen Betreiber schlossen viele der in ihren Augen unrenta-blen Anlagen und entließen massenhaft Arbeiter. Das löste – ähnlich wie in Peru – eine riesige Binnenemigration in die Elendsviertel der Großstädte aus.

Als Hugo Banzer die Wasserversorgung privatisieren wollte, war das Maß voll. Seine Pläne lösten im Jahr 2000 in der Stadt Cochabamba einen Aufstand aus, der unter dem Namen Guerra de Agua, Wasserkrieg, in die Geschichte Lateinamerikas einge-gangen ist, weil es den Einwohnern dort erstmals gelang, einen privaten Investor, der kräftig die Wasserpreise erhöhen wollte, durch zähen Widerstand zu vertreiben.

2002 kam dann wieder »Goni« an die Macht – zum zweiten und letzten Mal. Er machte sich auf Drängen der USA an die Zerstörung der Kokaplantagen, die für viele Bauern in Bolivien traditionell die wichtigste Einnahmequelle sind. Außerdem plante er einen Gasliefervertrag mit dem Nachbarland Chile, den die Opposition als Schritt zum Ausverkauf des Landes geißelte. Im ganzen Land kam es zu Blockaden, Streiks und Krawallen, Bolivien stand am Rand des Bürgerkriegs. »Goni« verlor die Unterstützung seiner Koalitionspartner, dankte ab und verließ am 17. Oktober 2003 fluchtartig ein zerrüttetes Land. Er ging dorthin ins Exil zurück, woher er gekommen war – in die USA.

In Nicaragua herrschte in den 1990er Jahren der fettleibige Liberale Arnoldo Alemán, eine besonders üble Ausformung des egomanischen Caudillos, der wegen Korruption im Amt später zu zwanzig Jahren Gefängnis verurteilt wurde, die Strafe allerdings im Kreise von Bodyguards und Blondinen am Swimmingpool absitzen durfte. 2009 wurde die Verurteilung in einer umstrittenen Entscheidung vom obersten Gericht aufgehoben.

Präsident Alfonso Portillo in Guatemala nahm Schecks aus Taiwan an, das sich durch solche Schmiergeldzahlungen gern die Unterstützung kleiner Länder in internationalen Organisationen erkauft. Er setzte sich nach seiner Amtszeit ins Exil nach Mexiko ab.

All diese Politiker genossen das Wohlwollen von IWF, Weltbank und den USA. Weil sie eilfertig den Washington Consensus umsetzten, erhielten sie Kredite für ihre maroden Staatsfinanzen – und ihre tiefen Taschen. Die als Gegenleistung geforderte Deregulierung ruinierte die vorher schon schwachen öffentlichen Dienstleistungen, Massenentlassungen ließen den schwachen Arbeitsmarkt kollabieren; einzig der informelle Sektor, also die Branche der Straßenverkäufer und Drogenhändler, prosperierte.

Die Menschen suchten das Weite. In Ecuador, Bolivien, Nicaragua, Peru leerten sich ganze Landstriche. Da die USA gerade begannen, sich stärker gegen Einwanderer abzuschotten, wählten immer mehr Emigranten das boomende Spanien als Ziel. Besonders in Argentinien besannen sich Angehörige der verarmenden Mittelschicht ihrer Vorfahren. Sie profitierten davon, dass Spanien Arbeitskräfte brauchte und Madrid bei Nachkommen spanischer Auswanderer großzügig mit der Anerkennung von Staatsbürgerschaften verfuhr. Die Argentinier gingen dorthin zurück, woher ihre Eltern und Großeltern gekommen waren.

Sie arbeiteten in Spanien auf dem Bau, als Kindermädchen, Altenpfleger, Müllmänner, Kellner, Tangolehrer und Taxifahrer. Manche entfalteten unternehmerisches Talent, gründeten Telefonläden und Bauunternehmen, Servicebüros und Restaurants, aber auch Zeitschriften, Diskotheken und auf lateinamerikanische Produkte spezialisierte Geschäfte, die Dulce de leche, Karamellcreme, Mate-Tee, Maismehl, schwarze Bohnen oder Pisco-Schnaps verkaufen. Vor allem in Madrid und Barcelona bildeten sich Latino-Communities.

»Ich brauche gar nicht mehr nach Lateinamerika fahren, Lateinamerika ist hier«, hörte ich im Oktober 2001 eine deutsche Studentin am Strand von Barcelona jubeln. Was sie als kulturelle Bereicherung ihres Erasmus-Jahres empfand, bedeutete für die meisten Einwanderer harte Entbehrung. Auch die Aufnahme im Gastland verlief nicht immer so, wie sich die Lateinamerikaner das vorgestellt hatten. Sie wurden als arme Verwandte empfangen.

Emigration als Inspiration

Der mexikanische Schriftsteller Jorge Volpi hat seine Erfahrungen von einem Lehraufenthalt in Spanien in diesen Jahren in seinem Buch *El Insomnio de Bolívar* (Bolívars Schlaflosigkeit) so beschrieben: »Wäre ich nicht aus Mexiko abgehauen, um mich in den betagten Aulen der Universität Salamanca herumzutreiben, hätte ich vielleicht nie erfahren, was es bedeutet, Lateinamerikaner zu sein.«[3]

Seine spanischen Gesprächspartner hätten ihm stets zu verstehen gegeben, dass sie sich aus den Unterschieden zwischen den Ländern des Subkontintents wenig machten, dass er für sie einfach ein »Sudaca« sei, genau »wie meine argentinischen, honduranischen oder venezolanischen Kollegen«.[4] Sudaca ist ein spanisches Schimpfwort für Lateinamerikaner. Die Diskriminierung habe zu einer ungekannten Form der Solidarisierung geführt, schreibt Volpi: »Auch wenn die Entfernung zwischen Mexiko und Asunción fast genauso groß ist wie die zwischen Mexiko und Madrid, so fühlte ich mich doch wesentlich stärker mit meinen paraguayischen oder chilenischen Kollegen als mit meinen spanischen Gastgebern. (…) Obwohl unsere Unwissenheit über Gebräuche, Geschmäcker und Neurosen des anderen abgrundtief war (…), so gab es doch die gemeinsame Wahrnehmung, einer Umgebung zu entstammen, die sich von Spanien radikal unterschied. (…) Der Kontrast zu den anderen ließ uns plötzlich eine gewisse gemeinsame Identität empfinden.«[5]

Das führte dazu, dass die Lateinamerikaner sich allesamt plötzlich am Wochenende in einer Salsa-Diskothek trafen, obwohl Mexikaner und Argentinier mit den Rhythmen der Tropen nicht wesentlich kundiger umzugehen verstehen als etwa Schweden oder Holländer. Durchaus überrascht stellte Volpi fest, dass er die Hüften besser schwingen konnte als die meisten Spanier. »Sollte vielleicht dieses Wackeln die Essenz Lateinamerikas sein?«[6]

Auch bei weiterem Nachdenken über Gemeinsamkeiten fielen Volpi erst einmal nur Allgemeinplätze ein: »Die Faszination für blutige Diktaturen und besiegte Guerillas, das Gezeter um den Fußball, die verehrungswürdige Korruption unserer Politiker, der Geiz der Millionäre, die Koketterie der Frauen, der Surrealismus als Lebensprinzip, die Krise und die Krise der Krise, die Liebe zur Sonne und zu Rum mit Coca Cola, die Gastfreundschaft Fremden gegenüber, die rituelle Gewalt und die zur Tugend erhobene Faulheit. Das Schlimmste war, dass – wie das bei Allgemeinplätzen der Fall ist – sie meistens stimmten.«[7] Intellektuelle Verständigung zwischen den Lateinamerikanern habe sich lediglich über die Denker der Vergangenheit ergeben, über die Schriften von José Carlos Mariátegui, José Vasconcelos, Jorge Luis Borges, Octavio Paz, Gabriel García Márquez, Mario Vargas Llosa.[8]

Andererseits enthielt diese Berufung auf eine gemeinsame intellektuelle Tradition auch den Treibsatz für eine neue Form des Austauschs, wie sie nur die massenhafte Emigration möglich machen konnte. Das Interesse an lateinamerikanischen Denkern erwachte neu, verschmolz mit der Fremdheitserfahrung zu einer Basis gemeinsamer Identitätsfindung der ausgewanderten Lateinamerikaner, die Ausdruck in vielerlei kulturellen, intellektuellen und wirtschaftlichen Leistungen fand. Das wiederum lieferte später einen wichtigen Beitrag zur Besserung der Verhältnisse in den Herkunftsländern. Mit anderen Worten: Die Auswanderungswelle nach Spanien, insbesondere die zeitlich begrenzte Emigration gebildeter Vertreter des Mittelstands, hat Lateinamerika – trotz der Härten für viele einzelne – insgesamt gutgetan.

Eine Studie des Instituto Tecnologico Autónomo de México von 2006 über die Auswirkungen der Migration hält fest, dass unter dem Strich die positiven Aspekte überwiegen. Die Emigration sei zwar Produkt der Unterentwicklung und der ungerechten Verteilung der Reichtümer, schreibt die Autorin Erika Ruíz Sandoval. Die Kosten des Verlusts an Humankapital in den Auswanderungsländern seien hoch. Andererseits sei die Migration Folge der – nicht abgeschlossenen und ungleichförmigen – Entwicklung von Gesellschaften in struktureller Transformation und daher einer der Faktoren, die die Modernisierungsrückstände aufholen helfen und gleichere Gesellschaften schaffen könnten. Positive Faktoren etwa seien die *remesas familiares*, Überweisungen der Ausgewanderten in ihre Heimatländer. Sie seien eine wirksame Entwicklungshilfe, weil die Verteilung über die Familien selbst geschehe. Dazu komme eine Stärkung von Handel, Investition und Konsum. Das alles sei geeignet, die Armut zu lindern. Die Migration trage darüber hinaus dazu bei, neue politische und soziokulturelle Ideen »auf einem erhöhten Entwicklungsniveau« entstehen zu lassen. Dies diene der demokratischen Entwicklung der Herkunftsländer, es fördere etwa die Einsicht in die Notwendigkeit, bei öffentlichen Handlungen Rechenschaft abzulegen, es stärke die Teilnahme am öffentlichen sozialen Leben und die Rolle der Frau. Die Migranten könnten nach Jahren, ausgerüstet mit Ersparnissen und neuen Ideen, nach Hause zurückkehren. Der Braindrain transformiere sich so mit der Zeit in einen bereichernden Rückfluss, schließt die Studie.

In Barcelona konnte man in diesen Jahren beobachten, wie Lateinamerikaner in der Fremde ihre kulturellen Wurzeln neu entdeckten. Die Argentinier begannen, wieder Tango zu tanzen. Die Musik war ja einst als nostalgische Äußerung einer Emigrationswelle europäischer Auswanderer entstanden, als Melange europäischer Musikstile, mit der sich die Auswanderer Gefühle von Heimweh und Verlassenheit von der Seele sangen. Der Tango wurde zum Blues des Rio de la Plata, der nun, da eine ganze Generation Argentinier die Auswanderungserfahrung ihrer Vorfahren in umgekehrter Richtung wiederholte, in Madrid oder Barcelona Auferstehung feierte. Dort eröffneten Lokale wie die Bar Domestic in der Calle Diputació, in der allabendlich tränenreich an die verlorene Heimat jenseits des Atlantiks erinnert wurde. Wenn die Sängerin Bibi González auftrat, konnte man sich fühlen wie in einer Eckkneipe eines Vorstadtviertels von Buenos Aires. Die meisten Gäste konnten die Texte auswendig mitsingen. Gleichzeitig begann der Tango sich in Madrid oder Paris mit elektronischen Formen zu mischen und fand später in runderneuerter Form seinen Weg zurück nach Buenos Aires.

Es entstanden Orte gemeinsamer kultureller Äußerungen wie der Radiosender Gladys Palmera in Barcelona, der noch immer wie ein kulturelles Forum funktioniert. Jede Stunde wechselt die Nationalität der Plattenaufleger, die Venezolaner lassen samstagnachmittags zu Salsa-Rhythmen die Studiowände wackeln, am Sonntagabend kündigt ein älterer Argentinier mit feierlicher Stimme Tangos an. Mit den Jahren hat sich Radio Gladys Palmera zu einer international beachteten Plattform für die Avantgarde der Weltmusik entwickelt.

Ich war 2001 nach Barcelona gekommen, um an einem internationalen Weiterbildungsprogramm für Journalisten teilzunehmen. Der *Master en Periodismo* ist der spanischsprachige Schwesterstudiengang der Journalistenausbildung an der New Yorker Columbia University. Er wird von Columbia und der Universität Barcelona gemeinsam betrieben und in Spanien abgehalten. Die Lehrveranstaltungen fanden damals in einem kleinen Palast im französischen Stil am Universitätscampus von Vall D'Hebron statt, mitten in den grünen Bergen, die Barcelona wie ein natürliches Amphitheater umgeben. Er war bedeckt mit Efeu und lag in einem Pinienwäldchen. Springbrunnen plätscherten, und Elstern schwirrten durch den Park. Die Palmen vor der Hochhauskulisse verliehen dem Ambiente eine tropische Note, trotz der Winterkälte. Über eine Freitreppe betrat ich den Palast. Im Erdgeschoss wimmelte es von Krawattenträgern und MBA-Studenten, die Journalisten waren im früheren Kohlenkeller einquartiert.

Das Gebäude war in den 1920er Jahren von einem Indiano erbaut worden, so nannte man die spanischen Zuckerbarone, die im 19. Jahrhundert auf Kuba reich geworden waren und die nach ihrer Rückkehr ihr Geld in die Industrialisierung Kataloniens investiert hatten, erklärte der argentinische Studienleiter Roberto Herrscher. Er war Absolvent der Columbia University, Dozent an vielen lateinamerikanischen Hochschulen und Korrespondent mehrerer erstklassiger lateinamerikanischer Reportagemagazine wie *Gatopardo* oder *Etiqueta Negra*. Er gab regelmäßig Seminare in Redaktionen auf dem ganzen Kontinent und kannte deshalb fast alle lateinamerikanischen Länder. Nebenbei schrieb er Opernkritikern und konnte hervorragend Tangos singen. Herrscher, Jahrgang 1963, hatte als Wehrpflichtiger am Malvinas-Krieg teilgenommen. Er gehörte zu der Generation Argentinier, die nach der Jahrtausendwende begann, Fragen zu stellen und öffentlich eine Auseinandersetzung mit den Jahren der Diktatur zu fordern, die über die faulen Kompromisse der Menem-Zeit hinausgehen sollte.

Er zeigte mir eine ältere Ausgabe der argentinischen Zeitung *Clarín,* in der er geschrieben hatte: »In Argentinien haben wir uns eine bestimmte Erinnerung geschaffen. Diese besagt, dass der Krieg das Abenteuer eines notorisch trunksüchtigen Generals war, alle anderen waren Opfer. Es ist der gleiche Mechanismus, mit dem in großen Teilen Europas die Erinnerung an den Nazismus konstruiert wurde.« Dabei, so Herrscher, habe die argentinische Gesellschaft 1982 nach sechs Jahren Diktatur genug über die Verbrechen der Militärregierung gewusst, um einschätzen zu können, dass der Krieg um die Malvinas nichts anderes als ein weiteres Verbrechen sein würde. »1982 war Argentinien von seiner eigenen Armee besetzt, einer blutrünstigen Armee, die folterte und tötete. Und doch strömten meine Landsleute auf die Straßen, um einen Befreiungskrieg um Inseln zu bejubeln, auf denen es keinen einzigen Argentinier zu befreien gab.«

Die Lage seines Landes schätzte Herrscher 2001 düster ein. Dort bewegte sich die Krise auf einen Höhepunkt zu. Da es den anderen Ländern keineswegs besser ging, verwunderte es nicht, dass die meisten der Lateinamerikaner, die an dem Masterkurs teilnahmen, zumindest erwogen, längere Zeit in Spanien zu bleiben. Viele hatten beträchtliche Opfer auf sich genommen, um nach Barcelona zu kommen. Sie waren beweglich, flexibel, mutig und talentiert und alle eine Spur weltgewandter als ihre meist behütet aufgewachsenen spanischen Mitstudenten, von denen viele noch bei ihren Eltern wohnten. Die Latinos hatten zu Hause Jobs bei renommierten Medien aufgegeben. Fernando Santullo etwa war Redakteur bei *La República*, der wichtigsten Zeitung Montevideos, gewesen und nebenbei der bekannteste Rapper Uruguays – was nicht viel heißen wolle, wie er häufig sagte. Schließlich sei Uruguay winzig klein, worüber Uruguayer gern Witze machen, die nur sie selbst verstehen. Santullo besaß einen trockenen Humor und pflegte eine eigentümliche Aversion gegen alle Ausdrucksformen der Tropen. Er legte Wert darauf, dass Uruguay – ein flacher, grüner, melancholischer, von europäischen Einwanderern geprägter Staat – nichts mit der urwaldhaften, karibischen Exaltiertheit Venezuelas oder Kolumbiens gemein habe.

Santullo hatte Frau und Kind mitgebracht. Sie siedelten wie viele Uruguayer im heruntergekommenen Badeort Castelldefels außerhalb Barcelonas in einer zugigen, ausrangierten Ferienwohnung, wo sie sich ansatzweise fühlen konnten wie im uruguayischen Badeort Punta del Este. Um zu überleben, jobbte Santullo nachts im Hard Rock Café an der Plaza Catalunya. Er klagte über Rassismus: »Sudacas und Philippiner kommen in die Küche. Die Bedienungen sind Deutsche oder Dänen, obwohl die zum Teil nicht mal Spanisch können.« Im Gastraum hänge die Gitarre von Eric Clapton, aber in der Küche würden die Mitarbeiter ausgebeutet. Immerhin konnte er seine Erfahrungen als Hilfskoch in seiner Abschlussarbeit für den Master journalistisch verwerten. Sein Fazit: Anders als Günter Wallraff in seiner Rolle als falscher Türke in *Ganz unten* brauche »sich ein Sudaca als Reporter nicht erst dunkle Kontaktlinsen einzusetzen und die Haare zu färben«.

Aussicht auf einen qualifizierten Arbeitsplatz gab es für Leute wie Santullo so gut wie keine. Trotzdem blieb er, schlug sich mit Gelegenheitsjobs durch und verarbeitete seine Emigrationserfahrung später musikalisch auf einer von der Kritik gefeierten Elektro-Tango-Platte.

Einen anderen Weg ging Douglas Carcache, leitender Redakteur bei der nicaraguanischen Tageszeitung *La Prensa*. Seine Redaktion hatte ihn nach Barcelona geschickt, um seine Kenntnisse zu erweitern. »Man muss sich ständig neu erfinden«, lautete sein Leitspruch. Er war mit 41 Jahren der Älteste im Kurs. Er hatte ein Stipendium, das jedoch nicht zum Leben im teuren Barcelona reichte. Also musste er in einer Pizzeria jobben, was aber niemand wissen durfte, es war ihm peinlich. Zu Hause hatte Douglas Eigenheim, Hausangestellte, Auto. Das Schlimmste für ihn war die Kälte. »In Nicaragua hat es nie weniger als 25 Grad«, jammerte er. Er wusste nicht, wie man mit einem europäischen Winter umging, trug dünne Leinenschuhe, als schon Schnee lag. Er holte sich eine schwere Grippe, fehlte aber trotzdem keinen Tag im Kurs. Er wusste, dass das eine einmalige Chance war, die wollte er nicht verplempern. Trotzdem zögerte Douglas Carcache nach Ende des Kurses keinen Augenblick, nach Nicaragua zurückzukehren. Nach seinen Erfahrungen in der Fremde erschien es ihm lohnender, in seinem eigenen Land weiterzukommen, als das Leben eines Immigranten zu fristen. So wie Douglas Carcache dachten emigrierte Techniker, Wissenschaftler, Unternehmer – aber auch Menschen ohne höhere Schulbildung wie der Telefonladenbesitzer Arturo Zambrano. Die Auswanderung war ihnen Mittel zum Zweck.

Der Studiengang *Master en Periodismo* in Barcelona hat seit 1999 Hunderte Lateinamerikaner in Journalismus weitergebildet und seinen kleinen Beitrag zu einer Professionalisierung des Nachwuchses geleistet. Der Wunsch der Absolventen, in Spanien zu bleiben, hat in dem Maße abgenommen, in dem sich in Lateinamerika die Verhältnisse verbesserten. Die schwere Immobilienkrise, die den spanischen Boom 2008 schlagartig beendete, erleichterte vielen Emigranten die Entscheidung zur Rückkehr. Ja, die Verhältnisse begannen sich erneut zu drehen. 2009 und 2010 verzeichnete Argentinien die Zuwanderung von mehr als 33 000 spanischen Immigranten, Brasilien wird zunehmend für Portugiesen interessant.[9] Lateinamerika gewinnt nicht nur seine Diaspora zurück, es wird zehn Jahre nach dem Zusammenbruch allmählich wieder zum Kontinent der Einwanderer.

3 Der Geist des Che Guevara

»Die neuen politischen Bewegungen Lateinamerikas ragen für die Kritiker wie ein Anachronismus, für andere aber wie ein Fels der Hoffnung aus der kapitalistischen Weltgesellschaft heraus.«
Constantin von Barloewen, Die lateinamerikanische Hoffnung
(Die Zeit, 30. April 2008)

Die Plaza Murillo ist ein gepflegtes Ensemble kolonialer Architektur im Herzen von La Paz. Dort residiert die Macht Boliviens hinter Säulen, Stuck und barocken Fassaden. Auf der einen Seite der Plaza steht das Parlament, schräg gegenüber der Palacio Quemado, der »Verbrannte Palast«, in dem der Präsident seine Amtsgeschäfte ausübt. Der Palast heißt so, weil er 1875 von Aufrührern mit Fackeln in Brand gesteckt wurde.

Bolivien ist ein leicht entflammbares Land geblieben. Immer wieder marschieren auf der Plaza Murillo Bauern, Lehrer, Hirten, Tagelöhner oder Minenarbeiter aus Potosí und anderen Bergwerksstädten auf und werfen Dynamitstangen in die glasklare Andenluft, um ihren Forderungen Nachdruck zu verleihen. An friedlichen Tagen sitzen auf dem Platz die Regierungsbeamten in der stechenden Hochlandsonne auf den Bänken, die Luftballonverkäufer hoffen auf Kunden, dazwischen tummeln sich die bunt gekleideten Marktfrauen, die Schuhputzer, die hier aus Scham wollene Gesichtsmasken tragen. Tauben flattern umher, gerne lassen sie sich nieder auf der Büste des armen Gualberto Villaroel, die etwas abseits steht. Villaroel war Boliviens Präsident von 1943 bis 1946, er ließ sich von dem sozialreformerischen Obristen Juan Domingo Perón im Nachbarland Argentinien inspirieren und wollte einen ähnlich gearteten, autarken Nationalismus in Bolivien einführen. Doch am 21. Juli 1946 wurde Villaroel von einem Mob, den seine Gegner angestiftet hatten, an einem der schmiedeeisernen Laternenpfähle aufgeknüpft. Präsident zu sein war in Bolivien eine immer riskante, meist kurzlebige Angelegenheit. Manche Amtszeiten dauerten nur ein paar Stunden. Bolivien ist nicht nur das ärmste Land Südamerikas, es galt auch lange als das politisch unbeständigste.

Auch dem früheren Kokabauern Evo Morales geben viele keine lange politische Überlebenschance, als er am 22. Januar 2006 die Präsidentschaft mit einer außerordentlich kantigen Agenda antritt. Morales ist der erste Angehörige der indigenen Bevölkerungsmehrheit, der das höchste Staatsamt mit einem überzeugenden Wahlsieg gegen einen Vertreter der alteingesessenen Elite erobert hat. Er erhielt 54 Prozent der Stimmen bei 84 Prozent Wahlbeteiligung. Sein Anteil entsprach damit in etwa dem der Indigenen an der bolivianischen Bevölkerung. An seinen Absichten lässt Morales keinen Zweifel. Er will den Nachkommen der Ureinwohner nach fünfhundert Jahren Marginalisierung die Führungsrolle im Land verschaffen, die ihnen seiner Meinung nach zusteht. Dazu kommt eine Prise Anden-Sozialismus, mit dem er den marktliberalen Kurs seiner Vorgänger korrigieren möchte.

Seine Antrittsrede hält Morales vom Balkon des Palacio Quemado aus. Die Plaza Murillo ist an diesem Tag voller Menschen, viele davon Angehörige der Aymara, Quechua, der Guaraní und der anderen indigenen Völker Boliviens; Musikanten und Tänzer aus den Andendörfern und aus Amazonien sorgen für eine lautstarke Kulisse. Morales erinnert die Menschen daran, dass Nachkommen der Ureinwohner noch vor wenigen Jahrzehnten nicht einmal das Recht hatten, sich auf dem Platz aufzuhalten. Bolivien sei gewesen wie Südafrika, womit Morales andeutet, für wen er sich hält: den südamerikanischen Nelson Mandela, der die jahrhundertealte De-facto-Apartheid beenden will. Er beschwört den Geist zweier Vorväter, in deren Sinn er handeln möchte und die bis dato in Bolivien eher als Subversive galten. Der eine ist Tupac Katari, Held des Widerstands der Indios gegen die Spanier im 18. Jahrhundert. Der andere ist Che Guevara, in dessen direkter Nachfolge sein »demokratischer, revolutionärer Kampf um eine neue politische Kultur« stehe, wie Morales sagt.

Das ist auch eine Art Wiedergutmachung. Vierzig Jahre zuvor hatte die bolivianische Linke nicht viel dagegen unternommen, dass der argentinisch-kubanische Guerillero, der ihnen die Revolution bringen wollte, im Urwald von Soldaten getötet wurde. Nun soll Che Guevara Inspiration sein für ein »neues Bolivien« – allerdings soll die Revolution diesmal auf demokratischem Weg erfolgen. Und diese Umwälzung soll sich als langlebiger erweisen als alle vorhergehenden in Boliviens wechselvoller Geschichte. 2010 wird Evo Morales wiedergewählt, und er kann sein Ergebnis sogar ausbauen – auf 63 Prozent.

Zwischen 2002 und 2010 hat die linke politische Symbolfigur Lateinamerikas Konjunktur wie seit der kubanischen Revolution von 1959 nicht mehr. Früher beriefen sich auf Che Guevara Studenten, Aufständische, Dissidenten und Verfolgte. Doch nun wird der Revolutionär, der mit Fidel Castro den Sozialismus nach Kuba brachte, in der regierenden politischen Klasse des 21. Jahrhunderts salonfähig. Diese neue Klasse ist am 22. Januar 2006 in großer Zahl in La Paz vertreten. Es ist ein Stelldichein ganz besonderer Prägung. Nie zuvor sind so viele Staatschefs zu einer Amtseinführung nach Bolivien gereist. Und die meisten der Gäste stehen links, Luiz Inácio Lula da Silva aus Brasilien, Néstor Kirchner aus Argentinien, Ricardo Lagos aus Chile, Hugo Chávez aus Venezuela. Kuba wird vertreten von Carlos Lage, damals Vizepräsident des Ministerrats und wichtigster außenpolitischer Repräsentant.

Sozialismus nach kubanischem Vorbild haben allerdings die wenigsten der Politiker im Sinn, die nach 2001 in Bolivien, Paraguay, Ecuador, Venezuela, Uruguay, Brasilien, Argentinien, Chile, Nicaragua, El Salvador, Guatemala und Panama an die Macht kommen. Kuba bleibt allenfalls in einem Aspekt ein Vorbild: im hartnäckigen Bestehen auf Selbstbestimmung. Die neue Linke bildet auch alles andere als einen einheitlichen Block, sondern verfolgt ganz verschiedene Strömungen von linkspopulistisch bis gemäßigt sozialdemokratisch. Keiner der Staatschefs stellt die marktwirtschaftliche Grundordnung wirklich in Frage. Sie versuchen jedoch, den Kapitalismus auf ihre jeweils eigene Weise zu bändigen. Manche der neuen Regierungen sind Ergebnis eines langsamen Umdenkens wie etwa in Brasilien; andere sind das Produkt erbitterten Widerstands gegen Deregulierung und Privatisierung, wie in Bolivien oder Ecuador.

Grundsätzlich gilt: Je größer die Probleme in den 1990er Jahren gewesen waren, desto radikaler verläuft der Gegenkurs. Hugo Chávez in Venezuela, Rafael Correa in Ecuador und Evo Morales in Bolivien ändern die Verfassungen ihrer Länder, passen sie zum Teil ihren Plänen an, versprechen ein Ende der Macht der alten, postkolonialen Eliten und gehen auf Konfliktkurs zu den USA. Sie treten durchaus autoritär auf. Ihr Stil wird von europäischen Beobachtern gern als Populismus gegeißelt; doch fallen ihre Maßnahmen oft nicht so extrem aus wie ihre Worte. Sie sprechen die Sprache ihrer im Alltagskampf abgehärteten Wähler und bedienen die Sehnsucht der Marginalisierten nach Anerkennung, Würde und Selbstwertgefühl. Sie werden gewählt, weil sie eine Gegenbewegung zum radikalen Liberalismus versprechen, der Lateinamerika zweihundert Jahre lang nach dem Prinzip »jeder für sich und allein gegen alle« regiert hat.

Die seit Jahrhunderten gewachsenen Probleme sind jedoch nicht schnell zu lösen, was den verfassungsrechtlich bedenklichen Drang mancher Amtsträger nach einem längeren Verbleib an der Macht erklärt. Doch andererseits ist dieser Drang auch keine »Krankheit der Linken«. In Kolumbien hat der rechtsgerichtete Präsident Álvaro Uribe 2006 keine Skrupel, die Verfassung für eine zweite Kandidatur zu verbiegen. In Mexiko gelangt 2006 Felipe Calderón mit einem hauchdünnen Vorsprung an die Macht, Wahlbetrugsvorwürfe der linken Opposition sitzt der Konservative aus. Doch in einem folgen auch die rechtsregierten Länder Peru, Kolumbien und Mexiko dem neuen Kurs: Sie legen ein gewachsenes Selbstbewusstsein an den Tag, erweisen sich gegenüber den USA als hartnäckigere Verhandlungspartner als ihre Vorgänger. In Kolumbien bekennt sich Uribes konservativer Nachfolger Juan Manuel Santos nach seinem Wahlsieg 2010 zu einer Politik des sozialen Ausgleichs. Die *Süddeutsche Zeitung* spricht am 15. Februar 2011 von einer »Wende nach links« sogar im rechtskonservativen Kolumbien.

Viele der linken Politiker, die zwischen 2002 und 2010 in Lateinamerika gewählt werden, haben eine Vergangenheit im Widerstand gegen die Diktaturen hinter sich, viele saßen im Gefängnis und wurden gefoltert wie Chiles Staatschefin Michelle Bachelet. Ihr Vater wurde von den Schergen des Diktators Augusto Pinochet nach dem Putsch von 1973 ermordet. Sie selbst ging nach Misshandlungen ins Exil nach Ostdeutschland. Nach der Rückkehr Chiles zur Demokratie wird sie unter Präsident Ricardo Lagos Verteidigungsministerin – eine Frau in dieser Position auf dem Kontinent der Machos, allein das ist schon eine Revolution. Bachelet wird – kurz nach Evo Morales' Wahlsieg in Bolivien – von einer großen Mehrheit der Chilenen zur Staatschefin gewählt. Sie festigt nicht nur die ökonomische Stabilität, sondern intensiviert auch die Aufarbeitung der Vergangenheit und die Abrechnung mit der Diktatur. Als sie 2010 mit riesigen Beliebtheitsraten aus dem Amt scheidet, zollt ihr der konservative Nachfolger, der Milliardär Sebastián Piñera, Respekt. Er verspricht, ihre Errungenschaften nicht zu demontieren. Auch das ist unerhört in Lateinamerika.

Uruguays 2009 gewählter Präsident José »Pepe« Mujica hat vierzehn Jahre in den Kerkern der Diktatur geschmachtet. Er kommt frei, als diese 1985 abdanken muss, nachdem sie mit ähnlich tödlicher Systematik gewütet hatte wie die Junta in Argentinien. Mujica war in den 1970er Jahren Guerillero und vertrat eine dezidiert marxistische Agenda. Nach seiner Freilassung wird er erst mal Bauer, pflanzt Tomaten und Kürbisse, fährt Traktor, macht aber parallel in der Politik als Senator und Minister Karriere. 2009 tritt er als Kandidat der Linken an, der gebeugt gehende, nuschelnde, kauzige alte Mann wirkt wie ein Inbegriff des Antipolitikers. Doch er fährt einen überzeugenden Wahlsieg ein, unter anderem, weil er sich nicht als Wiedergänger der Vergangenheit präsentiert, sondern betont, er habe aus seinen Fehlern gelernt und sei vom Klassenkampf geläutert. »Wir sind nicht gegen die Reichen«, ruft er bei seinen Wahlversammlungen, »die Kräfte des Kapitals haben alle Sicherheiten, aber es muss geteilt werden.«[1] Als Präsident führt er den gemäßigt sozialdemokratischen Kurs seines Vorgängers Tabaré Vázquez fort – mit dem Ziel, das noch immer im Streit über die Vergangenheit geteilte Uruguay zu einen und die Armut zu bekämpfen, vor allem durch Wirtschaftsleistung und Fortschritt.

Es ist diese Form von im Leid gereifter Glaubwürdigkeit, die – in Verbindung mit der Enttäuschung der Wähler über die rechtskonservativen Vorgänger – die früher verfemte Linke plötzlich für große Mehrheiten wählbar macht. Der nicaraguanische Schriftsteller, Essayist, Journalist und ehemalige Vizepräsident seines Landes, Sergio Ramírez, erklärt die Renaissance der Linken 2005 so: »Die Konservativen sind gescheitert bei dem Versuch, wirtschaftliche Stabilität zu schaffen. Und die Linke ist gleichzeitig das Odium des Antidemokratischen losgeworden. Das beste Beispiel ist Präsident Lula in Brasilien, der ist nicht nur Theoretiker, sondern er hat gezeigt, dass ein linker Präsident, ein Exmetallarbeiter, vernünftig mit den Wohlhabenden des Landes zusammenarbeiten kann. Das ist wichtig für die Linke:

Sie darf keine radikalen Änderungen versprechen. Sie muss zeigen, dass sie in Frieden regieren kann ohne Anfälle von Wahnsinn.«[2] In Europa stößt der lateinamerikanische Sonderweg zuerst nur bei Dritte-Welt-Initiativen und Menschenrechtsaktivisten auf Widerhall. Den Weg in die Hauptnachrichten findet Lateinamerika selten, was für sich schon als ein Zeichen der Stabilisierung gewertet werden kann; schließlich haben nach den Gesetzen des Medienmainstreams nur schlechte Nachrichten einen Marktwert. In dem Maße, wie das Phänomen des Linksrucks sich als anhaltend zu erweisen beginnt, wächst jedoch die internationale Aufmerksamkeit. Für Globalisierungsgegner wie den britisch-pakistanischen Essayisten Tariq Ali oder den US-Filmemacher Oliver Stone wird der Miraflores-Regierungspalast von Hugo Chávez in Caracas zu einer Art Wallfahrtsort. Mit unverhohlener Freude kolportieren sie die Ausbrüche des venezolanischen Polterers gegen George W. Bush, begrüßen seine aggressiv vorgetragenen Zweifel an der unipolaren Weltordnung. Tariq Ali macht Chávez zum Kronzeugen seiner zornigen Philippika gegen die Globalisierung, der Linksintellektuelle preist den Venezolaner in seiner Streitschrift *Piraten der Karibik* als Kontrast zu den US-Marionetten in den »neuen Protektoraten auf dem Balkan und am Hindukusch«[3], den »Hariris, Chalabis, Karsais und Allawis, diesen in Übersee lebenden Millionären, korrupten Bankern und CIA-Repräsentanten, auf die der Westen setzt«[4]. Der »Hass auf den Westen« ist auch Thema des Schweizers Jean Ziegler. In seinem gleichnamigen Buch stilisiert er Boliviens Präsidenten Evo Morales zum bedrängten Hoffnungsträger einer gerechteren Welt hoch.

An den Schaltstellen der Macht in Berlin, Paris, London und Brüssel wird der Wandel mit Skepsis aufgenommen. Die deutsche Linkspartei erntet Spott, als sie im Wahlkampf 2009 fordert, Deutschland solle stärker mit den linken Regierungen Lateinamerikas zusammenarbeiten. Große Medien blenden Lateinamerika förmlich aus, folgen willfährig dem Blick der

Weltführungsmacht auf den Nahen und Mittleren Osten. Tariq Ali schreibt: »Die Welt, in der wir leben, wird von einem einzigen Imperium, aber zahlreichen, rund um die Uhr sendenden Fernsehstationen beherrscht, die mit zwei Ausnahmen (Al-Dschasira und Venezuelas Telesur) alle dieselbe Agenda vertreten. Die Konzentration der Mediengewalt in der Hand eines halben Dutzends globaler Medienzaren ist eher dazu bestimmt, die Ablösung unliebsamer Regime zu befördern als die Rede- und Gedankenfreiheit. Die Desinformationsunternehmen (…) sind ein wichtiger Bauteil des globalen Gerüsts, das die gesamte Welt umspannt. Die vom Weißen Haus (…) propagierte Dichotomie von Freund und Feind, Gläubigem und Ketzer beherrscht die Nachrichten der Mainstream-Medien.«[5]

Doch auch wer nicht links ist, mag in den Biographien der Protagonisten des lateinamerikanischen Wandels, den Lebensläufen der Lulas, Bachelets und Mujicas einen wohltuenden Kontrast erkennen zu den üblichen Karrierewegen der normgebogenen Brüsseler Funktionäre, der Parteisoldaten und grauen Hofschranzen, die die Hauptstädte Europas prägen.

Die heftigste Kritik am Linksruck Lateinamerikas kommt aus Lateinamerika selbst, von Seiten der Eliten, die ihren traditionellen Führungsanspruch in Frage gestellt sehen. An die Spitze setzt sich der peruanische Schriftsteller und Literaturnobelpreisträger von 2010, Mario Vargas Llosa, der vor allem den Kurs des Hugo Chávez in seinen allgegenwärtigen Kolumnen in der Presse des Subkontinents als autoritären Irrweg geißelt. Viele rechte Kritiker ziehen die Konsequenz und stellen sich der Auseinandersetzung nur aus sicherer Entfernung – aus Miami oder Madrid, wie auch Vargas Llosa selbst, der seine peruanische Identität längst zugunsten der spanischen Familienwurzeln aufgegeben hat.

Doch auch Vargas Llosa muss anerkennen: »Wenn wir das Lateinamerika von jetzt mit vergangenen Zeiten vergleichen, sehen wir einen bemerkenswerten Fortschritt. Als ich jung war,

war Lateinamerika voller Diktaturen (…) Heute ist es ziemlich demokratisch mit Regierungen, die aus Wahlen hervorgegangen sind, es gibt politischen Pluralismus und eine gewisse Meinungsfreiheit«, sagt er 2010.[6] Die moderaten Linksregierungen Brasiliens, Chiles und Uruguays seien »sehr interessante Phänomene«. Es sei eine Linke, die die Demokratie respektiere, sogar in der Wirtschaft auf die alten sozialistischen Rezepte verzichte und beginne, »liberale sozialdemokratische Politik« zu betreiben. Die Regierungen in Bolivien, Venezuela und Nicaragua hingegen geißelt er als »lachhafte populistische Pseudodemokratien«.[7]

Doch auch von progressiven Autoren kommt Kritik. Der Mexikaner Jorge Volpi nennt die Träger des Wandels 2008 »demokratische Caudillos«, deren Rhetorik mehr wiege als ihre Taten. Noch immer stünden die Armen Lateinamerikas mit dem Rücken zur Wand.[8]

Wer die chaotischen Metropolen Rio de Janeiro, Buenos Aires oder Caracas mit ihren enormen sozialen Problemen, ihren Favelas, Villas de Miseria oder Barrios populares, wie die Elendsviertel dort heißen, besucht, diesen unkontrollierbaren Labyrinthen des täglichen Überlebenskampfes, mag Volpi recht geben. Fakt ist jedoch auch, dass das überwiegend links regierte Lateinamerika unerwartete wirtschaftliche Erfolge vorweisen kann. Das – bestimmt nicht linkslastige – britische Wirtschaftsblatt *Economist* zählt 2010 auf[9]: Die Jahre zwischen 2003 und 2008 seien die besten Lateinamerikas seit den 1960er gewesen mit einem durchschnittlichen jährlichen Wachstum von 5,5 Prozent. Die Inflation bewegte sich im einstelligen Bereich, ein besonders großer Erfolg auf einem Kontinent, der früher Schauplatz dramatischer finanzieller Instabilität war. Einer kurzen Delle 2008 sei eine rasche Erholung gefolgt – Konsequenz »gesunder Politik«. Der Fortschritt sei bei der Bevölkerung direkt angekommen: Vierzig Millionen Lateinamerikaner hätten zwischen 2002 und 2008 dank einer ausgewogenen Mischung aus Wachstum und Sozialprogrammen den Weg aus der Armut gefunden. Das sei nicht zuletzt die Folge des Aufstiegs von Politikern, die selbst aus der Armut gekommen seien. Ihre Politik sei »inklusiv«, schließe also die Marginalisierten ein.

Fast so, wie es Che Guevara einst gepredigt hatte.

Aufbruch im Land der Ankunft

> »*Néstor Kirchner war der entscheidende Protagonist der südamerikanischen Integration.*«
> Brasiliens Außenminister Celso Amorim (taz, 1. November 2010)

»Que se vayan todos!« – Sie sollen alle abhauen! Das sind die Rufe, die 2001 und 2002 durch die Straßen von Buenos Aires hallen. Sie richten sich an Politiker, Generäle, Peronisten, Radikale, Oligarchen, eben alle, die jahrzehntelang in die eigene Tasche gewirtschaftet und den Absturz Argentiniens nach Meinung der Demonstranten verursacht haben. Die Wirtschaft ist kollabiert. Argentinien ist pleite und ein Stück näher an die Dritte Welt gerutscht. Und Argentinien hat seine politische Klasse satt.

Die nimmt die Aufforderung der Straße ernst. Präsident Fernando de la Rua flieht 2001 Hals über Kopf aus dem Amt. Danach will erst mal niemand mehr Verantwortung übernehmen, die Präsidentenwürde wird herumgereicht wie eine heiße Kartoffel. Am 1. Januar 2002 bestimmt die Abgeordnetenkammer in Buenos Aires Eduardo Duhalde, einen Vertreter des peronistischen Establishments, zum fünften Interimspräsidenten in dreizehn Tagen. Der argentinische Journalist Roberto Herrscher sagt in diesen Tagen über Duhalde: »Dem würde ich nicht die Hand geben, weil ich Angst hätte, er klaut meine Uhr.«

Duhalde ist alles andere als ein Hoffnungsträger. Doch immerhin, er scheut nicht die Drecksarbeit. Als erstes hebt er die fatale Dollarbindung des Peso auf, die einer der Auslöser für die

Krise gewesen war. Doch das ist höchstens ein Anfang. Die Wirtschaftskraft Argentiniens ist seit Ende der 1990er Jahre um zwanzig Prozent abgesackt, das Land hat den Schuldendienst eingestellt.

Es ist die Stunde eines Mannes, mit dem niemand gerechnet hatte. Néstor Kirchner ist ein schielender, nuschelnder Anwalt mit schroffen Umgangsformen, im Auftreten nicht gerade ein Volkstribun, der 2003 seine Kandidatur für die Präsidentschaft anmeldet. Er stammt aus kleinen Verhältnissen, ist Sohn eines Postangestellten aus der Südprovinz Santa Cruz. Kirchner hatte Jura in der Kleinstadt La Plata studiert und sich der peronistischen Jugendorganisation angeschlossen. Als Student kam er den linksperonistischen Montoneros nahe, während der Jahre der Militärjunta, die die Stadtguerilla grausam verfolgte, überwinterte Kirchner als Anwalt in seiner patagonischen Heimat. Pinguino wird er später genannt wegen seiner Herkunft aus der im Winter eisigen Südregion, wo die antarktischen Pinguine leben. Nach der Rückkehr zur Demokratie wurde er Provinzgouverneur in Patagonien und leistete in den 1990er Jahren gute Arbeit. Doch im Rest des Landes ist er 2003 so gut wie unbekannt. Ausgerechnet dieser Mann will Argentinien retten?

Die Umstände seiner Wahl sind kurios: Achtzehn Kandidaten treten an, von denen nur zwei eine nennenswerte Stimmenzahl bekommen: Der eine ist Carlos Menem, dessen Politik das Land in den Abgrund getrieben hatte. Er muss sich zu dieser Zeit mit einer Reihe von Klagen wegen Korruption auseinandersetzen. Offenbar glaubt er, die Gunst der Stunde nutzen zu können, um den Staatsanwälten durch eine Rückkehr in die Politik zu entkommen. Menem erhält 24 Prozent der Stimmen, der weithin unbekannte Kirchner 22. Menem ahnt, dass sein Kontingent ausgeschöpft ist, mehr Anhänger hat der Neoliberalismus nicht mehr in Argentinien. Als die Umfragen ergeben, dass Kirchner ihn bei einer Stichwahl haushoch schlagen wird, zieht Menem seine Kandidatur zurück.

Der zweite Wahlgang ist damit überflüssig, und Kirchner wird mit einem lächerlichen Stimmenanteil Präsident. Niemand weiß zu diesem Zeitpunkt so recht, was von ihm zu erwarten ist. Er nennt den früheren spanischen Regierungschef Felipe González und den ehemaligen US-Präsidenten Bill Clinton als Vorbilder, tatsächlich aber scheint er sich eher an Juan Domingo Perón zu orientieren, wie sich bald herausstellt.

Von Anfang an greift Kirchner autoritär durch. Er macht viele Maßnahmen der Menem-Jahre rückgängig und holt Argentinien damit vom neoliberalen Gleis. Als erstes weist er dem Internationalen Währungsfonds (IWF) die Tür. Dass er damit die Kreditwürdigkeit seines Landes ruiniert, schert Kirchner nicht. Er will gar nicht mehr mitmachen im Weltfinanzsystem, dessen Kriterien Argentinien seiner Ansicht nach nie erfüllen wird. Gerade diese Arroganz bringt ihm Sympathie ein, denn viele Argentinier machen die internationalen Organisationen für die Misere verantwortlich. Das gedemütigte Land gewinnt durch diese Eigenwilligkeit neues Selbstvertrauen, Voraussetzung für einen Aufschwung. Doch Argentinien steht mit fast 200 Milliarden Euro international in der Kreide, das kann Kirchner nicht ignorieren. Der Präsident und sein Wirtschaftsminister Roberto Lavagna bieten den Käufern argentinischer Staatsanleihen mit einem Volumen von immerhin 82 Milliarden Dollar eine Umschuldung an, die darauf hinausläuft, dass die Anleger auf mehr als siebzig Prozent ihres Geldes verzichten. Drei Viertel nehmen an, weil sie fürchten, sonst gar nichts zurückzubekommen. Argentinien-Bonds waren europäischen Kleinanlegern in den 1990er Jahren von ihren Banken aufgeschwatzt worden mit dem Versprechen, sie seien sicher, weil der Peso an den Dollar gekoppelt sei. Dass diese Bindung nicht zu halten war, schien damals kein Banker voraussehen zu wollen.

Zu Hilfe kommt Kirchner der weltweite Rohstoffboom. Der Verkauf von Soja bringt Argentinien Rekordeinnahmen. 2002 war die Wirtschaft um fast elf Prozent eingebrochen, Ende 2003 hat sich das Bruttoinlandsprodukt im Vergleich dazu schon wieder um mehr als acht Prozent erholt. Die Investitionen kehren zurück. Buenos Aires erblüht, der alte Hafen wird saniert und zur mondänen Ausgehmeile umgebaut. Überall eröffnen schicke Designrestaurants, der billigere Peso bringt das Land auch auf die touristische Landkarte zurück. Und man tanzt wieder Tango in Buenos Aires.

In der Finanzpolitik legt Kirchner Wert auf Budgetüberschüsse, weitet aber gleichzeitig den Staatshaushalt laufend aus, was dank der guten Konjunktur möglich ist. Besonders in der Sozialpolitik eifert Kirchner seinem Parteigründer Perón nach. Er gibt dem Peronismus sein sozialreformerisches Gesicht zurück, setzt auf eine Umverteilungspolitik, um die Armut im Lande zu lindern; der Staat kontrolliert Preise und Löhne. Und Kirchner beginnt, privatisierte Unternehmen wieder zu verstaatlichen.

Seine nachhaltigste Leistung aber ist vielleicht, dass in seiner Regierungszeit die Amnestien Menems revidiert werden, die Junta-Generäle müssen erneut vor Gericht. Das schafft ein Klima, in dem die Gesellschaft mehr als zwanzig Jahre nach dem Ende der Diktatur endlich mit einer Aufarbeitung der dunklen Jahre beginnen kann. Menschenrechtsorganisationen wie die Mütter der Plaza de Mayo finden plötzlich Gehör. Erstmals wird auch in der breiten Öffentlichkeit eines der widerlichsten Verbrechen der Junta diskutiert, nämlich der Raub von Kindern Verschwundener, die an Offiziers- und Oligarchenfamilien verteilt wurden. Viele junge Argentinier beginnen, ihre Identität zu hinterfragen. Einer der berühmtesten Fälle ist die Enkelin Juan Gelmans, des wichtigsten lebenden Lyrikers Lateinamerikas. Gelmans Sohn wurde in den 1970er Jahren gefoltert und ermordet, seine Schwiegertochter blieb verschwunden. Nur die von einem Offizier adoptierte Enkelin wird später aufgespürt. Gelman sagt, die größte Leistung Kirchners sei es gewesen, »die Bleischicht der Immunität« zu entfernen, die

»die Henker der jüngsten argentinischen Militärdiktatur« geschützt habe.[10]

Außenpolitisch setzt Kirchner auf eine Einbindung in lateinamerikanische Strukturen. Erstmals in seiner Geschichte erkennt Argentinien damit an, dass es eben kein europäischer Außenposten an fernen Gestaden ist, die Epoche der Selbstüberschätzung geht zu Ende. Mit der regionalen Integration will Kirchner Lateinamerika gegenüber den USA stärken. Ende 2005 kommt es zur offenen Auseinandersetzung mit der Macht aus dem Norden. Argentinien ist Gastgeberland des Amerikagipfels, auf dem eigentlich das gesamtamerikanische Freihandelsabkommen ALCA (Área de Libre Comercio de las Américas) besiegelt werden soll. Es ist eines der Lieblingsprojekte marktliberaler Strategen aus Washington und soll Angelpunkt der Lateinamerikapolitik George W. Bushs werden.

Doch unter der Führung Kirchners weigern sich die links regierten Länder, dem Abkommen zuzustimmen. Sie fürchten Nachteile für ihre Kleinbauern und lokalen Produzenten durch den massenhaften Zustrom von US-Importen durch eine kontinentweite Freihandelszone, die ALCA vorsieht. Ärger mit den Nahrungsmittelproduzenten kann sich gerade Kirchner als Präsident eines Agrarlandes nicht leisten.

Venezuelas Präsident Chávez berichtet später, wie Kirchner in der »Schlacht von Mar del Plata« die Idee gekommen sei, wie ALCA zu verhindern und George W. Bush in der Schlusssitzung zu zermürben sei. Kirchner habe Chávez beiseite genommen und gesagt:»Ich werde dir das Wort erteilen, du Vielredner.«[11] Und Chávez redet: vom US-Imperialismus und seinem Gegenplan einer rein lateinamerikanischen Wirtschaftszone ALBA (Morgenröte). George W. Bush reist genervt ab und straft Lateinamerika fortan mit Missachtung. Kirchner kann die Verantwortung für das Scheitern von ALCA auf Chávez abwälzen.

Nach dem Ende seiner Präsidentschaft 2007 verstärkt Kirchner seine Bemühungen um eine lateinamerikanische Einheit. Er ist 2008 maßgeblich beteiligt am Zustandekommen der Union Südamerikanischer Nationen Unasur (Unión de Naciones Suramericanas). Die Unasur trägt die Handschrift der Linksregierungen und ist möglicherweise ihre wichtigste Hinterlassenschaft. Sie soll ein effizientes Gegengewicht zu der von den USA dominierten Organisation Amerikanischer Staaten (OAS) bilden. Unter Kirchners Leitung sorgt die Unasur unter den zerstrittenen Staaten Südamerikas für eine neue Einmütigkeit. Sie verurteilt den Putsch in Honduras 2009, die Unruhen in Ecuador 2010 und untersucht ein von einem Provinzgouverneur angezetteltes Massaker an Demonstranten in Bolivien. Nur beim Streit um neue US-Truppenstationierungen im rechtsregierten Kolumbien kommt kein einheitlicher Beschluss zustande.

Bei der Präsidentenwahl 2007 hatte Néstor Kirchner seiner Frau Cristina Fernández de Kirchner die Kandidatur überlassen. Die beiden waren stets ein politisches Team gewesen, Cristina Kirchner war sogar vor ihrem Mann landesweit bekannt geworden, weil sie bereits in den 1990er Jahren Abgeordnete und Senatorin in Buenos Aires gewesen war. Sie gewinnt die Wahl, weil der Name Kirchner zu dieser Zeit einen guten Klang hat in Argentinien und der Opposition Alternativen fehlten. Ihr Ehemann bleibt der Stratege im Hintergrund. Die beiden lassen damit eine Dynastie aufleben, die manche mit den Peróns vergleichen. Tatsächlich ähneln sie eher Bill und Hillary Clinton.

Cristina Kirchner führt die Politik ihres Mannes fort, stößt aber wegen ihres brüsken Auftretens in der Öffentlichkeit bald auf Ablehnung. Sie ist eine gute Rednerin und anpackende Politikerin, doch Diplomatie ist nicht ihre Stärke. Das geht schon kurz nach ihrer Wahl los. Als der Beifall ihrer Anhänger und der Ruf »Präsident« aufbrandet, unterbricht sie den Jubel barsch und schleudert der Menge entgegen: »Das heißt jetzt Präsidentin.«

»Estilo K« wird der autoritäre Stil genannt, den die Kirchners pflegen. Sie verderben es sich mit vielen Weggefährten, die zu erbitterten politischen Gegnern werden. Cristina Kirchner legt sich mit den Agrarbaronen an. Sie will die Steuern erhöhen, um mehr Einnahmen aus dem Exportboom zu ziehen und Armutsprogramme auflegen zu können. Außerdem will sie Nahrungsmittelreserven im Land halten. Die Agrarlobby blockiert aus Protest halb Argentinien. Den katholischen Klerus bringt sie mit der Einführung der Homo-Ehe gegen sich auf.

Als besonders schädlich für ihr Image erweist sich der Kampf der Präsidentin mit den großen Medienkonzernen. Mediengesetze sollen Konzentration aufbrechen und Informationsmonopole zerschlagen. Danach bekommt Cristina Kirchner nur noch negative Schlagzeilen von den großen Zeitungen *Clarín* und *La Nación*, von denen die meisten europäischen Beobachter abschreiben, weshalb auch das Bild Kirchners in der internationalen Presse leidet. Zeitungen und einige Fernsehkanäle fahren regelrechte Kampagnen, den Kirchners wird Bereicherung vorgeworfen. Außerdem heißt es, sie hätten staatliche Statistiken geschönt, um offizielles Zahlenmaterial zu ihren Gunsten zu manipulieren. Die Blätter der alten Eliten werfen den Kirchners vor, ihre Methoden seien ähnlich rabiat wie die des Hugo Chávez in Venezuela. Dabei sind die neuen Mediengesetze nur ein weiterer Schritt zur Aufarbeitung der Diktatur. Der *Clarín*-Konzern beispielsweise hatte den Putsch von 1976 begrüßt und dafür reichen Lohn erhalten, etwa in Form einer Papierfabrik, die die Generäle oppositionellen Unternehmern abgenommen hatten.

Dass Cristina Kirchners Gefolgschaft bröckelt, merkt man auch im Ausland. Beim argentinischen Auftritt als Gastland der Frankfurter Buchmesse 2010 fehlt ein Teil der Autoren. Der Schriftsteller Ricardo Piglia ist nicht angereist, weil er der Regierung bei der Vergabe der Plätze Günstlingswirtschaft vorwirft. Der Autor Marcelo Figueras hingegen zeigt sich zufrieden mit der Präsidentin. Warum sie so unbeliebt sei? Figueras erklärt das mit der sozialen Schichtung des Landes. »In Argentinien gibt es diese große Mittelschicht, eine Besonderheit in Lateinamerika. Sie neigt der Rechten zu, hat tiefsitzende Ressentiments gegenüber den unteren Schichten, sozusagen allen, die dunkelhäutig sind. Die Menschen aus der Mittelschicht aber wollen zur Oberschicht gehören. Da sie das nicht schaffen, reagieren sie übermäßig ablehnend auf alles, was irgendwie populär aussieht. Argentinien ist zweigeteilt in Besitzende und Arme: Die einen akzeptieren die Existenz der anderen nicht. Es gibt stets diese versteckte Forderung, die anderen zu eliminieren. Die Kirchners versuchen, die Autorität des Staates wiederherzustellen, die Schwachen zu schützen. Im Konsens aber geht das nicht.«[12]

Für Figueras ist die Präsidentschaft der Kirchners eine Erfolgsgeschichte, auch wirtschaftlich. »In den vorhergehenden Jahrzehnten wurde Argentinien von jeder Wirtschaftskrise, so klein sie auch gewesen sein mag, voll erfasst. Egal, was auf dem Planeten passierte, in Argentinien hatte es den zwanzigfachen Effekt. Das ist diesmal nicht passiert, im Gegenteil.«[13] Die Bestsellerautorin Claudia Piñeiro sagt, sie freue sich, dass es mit Cristina Kirchner endlich eine Frau zur Präsidentin gebracht habe. Aber das entscheidende sei doch: »Que se vayan todos« – sie sollen alle abhauen – rufe nun niemand mehr.[14]

Als Cristina Kirchners Mann am 27. Oktober 2010 unerwartet mit nur sechzig Jahren an einem Herzinfarkt stirbt, schreibt die *Neue Zürcher Zeitung* in einem Nachruf, Néstor Kirchner habe zu Beginn des Jahrtausends die Autorität der argentinischen Präsidentschaft wiederhergestellt. Argentinien stehe nun ohne seinen Strategen da, heißt es in der *Süddeutschen Zeitung*. Selbst die Opposition spricht von einem »großen Verlust«. Nur an der Börse wird gefeiert.

In der Casa Rosada, dem Regierungspalast, ziehen Zehntausende Argentinier, darunter auffällig viele junge, am geschlossenen Sarg Néstor Kirchners vorbei, um Abschied zu nehmen. Die *taz* berichtet am 1. November: »Abends, es ist die zwölfte Stunde der Totenwache, macht Venezuelas Staatschef Hugo Chávez Kirchners Witwe Cristina Fernández die Aufwartung. Minuten später wird Brasiliens scheidender Präsident Luiz Inácio Lula da Silva in den Raum geleitet. Ein letztes Mal sind sie zusammen: Chávez, Lula und Kirchner, die drei wichtigsten Architekten von Südamerikas Linksruck der Nullerjahre.« Eine Ära neigt sich dem Ende zu.

»Lula Superstar«

> »*This is my man, right here. I love this guy.*«
> Barack Obama beim G-20-Gipfel in London über Brasiliens
> Präsident Luiz Inácio Lula da Silva (Associated Press, 2. April 2009)

Das Lob kommt aus berufenem Mund, und vielleicht schwingt sogar eine Prise Neid mit. 2009 nennt US-Präsident Barack Obama seinen brasilianischen Kollegen den »beliebtesten Politiker der Welt«. Das mag seine Richtigkeit haben. Schließlich war der Präsident des 195-Millionen-Einwohner-Landes 2006 mit 61 Prozent der Stimmen wiedergewählt worden. Seine Zustimmungsraten kann Luiz Inácio Lula da Silva in seiner zweiten Amtszeit laut Umfragen auf 70 bis 80 Prozent steigern. Sogar ein nüchterner Beobachter wie Bernd Pfaffenbach, Staatssekretär im Berliner Wirtschaftsministerium und bewährter Organisator der Bundesregierung bei globalen Wirtschaftstreffen, sagt in einem Interview über Lula: »Mit seiner direkten und sympathischen Art hat er uns alle für sich und sein Land im Sturm erobert.«[15]

Darling Lula. Sogar mit George W. Bush war der rundliche, joviale, vollbärtige Politiker ausgekommen. Für die Linke weltweit ist er ein Hoffnungsträger in aus ihrer Sicht dunkler Zeit. Lula ist der erfolgreichste Linkspolitiker in einer Epoche, in der sozialistische und sozialdemokratische Parteien ums Überleben kämpfen. Die Leistung Lulas besteht darin, auch das Kapital von sich zu überzeugen, und sogar das deutsche Wirtschaftsmagazin *Capital* schreibt kurz vor dem Ende von Lulas Amtszeit: In den acht Jahren sei aus Brasilien ein ökonomisches Musterland geworden mit industriefreundlicher Politik, aber auch Sozialprogrammen, die vielen armen Brasilianern den Aufstieg in die Mittelschicht ermöglicht hätten.[16]

Zweimal hat Lula mit überzeugenden Ergebnissen Wahlen gewonnen in dem Riesenland, eine weitere Kandidatur verbietet ihm 2010 die Verfassung. Lula widersteht der Versuchung, der Kollegen wie Hugo Chávez in Venezuela erlegen sind, eine sichere Wiederwahl durch eine Verfassungsänderung möglich zu machen – dabei hat ihn sogar seine eigene Arbeiterpartei dazu gedrängt. Er übergibt stattdessen das Zepter an Dilma Rousseff, die die *Frankfurter Allgemeine Zeitung* »Lulas Geschöpf« nennt,[17] weil er seine einstige Ministerin nach seinem Gusto zur Präsidentschaftskandidatin geformt habe.

Rousseff gilt einerseits als spröde und schwer vermittelbar, als trockene Technokratin, doch andererseits als kompetent. Während der Diktatur war sie im Widerstand, und sogar ihre Verfolger zeigten einen gewissen Respekt vor ihr. Im November 2010 publiziert die brasilianische Presse ein Verhaftungsprotokoll vom Januar 1970. Darin steht, Dilma Rousseff sei die »Jeanne d'Arc« einer linken Guerillagruppe gewesen. Sie sei »traurigerweise eine bemerkenswerte« Frau mit großen intellektuellen Fähigkeiten. »Traurigerweise« aus Sicht der Herrschenden, weil sie nicht für, sondern gegen die Militärdiktatur kämpfte, die Brasilien damals in ihrem eisernen Klammergriff hielt.

Dilma Rousseff wird bei ihrer Festnahme 69 verschiedener subversiver Aktivitäten beschuldigt, sie soll Fälschungswerkzeug und verbotene politische Schriften versteckt und Banküberfälle mitgeplant haben, um der revolutionären Bewegung das nötige Geld für den Waffenkauf zu verschaffen. Am 26. Februar 1970 wird sie 22 Tage lang einer strengen Befragung unterzogen, das heißt: Sie wird gefoltert mit Elektroschocks, Zangen, der »Papageienschaukel« und dem ganzen grausigen Arsenal lateinamerikanischer Diktaturen. Sie gesteht, dass die Gruppe, der sie angehörte, mindestens drei Überfälle und ein Attentat verübt habe. Sie selbst und ihr Mann hätten jedoch nicht daran teilgenommen. Man scheint ihr zu glauben, denn die Strafe fällt vergleichsweise milde aus. Sie wird in São Paulo wegen »subversiver Aktivitäten« zu zwei Jahren Haft verurteilt. Viel später wird sie erklären, sie habe unter der Folter gelogen und sei stolz darauf. »Es ist sehr schwer, unter der Folter zu lügen.«[18]

Als Dilma Rousseff 1972 freikommt, ist sie 25 Jahre alt, stark abgemagert, doch ungebrochen. Sie zieht nach Porto Alegre, beginnt ein Studium der Wirtschaftswissenschaften und schließt sich einer Gruppe an, die für den demokratischen Umbau Brasiliens kämpft – diesmal mit friedlichen Mitteln. Wenige Jahre später ist sie Mitgründerin der linken Arbeiterpartei und wird Planungsministerin in Lulas Kabinett nach dessen Wahlsieg 2002 und schließlich dessen Stabschefin. Sie erkrankt an Krebs und besiegt ihn. *Capital* schreibt der früheren Guerillera sogar zu, die »heimliche Macherin« von Lulas Politik gewesen zu sein.[19]

2010 wirft Lula seine Beliebtheit noch mal in die Waagschale, führt einen emotionalen Wahlkampf, preist Rousseff als seine Erbin – und sie schafft es, einen anfänglichen Rückstand in einen Sieg mit 55,6 Prozent der Stimmen über den konservativen José Serra umzukehren. Der hatte gar nicht erst versucht, gegen Lulas Erbe anzukommen. Der Wahlkampf von Rousseffs Gegenkandidat ist ein leicht abgewandelter »Lulismus«, der Kandidat der konservativen sozialdemokratischen Partei präsentiert sich lediglich als liberalere Variante des scheidenden Amtsinhabers. Eine wirklich ernstzunehmende Rechte gibt es in Brasilien Ende 2010 nicht.

»Das klare Votum für Rousseff ist ein Mandat für die Fortsetzung der Umverteilungspolitik zur Eindämmung der sozioökonomischen Gerechtigkeitslücke«, urteilt das Hamburger Institut für Lateinamerika-Studien nach Rousseffs Amtsantritt.[20] Ob sie nur eine »Übergangslösung nach russischem Vorbild« sei, müsse »abgewartet werden«. Doch fast niemand zweifelt daran, dass Lula in Brasilien auf die eine oder andere Art weiterhin den Strategen im Hintergrund geben wird, ähnlich wie Néstor Kirchner es bis zu seinem Tod in Argentinien getan hatte. Und 2014 könnte er ja auch wieder antreten.

Lulas Amtszeit ist geprägt von Superlativen: Mehr als sieben Prozent Wachstum erzielt Brasilien 2010, so viel, dass die Regierung schon über Maßnahmen nachdenken muss, die Konjunktur zu dämpfen, um einer Überhitzung vorzubeugen. Der brasilianische Real setzt zu leicht beunruhigenden Höhenflügen an. 2009, auf dem Höhepunkt seiner Beliebtheit, gelingt es Lula, Brasilien als Austragungsort gleich zweier Sportweltereignisse durchzusetzen: der Fußballweltmeisterschaft 2014 und der Olympischen Spiele 2016. Sein wahres Kunststück besteht jedoch darin, Brasilien im Bewusstsein der Weltöffentlichkeit nicht mehr nur als die gewohnte Hochburg von Samba und Fußball zu positionieren, sondern als wirtschaftliche Großmacht mit politischen Ansprüchen. Am 12. November 2009 bringt das britische Wirtschaftsblatt *Economist* eine Titelgeschichte über Brasilien, bebildert mit einer Fotomontage, die die Christusstatue von Rio de Janeiro als abhebende Mondrakete zeigt. »Brazil takes off« steht darunter.

Brasilien profitiert vom Rohstoffhunger Chinas, jedoch weiß der Präsident, die Einnahmen sinnstiftend für sein Land einzusetzen. Die *Neue Zürcher Zeitung* stellt am 3. November 2010 fest: »Brasiliens Binnenmarkt boomt«. Lula »konnte den Rückenwind aus der Weltwirtschaft nutzen und erste Umverteilungsmaßnahmen für Brasiliens Arme durchsetzen, wie die Sozialhilfe Bolsa Familia. Unter Lula gelang 32 Millionen Brasilianern der Aufstieg in die Mittelschicht. Die Armutsrate unter den 195 Millionen Brasilianern hat sich in seinen acht Amtsjahren halbiert. Dreizehn Millionen neue Jobs hat die Wirtschaft geschaffen. Lula ist das Kunststück gelungen, dass es allen Brasilianern – vom Tagelöhner im kargen Sertão des Nordostens bis zum Milliardär in São Paulo in seinem Helikopter – heute wirtschaftlich besser geht als zu Beginn seiner Amtszeit.« Im Zeitraum von 2001 bis 2008 sinkt die Armutsquote in Brasilien von 37,5 auf 25,8 Prozent, die extreme Armut von 13,3 auf 7,3 Prozent.[21] Ähnlich euphorisch beurteilt zu diesem Zeitpunkt der überwiegende Teil der Weltpresse Brasiliens scheidenden Präsidenten. Da rückt fast in den Hintergrund, dass Lula in einem wesentlichen Punkt gescheitert ist: Obwohl der Wohlstand in der Bevölkerung wächst, bekommt die Regierung die Kriminalität nicht in den Griff, sie bleibt Brasiliens größtes Problem. Der Drogenhandel – Folge der Armut – stellt Lula vor Probleme. Die Banden kontrollieren die Favelas, kriegsähnlichen Polizeioffensiven zum Trotz.

Auch die Ökologie liegt ihm nicht. Um die Armut zu bekämpfen, setzt er auf Fortschritt. Die Entwicklung des Landes ist ihm wichtiger als der Erhalt des Amazonasurwalds. Umweltschützer schmäht er als »Konservationisten«, als Leute also, die an der Erhaltung eines fortschrittfeindlichen Urzustands interessiert sind. Einmischung von außen verbittet er sich, auch da zeigt sich das neue lateinamerikanische Selbstbewusstsein. Als der US-Filmregisseur James Cameron an der Spitze von Indios, die für ihn offenbar so etwas wie die irdische Entsprechung zu seinen Fabelwesen auf dem Planeten Pandora aus seinem Kassenschlager *Avatar* sind, mit weißer Kriegsbemalung gegen ein Wasserkraftwerk demonstriert, sagt Lula: »Wir brauchen keine Gringos, die ihre Nase in Sachen hineinstecken, die sie nichts angehen.«[22] Er empfiehlt Cameron, lieber gegen die Umweltzerstörung in seinem eigenen Land zu protestieren.

Das wichtigste Kennzeichen des Lulismus ist: Marktwirtschaft ja, aber der Staat muss stets die Oberhand behalten. Damit betreibt Lula eine Art Weltgegenmodell in einer Zeit, in der der Abbau staatlichen Einflusses als quasi-religiöses Dogma gilt. Das war in Brasilien in den 1990er Jahren auch so gewesen, hatte zu einer beträchtlichen Entwicklung und einer Stabilisierung der Währung geführt, von beidem profitierte auch Lula. Doch die Armut in Brasilien war unter seinen liberalkonservativen Vorgängern stetig gestiegen. Die Misere, so Lulas Überzeugung, kann nur unter staatlicher Ägide effizient bekämpft werden. Mit einem Paket von Gesetzen dreht der Präsident die in den 1990er Jahren eingeleiteten Privatisierungen zurück. Sein Grundsatz: Alles, was in Brasilien passiert, muss den Brasilianern zugutekommen.

Die Energiepolitik ist dafür das beste Beispiel: Die Einnahmen aus den enormen Ölfunden vor der Küste sollen Brasilien voranbringen, nicht internationale Konzerne. So stellt Lula klar, dass der Staatskonzern Petrobras federführend bei Förderung und Verkauf des Rohstoffs bleiben soll. »Öl fürs Volk« titelt die *Financial Times*,[23] man kann dem Artikel keinen mäkelnden Unterton entnehmen. »Die Regierung will die Vorkommen nutzen, um etwa die Infrastruktur auszubauen oder Sozialprojekte zu finanzieren«, heißt es darin. Lula sagt: »Wenn das Öl Brasilien gehört, wollen wir auch, dass 190 Millionen Brasilianer vom Ölgeld profitieren.« Geschickt setzt er die Regeln des Kapitalismus ein, um den Kapitalismus zu bändigen. Siebzig Milliarden Dollar sammelt der Staatskonzern Petrobras im September 2010 an der Börse bei Investoren für die Tiefseebohrungen ein, es ist die größte Kapitalerhöhung der Wirtschaftsgeschichte. Das Unternehmen wird damit zum siebtteuersten der Welt, 37 Plätze vor Siemens. Brasilien dankt es dem Präsidenten, indem das riesige Ölfeld Tupi nach seinem Abtritt in »Lula« umbenannt wird.

Ein Problem bleibt die endemische Korruption, die auch vor seiner Arbeiterpartei nicht haltmacht. Lula trennt sich im Laufe seiner zwei Amtszeiten von zahlreichen Weggefährten, gegen die Korruptionsvorwürfe erhoben werden, so auch von seinem engsten Berater José Dirceu, der 2003 bis 2005 sein Stabschef gewesen war. Lula selbst bleibt jedoch sauber. Unter seiner Regierung wird die Bekämpfung der Korruption in öffentlichen Ämtern etwas verbessert, immer öfter greift die Bundespolizei zu. Allerdings schützt Brasiliens Verfassung Politiker vor Strafverfolgung, was Verfahren jahrelang verschleppt. So werden in Brasilien noch immer jährlich Milliardenbeträge an Schmiergeldern gezahlt, wie der Antikorruptionsinternetseite Corrupção Não (Nein zur Korruption) zu entnehmen ist.

Korruptionsvorwürfe gegen die Regierung sind denn auch das Hauptthema der Opposition im Wahlkampf 2010, was jedoch nicht zieht, weil auch Oppositionelle von Schmiergeldskandalen betroffen sind. Viel mehr als lupenreine Sauberkeit kommt bei lateinamerikanischen Wählern denn auch eine gewisse Emotionalität im Diskurs an, ohne die auf dem Subkontinent niemand ein Staatsamt erobern kann. Lula beherrscht diese sehr brasilianische Mischung aus Triumphgeste, Begeisterungsfähigkeit, Zielstrebigkeit, Jovialität und Sentimentalität perfekt. Es ist schwierig für Staatsgäste, von ihm nicht geherzt zu werden. Die Zeitung *O Globo* bildet Lula kurz vor seinem Abschied aus dem Amt auf der ersten Seite ab, wie er sich bei einer Schiffstaufe vor Rührung die Tränen aus den Augen wischt. So etwas müsse man sich mal bei Angela Merkel vorstellen, schreibt der Korrespondent der *Berliner Zeitung*.[24]

Die Herkunft des Präsidenten mag zu dieser Form der Volksnähe beigetragen haben. Luiz Inácio da Silva kommt 1945 im armen Nordosten des Landes zur Welt, wo er auch später als Politiker stets seine stärkste Bastion besitzen wird. Seine Mutter nennt ihn zärtlich Lula, Tintenfisch, er nimmt den Spitznamen mit in die Politik. Er ist siebtes von acht Kindern, geht nur wenige Jahre zur Schule und muss bereits mit zwölf als Wäscher, Schuhputzer und Botenjunge zum Lebensunterhalt der Familie beitragen. Später arbeitet er als Dreher in einer Metallfabrik. Während der 1970er Jahre wird er Gewerkschaftsführer, beteiligt sich an Streiks, was unter der Militärdiktatur gefährlich ist. Er wird festgenommen und sitzt für einen Monat im Gefängnis.

Im Zuge der Demokratisierung Brasiliens wird Lula Mitgründer der Arbeiterpartei. 1989 tritt er erstmals bei einer Präsidentenwahl an, doch damals ist einer wie er schwer vermittelbar. Sein Proletarierimage verschreckt Bürgertum und Finanzwelt. Erst im Wahlkampf 2002 tauscht er Overall gegen Krawatte und gibt sich investitionsfreundlich. Da er aber auch sozialen Ausgleich verspricht und der Neoliberalismus an Boden verliert, ist die Zeit reif für Lula. Am 27. Oktober gewinnt er die Stichwahl gegen den blassen Konservativen José Serra, der 2010 auch an Dilma Rousseff scheitern wird.

Der Erfolg in seinem Land, aber auch sein gutes persönliches Einvernehmen mit so gegensätzlichen Politikern wie George W. Bush, Barack Obama, Fidel Castro und Hugo Chávez machen ihn zum informellen Anführer der lateinamerikanischen Linken. Lula setzt sich mit seiner sanften, aber beharrlichen Art durch. Als Lula ein freundschaftliches Gespräch mit George W. Bush führt, schmäht Venezuelas Präsident Hugo Chávez ihn als »Papageien der USA«. Lula lässt sich nicht provozieren. Er bezeichnet Chávez weiter als seinen Freund und lässt dessen verbale Ausbrüche ins Leere laufen.

Lula kann zwar mit den Nordamerikanern, doch er traut ihnen nicht. In offenen Gegensatz zu Washington tritt der Präsident, als er 2009 dem gestürzten Präsidenten von Honduras, Manuel Zelaya, Asyl in Brasiliens Botschaft in der honduranischen Hauptstadt Tegucigalpa anbietet und damit den US-Plänen zuvorkommt, die rechte Putschregierung des mittelamerikanischen Landes anzuerkennen. Fast ganz Lateinamerika schwenkt auf diesen Kurs ein, selbst konservativ regierte Staaten wie Mexiko. Das Verhältnis zu den USA kühlt ab. Nach Ende seiner Amtszeit erhebt Lula bittere Klage gegen Washington. Auch unter Präsident Obama sei keine wirkliche Annäherung möglich gewesen, kritisiert er Anfang Januar 2011 vor Journalisten. Die Vereinigten Staaten wollten einfach nicht von ihrem imperialen Auftreten in ärmeren Teilen der Welt lassen. Obamas Zuneigung scheint einseitig gewesen zu sein.

Nicht umsonst hat Lula während seiner Amtszeit stets versucht, Gegengewichte zu schaffen. Da Lateinamerika allein wirtschaftlich immer noch zu schwach ist, um eine wirklich führende Rolle in der Welt zu spielen, setzt er auf die sogenannten BRIC-Staaten: Brasilien, Russland, Indien und China. In diesen Ländern leben vierzig Prozent der Weltbevölkerung, sie produzieren die Hälfte des globalen Wirtschaftswachstums. Lula versucht, BRIC als informellen politischen Block zu etablieren. Im April 2010 treffen sich die Staatschefs in Brasilia, um eine gemeinsame Marschroute für das anstehende G-20-Treffen in Washington festzulegen. Die vier Länder wollen sich besser gegen spekulative Attacken auf ihre Währungen schützen. Vor allem aber geht es in Brasilia darum, gegenüber Washington Einigkeit zu demonstrieren. Als Gastgeber demonstriert Lula Selbstbewusstsein, nennt als Ziel eine »multipolare Welt«, in der nicht mehr nur eine Macht das Sagen habe. Er plädiert für eine Neuordnung des Weltwirtschaftssystems, um mehr Unabhängigkeit von Dollar und Euro zu erreichen. Die Spitzen internationaler Finanzorganisationen möchte er am liebsten wählen lassen, weiß aber selbst, dass diese Forderung utopisch ist.

Die BRIC-Staaten bilden 2010 alles andere als eine politische Kraft. BRIC sei noch zu wenig institutionalisiert, die beteiligten Länder zu sehr mit ihren eigenen Problemen beschäftigt und zu uneinig, um zum gegenwärtigen Zeitpunkt eine tragende Rolle in der Weltpolitik spielen zu können, stellt das Hamburger Institut für Lateinamerika-Studien im Januar 2011 fest.[25] Die aufstrebenden Länder seien eher »Netzwerkmächte«, die je nach Interessenlage kooperierten. Das berge jedoch einen Vorteil: »Diese Kultur der Informalität bei nahezu absoluter Wahrung nationaler Souveränität stattet Netzwerkmächte in globalen Verhandlungen mit hohen Autonomiegraden aus.«[26] Allianzen werden sozusagen je nach politischer Tageslage geknüpft.

Dabei will Lula eines dringlichst vermeiden: der Hinterhof Chinas werden, nachdem man so lange der Hinterhof der USA gewesen war. Die BRIC-Treffen sind für ihn eine Art Flucht nach vorne. Brasiliens Präsident versucht, sich als Sprecher der Schwellenländer zu profilieren, nicht nur, um Abstand zu Washington zu demonstrieren, sondern auch, um die Chinesen nicht zu stark werden zu lassen. All das macht immerhin deutlich, dass die Umleitung der postkolonialen Handelsströme begonnen hat. Die Aufsteiger machen das Geschäft flexibel untereinander aus, die klassischen Machtzentren in Europa und den USA werden nicht mehr konsultiert.

Lula gelingt das Kunststück, auf BRIC-Gipfeln ebenso ernst genommen zu werden wie bei Treffen von Globalisierungsgegnern. Beim lateinamerikanischen Wirtschaftsforum im April 2009 in Rio de Janeiro fordert er eine »gerechtere Weltwirtschaftsordnung«[27]. Es sei untragbar, dass jemand Milliarden verdiene, nur weil er Papiere hin und her schiebe, aber nichts produziere. Damit redet er wohl einer Mehrheit der Weltgemeinschaft aus dem Herzen. Bernd Pfaffenbach spricht Brasilien eine besondere Rolle nicht nur in Lateinamerika, sondern auch bei den Verhandlungen über die Zukunft des Welthandels zu: »Brasilien wäre prädestiniert dafür, eine Vermittlerrolle zwischen den Schwellenländern und den Industrienationen zu spielen.«[28]

Dass Brasilien einen dauerhaften Sitz im UN-Sicherheitsrat anstrebt, um die ererbte Dominanz der Siegermächte des Zweiten Weltkriegs zu brechen, ist da nur folgerichtig. Als Brasilien der Sitz am Tisch der Mächtigen verwehrt wird, setzt Lula zu Alleingängen an. Er demonstriert Unvoreingenommenheit gegenüber denen, die von den USA und ihren Verbündeten als Schmuddelkinder behandelt werden. Mit dem Selbstbewusstsein des Erfolgreichen mischt der Brasilianer sich in einem Bereich ein, wo besonders viel Ärger droht. Er übernimmt zusammen mit dem türkischen Premierminister Tayyip Erdogan ungefragt eine Vermittlungsrolle im Atomstreit des Westens mit Iran und empfängt den international geächteten iranischen Machthaber Mahmud Ahmadinedschad. Das Problem dabei: Während die im UN-Sicherheitsrat vertretenen Mächte und Deutschland Teheran mit Druck und Sanktionen von seinem Atomprogramm abbringen wollen, weil sie Iran verdächtigen, an einer Atombombe zu basteln, versucht Lula, dem Regime eine Brücke zu bauen.

Im Mai 2010 reist Lula nach Teheran und präsentiert zusammen mit Erdogan einen Vorschlag zur Lösung des Atomstreits, der es dem iranischen Regime ermöglichen soll, das Gesicht zu wahren. Iran soll Uran nicht selbst anreichern dürfen, sondern dies soll in der Türkei geschehen. Damit würde der umstrittene Prozess auf kontrollierbare Weise stattfinden, das Uran könnte tatsächlich nur für friedliche Zwecke, nicht aber für Atombomben eingesetzt werden. Teheran hätte Zugriff auf den begehrten Stoff auf dem Umweg über ein islamisches Land und müsste sich nicht vom Westen gegängelt fühlen. Die französische Zeitung *Le Monde* spricht von einem historischen Moment. Der *Spiegel* titelt »Lula Superstar« und spricht ihm das »Ego des Aufsteigers« zu, der glaube, Wunderdinge vollbringen zu können.[29]

Doch der Rest der westlichen Welt blickt entsetzt auf Brasilien. Naivität ist noch der geringste Vorwurf. US-Außenministerin Hillary Clinton sagt, Lulas Vorschlag sei gut gemeint, aber leider unannehmbar. Aus Israel kommt der Vorwurf, der Brasilianer mache mit einem Holocaust-Leugner und Menschenrechtsverletzer gemeinsame Sache. Lula versucht, dieses Bild zu korrigieren, indem er sich auch bei Menschenrechtsthemen im Iran einmischt. Als einer Frau wegen der Beihilfe zur Ermordung ihres Mannes die Steinigung droht, bietet Lula ihr Asyl in Brasilien an, was Iran aber ablehnt.

Lula scheitert so zwar an Iran, doch er erreicht ein Ziel: Auf dem lateinamerikanischen Subkontinent erwirbt er sich durch sein selbstbewusstes Auftreten weiteren Respekt. In Brasilien jubeln ihm die Massen ohnehin zu – so sehr, dass sich sogar der Fernsehjournalist Peter Scholl-Latour beeindruckt zeigt. 2010 sagt Scholl-Latour in seiner TV-Sendung über das »Das Ende der weißen Weltherrschaft«: Mit Lula habe für Amerika die Monroe-Doktrin geendet.

Boli-Bourgeois

> »Freie, faire Wahlen, keine Gefängnisse voller
> politischer Gefangener, immer noch eine halbwegs freie Presse
> und unermüdliche Öl-Exporte in die USA – nein,
> in Venezuela sieht es ganz anders aus als in Kuba.«
> Berliner Zeitung, 4. Dezember 2007

Juan Diego Calderón ist Fotograf der katalanischen Zeitung *El Periódico* und als solcher zuständig für den Arbeitervorort Hospitalet in Barcelona, ein graues Viertel voller Sozialbauten aus der Franco-Zeit. Aus dem Schrott stillgelegter Fabriken wachsen eckige Gewerbegebiete empor, das Viertel hat einen hohen Ausländeranteil und viele soziale Probleme. Calderón fotografiert für die Zeitung Verkehrsunfälle, eingeschmissene Fensterscheiben, neue Ampelanlagen, Geschäftseröffnungen, Firmenfeiern, Vereinsfeste, das übliche Programm eines Lokaljournalisten. Er kam selbst 2003 als Einwanderer aus Venezuela. Dort war Calderón als Fotograf mit anspruchsvolleren journalistischen Tätigkeiten beauftragt, wie er sagt, doch er ist zufrieden mit seinem neuen Job, denn wenigstens müsse er im spanischen Exil nicht mehr jeden Tag politisch Farbe bekennen.

Calderón hat wie viele andere intellektuelle Venezolaner den Weg der Auswanderung gewählt, weil er die politische Polarisierung seines Heimatlandes nicht länger ertragen wollte. Für oder gegen Hugo Chávez – die Antwort auf diese Frage könne Leben in Venezuela verändern, erzählt er. Wie fast alle Neuankömmlinge aus Venezuela habe auch er anfangs unter diesem nervösen Tick gelitten: Sobald die Rede auf den Präsidenten komme, verfielen Venezolaner in eine Art abwartender Lauerstellung, bis die Position des Gegenübers geklärt sei. Die Spannungen zerrissen Freundschaften und Familien, »sehr traurig«. Beruflicher Aufstieg sei praktisch nur möglich, wenn man sich rückhaltlos zum System bekenne, denn Posten würden durchwegs mit linientreuen »Bolivarianern« besetzt, also Anhängern der chavistischen Revolution, die Qualifikation zähle nicht. Ein Leben diesseits politischer Positionierung sei in seiner Heimat schier unmöglich. Das, schließt Calderón, mache auf Dauer krank.

Auch außerhalb Venezuelas steht zu Hugo Chávez fast niemand indifferent. Die meisten neuen Freunde und Feinde in aller Welt gewinnt der linksgerichtete Präsident, als er 2006 vor der UN-Vollversammlung in New York nach seinem nordamerikanischen Kollegen das Rednerpodest betritt, mit den Händen wedelt, sich bekreuzigt und stöhnt: »Puh, es riecht hier immer noch nach Schwefel.«

In gewissem Sinne hat Hugo Chávez seinem Kollegen George W. Bush eine Menge zu verdanken. Seine regelmäßigen Ausbrüche gegen den US-Präsidenten fördern seine weltweite Bekanntheit enorm. Er vergleicht Bush nicht nur mit dem Teufel, er heißt ihn auch einen Kriegstreiber, Imperialisten, Attentäter und Alkoholiker. Während diese Verstöße gegen die Gepflogenheiten diplomatischer Sprache in den politischen Schaltstellen Europas Naserümpfen auslösen, gibt es viele, die das verbale Wüten des Venezolaners mit mehr oder weniger verhohlener Freude als angemessene Antwort auf das Hegemonialstreben der USA empfinden, das in den Bush-Jahren einem historischen Höhepunkt zustrebt. Mit dem Amtsantritt von Nachfolger Barack Obama ebbt auch die Aggressivität von Chávez ab und damit seine Präsenz in den Schlagzeilen der internationalen Presse. Unter dem Strich bleibt festzuhalten: Ob unter Bush oder Obama – die USA und Venezuela sind aufeinander angewiesen, und beide wissen das.

Dass Bush sich die Ausbrüche gefallen ließ, mag daran gelegen haben, dass er andere Sorgen hatte. Darüber hinaus mögen selbst die Beamten im US State Department im 21. Jahrhundert etwas über interkulturelle Kommunikation dazugelernt haben und wissen, dass *sobreactuar*, übertreiben, ein Wesenszug ist, der zu vielen lateinamerikanischen Machopolitikern gehört wie der Rasierpinsel. Jahrelang etwa beharkten sich Chávez und sein Erzfeind, der rechtskonservative und US-freundliche Präsident Kolumbiens, Álvaro Uribe, mit Kriegsdrohungen, ohne dass an der gemeinsamen Grenze ein Schuss fällt. Hugo Chávez' Rhetorik ist elementarer Bestandteil seines Erfolgs, und dieser wiederum ist Konsequenz der vorherigen Zustände in seinem Land.

Die politischen Machtverhältnisse in Venezuela waren bis zu seinem Erscheinen vom typisch lateinamerikanischen Bipartidismo des 19. und 20. Jahrhunderts geprägt, das heißt von zwei ähnlich gearteten, in der Oligarchie verwurzelten Parteien, die sich an der Macht abwechselten, ohne dass sich im Land viel veränderte. Man hatte die Pfründe untereinander aufgeteilt und musste diese nur zwischendurch an den einen oder anderen Diktator abgeben. Zwar verfügt Venezuela über riesige Ölvorräte, doch in den Elendsvierteln, die sich auf den Bergen und Hügeln rund um Caracas ausbreiten, merkte man Ende des 20. Jahrhunderts nicht viel vom Reichtum. Als Ende der 1980er Jahre der Ölpreis verfiel, drohte Venezuela die Zahlungsunfähigkeit. Ähnlich wie in Argentinien griffen Weltbank und Internationaler Währungsfonds (IWF) ein und versuchten, die Regeln des Washington Consensus durchzusetzen, also die Privatisierung von Staatsbetrieben und die Aufhebung von Subventionen. 1989 kam es in der Hauptstadt zu gewaltsamen Protesten, bekannt als »Caracazo«, laut dem britisch-pakistanischen Schriftsteller Tariq Ali »der erste echte Massenaufstand der Armen gegen den neoliberalen Kapitalismus – zehn Jahre vor Seattle«.[30] Dreihundert Menschen starben, manche behaupten, es seien zweitausend gewesen.

Der Aufstand war Folge falscher Wahlversprechen. Präsident Carlos Andrés Pérez hatte in seiner Kampagne harten Widerstand gegen den IWF sowie soziale Reformen angekündigt. Doch er tat das genaue Gegenteil und ordnete sich den Anweisungen der internationalen Finanzorganisationen unter. Der Aufstieg von Chávez war direkte Konsequenz dieses Schwenks des gewendeten Sozialdemokraten Pérez. Die ausufernde Korruption tat ihr Übriges, um in der Bevölkerung den Willen nach einem Wandel wachzurufen. Seit dem Caracazo diskutierte das Offizierskorps fieberhaft, wie es mit dem Land weitergehen sollte. Das Ungewöhnliche dabei war, dass vor allem linkes Gedankengut in den Kasinos die Runde machte. 1992 wagte eine Gruppe von Offizieren einen Putschversuch, der scheiterte. Chávez, damals ein junger Fallschirmjäger, übernahm öffentlich die Verantwortung und ging ins Gefängnis. So viel Konsequenz waren die Venezolaner von ihren Politikern nicht gewohnt. Der Widerstand hatte ein Gesicht erhalten.

Nach seiner Begnadigung wird Chávez von Fidel Castro nach Havanna eingeladen. Es ist der Beginn einer für Lateinamerika schicksalhaften Freundschaft. Castro braucht nach dem Wegfall seiner sowjetischen Verbündeten einen neuen Treibstofflieferanten, der kubanische Realpolitiker hofiert Chávez, dessen Potential er erkennt, und formt aus ihm einen politischen Bundesgenossen. Bei einer Rede in Havanna sagt Chávez: »Es ist unglaublich, aber wahr, in einem Zeitraum von zwanzig Jahren haben sich in Venezuela mehr als 200 Milliarden Dollar einfach so in Luft aufgelöst.« Wo dieses Geld sei? Chávez selbst gibt die Antwort: »Auf den Auslandskonten fast aller, die jemals in Venezuela an der Macht waren.«[31] Er preist sich als saubere Lösung dieses zweifellos zutreffend beschriebenen Problems an: Das kommende Jahrhundert sei das »Jahrhundert der Hoffnung, in dem der bolivarische Traum seine Wiedergeburt erleben wird«.[32]

Es ist die Geburtsstunde dessen, was Chávez fortan die »bolivarische Revolution« nennen wird, die den Traum Simón Bolívars von einer lateinamerikanischen Einheit wahr werden lassen soll. Dass der Freiheitsheld des 19. Jahrhunderts nie auch nur im entferntesten Sozialismus, ja nicht einmal eine wirkliche Demokratie im Sinne hatte, zählt nicht für Chávez. Er setzt auf einen Namen, der überall in Lateinamerika vermittelbar sein soll, denn bereits bei seinem Auftritt in Havanna weiß er, dass sein Projekt sich nicht auf sein Land beschränken soll.

Sein Inspirator Castro kam einst mit Gewalt an die Macht. Doch beiden ist klar, dass dieser Weg am Ende des 20. Jahrhunderts in Lateinamerika nicht mehr gangbar ist. Die Revolution muss demokratisch erfolgen. 1998 stellt sich Chávez in Venezuela zur Wahl, er mutiert vom Putschisten zum Parteiführer, prangert den »Dauerverrat des Zweiparteiensystems« an. Zu dieser Zeit sind zwei Drittel der Venezolaner arm. Chávez verspricht ihnen eine Neuverteilung des Landes und eine Verfassung, die ihren Bedürfnissen besser gerecht wird. Er gewinnt die Wahl mit 56 Prozent der Stimmen, außer den Armen wählen ihn auch zahlreiche Intellektuelle, Studenten und Angehörige der Mittelschicht. Im Jahr darauf wird mit ebenfalls breiter Mehrheit die neue Konstitution angenommen. Chávez stellt sich dabei erneut zur Wahl und wird mit überwältigender Mehrheit im Amt bestätigt.

Doch die Verbesserungen lassen auf sich warten. Der Präsident tastet die Grundlagen des kapitalistischen Systems vorerst nicht an, besetzt nur die Führungsschicht in der Ölindustrie neu und sichert dem Staat mehr Einfluss. Seine Annäherung an Kuba verärgert die USA. Die Opposition wirft ihm autoritäre Methoden vor, weil er Trupps aufstellt, die mit roten Baretten und aggressiven Parolen gegen die alten Eliten durch die Straßen ziehen. 2002 versucht die Opposition, einen Generalstreik gegen Chávez vom Zaun zu brechen, es kommt zu Gewaltausbrüchen, bei denen Dutzende Menschen sterben. Wer die Krawalle angezettelt hat, wird nie richtig geklärt, jedoch passen sie den Chávez-Gegnern bestens ins Konzept.

Am 12. April ist der ehemalige Putschist Chávez Ziel eines Putsches, gesteuert von den Altparteien, die sich auf die mehr oder weniger stille Mithilfe der USA und Spaniens stützen können, wo gerade der rechtsgerichtete José María Aznar regiert. Es ist eine fatale Kombination aus alter Kolonialmacht und neuer Hegemonialmacht, sie liefert Chávez in den folgenden Jahren die Munition dafür, den USA vorzuwerfen, sie wollten ihn aus dem Amt entfernen. Chávez kann auf Rückhalt im Volk und beim Militär zählen, es kommt zu Massenprotesten gegen seine Festnahme, schon am Tag danach ist Chávez frei und wieder im Amt. Die, die sich gegen ihn gestellt haben, verfolgt er mit Härte, allen voran die bürgerliche Presse und Sender, die mit den Putschisten sympathisierten. Dem beliebten Privatfernsehsender RCTV (Radio Caracas TeleVisión) wird er später die Verlängerung der Lizenz verweigern.

In Venezuela befinden sich die meisten Medien – wie fast überall in Lateinamerika – in der Hand alteingesessener Eliten, die zeitweise die alleinige Rolle der Opposition spielen, weil die Politiker der Altparteien sich kopflos zeigen. Chávez hält den Kampagnen der bürgerlichen Medien seine sonntäglichen Fernsehpredigten unter dem Titel *Aló Presidente* entgegen. Sie sind auch sein Lieblingsschauplatz für Ausbrüche gegen die USA. Außerdem gründet er Sender Telesur[33], der als Gegengewicht zu CNN fungieren soll.

2004 rauft sich die zersplitterte Opposition zusammen und setzt ein Referendum durch, in dem die Amtsenthebung von Chávez gefordert wird. Doch zu den alten Verhältnissen wollen nur wenige Venezolaner zurück. Diesmal stimmen 59 Prozent für den Verbleib von Chávez im Amt. Der nächste große Sieg folgt bei der regulären Präsidentenwahl 2006, bei der er sogar 62 Prozent der Stimmen erhält. Regionalwahlen und Referenden eingerechnet, werden die Venezolaner in dieser Zeit im Durchschnitt einmal im Jahr an die Urnen gerufen. Zwar ist die Wahlbehörde in der Hand der Chavisten, doch internationale Beobachter haben in der Regel nichts am Verlauf venezolanischer Wahlen auszusetzen.

2007 fühlt sich Chávez stark genug, seine »bolivarische Revolution« mit aller Macht anzugehen. Er stellt erneut einen Verfassungsentwurf vor, über den im Dezember abgestimmt werden soll. 69 Artikel seiner erst im Jahr 2000 erneuerten Konstitution will er ändern und sozialistische Prinzipien darin verankern. Er bietet verlockende Wohltaten an, unter anderem soll der Arbeitstag auf sechs Stunden verkürzt werden. Das Wahlalter will er auf sechzehn Jahre senken. Auch von einer staatlichen Gesundheitsvorsorge und Sozialleistungen für die Masse der informell Beschäftigten ist die Rede. Das gefällt den Menschen.

Kritischer beäugt von den internationalen Medien werden seine Vorschläge, die Zentralbank abzuschaffen und die Amtszeit eines Präsidenten von sechs auf sieben Jahre zu verlängern. Bundesländer und Gemeinden, in denen viele Chávez-Gegner amtieren, sollen leichter von der Zentralmacht kontrollierbar sein. Er will neue Mitbestimmungsgremien auf unterster Ebene einführen, eine Art Räte der Arbeiter, Bauern und Studenten. Privateigentum soll neben anderen Formen des Eigentums in Chavez' Petro-Sozialismus anerkannt werden, jedoch sollen Großgrundbesitz und Monopole verboten sein. Der Ausnahmezustand soll unbefristet verhängt werden können; die Rechte auf Meinungsfreiheit und ordentliche Gerichtsverfahren wären dann außer Kraft gesetzt.

Am umstrittensten ist der Vorschlag, die Beschränkung aufzuheben, nach der der Staatspräsident nur einmal wiedergewählt werden kann. Chávez aber liegt gerade dieser Punkt am Herzen, er fürchtet, nicht genügend Zeit zu haben für einen gründlichen Umbau des Staates. Doch das wird selbst Chavisten zu viel. Eine knappe Mehrheit entscheidet sich am 3. Dezember 2007 gegen die Verfassungsänderung, der Präsident hat seine erste große Abstimmung verloren. Chávez akzeptiert die Niederlage, löst das Problem aber auf seine Art. Im Februar 2009 lässt er erneut über die Möglichkeit der mehrmaligen Wiederwahl eines Präsidenten abstimmen – und gewinnt.

Nach diesem Sieg erhöht der Präsident das Tempo der Verstaatlichungen. Die Agrarreform geht mit Enteignungen einher, die große Härten produzieren. Ob Stahl, Zement, Kacheln, Nudeln, Reis, Medizin, Immobilien, Telefone, Banken, Strom und natürlich Öl – vor dem Zugriff ist keine Branche sicher. Die Opposition spricht von einer »Kubanisierung«. Das jedoch ist übertrieben, denn Venezuela hört nie auf, den US-Amerikanern Öl zu verkaufen, Chávez ist auf die Einnahmen angewiesen, um seine Sozialgeschenke zu finanzieren. Einige Konzerne wie Chevron arrangieren sich mit der Einmischung des Staates in ihre Geschäfte, weil sie auch so noch gut verdienen, andere verlassen das Land. Chávez piesackt die USA nur ein bisschen, indem er anfängt, venezolanisches Heizöl zu Discountpreisen in Armenvierteln der US-amerikanischen Großstädte anzubieten.

Seine Leistungen konzentrieren sich auf den sozialen Bereich. So führt Chávez ein besseres Gesundheitssystem ein, das sich auf kubanische Ärzte gründet, mit deren Leistungen die Castro-Brüder die venezolanische Ölhilfe bezahlen. Diese Verbesserung kommt in den Elendsvierteln gut an, zuvor lagen Arztbesuche für die Menschen dort weit außerhalb ihrer finanziellen Möglichkeiten. Für Straßenhändler werden spezielle Märkte eingerichtet, auch der soziale Wohnungsbau wird verstärkt. Jedoch sind Vergünstigungen für die Menschen stets an ein klares Bekenntnis zum Chavismus geknüpft. Wirklich in den Griff bekommt Chávez die Armut nicht, das spiegelt sich in der exorbitanten Kriminalitätsrate wider. Caracas ist eine der gefährlichsten Metropolen Lateinamerikas. Damit das nicht so auffällt, verbietet Chávez der Presse 2010, mit Greuelbildern über Verbrechen zu berichten, und rechtfertigt das als eine Kampagne gegen sensationslüsterne Berichterstattung.

Gern unterschätzt von europäischen Kommentatoren wird Chávez' Fähigkeit, seinen Landsleuten ein Gefühl von Würde, Gemeinsinn, Machtteilhabe und Staatsbürgerlichkeit zu vermitteln, wie es das vorher in Venezuela nicht gab. Das ist ausschlaggebend in einer Weltgegend, in der Generationen nur Missachtung, Demütigung und die Dominanz einer fremden Supermacht und der von ihr abhängigen Eliten gewohnt sind.

Außenpolitisch setzt Chávez auf den Export seines Modells. Auf seine Initiative wird 2007 in Caracas die »Bank des Südens« aus der Taufe gehoben. Gründungsmitglieder sind die links regierten Länder Brasilien, Venezuela, Argentinien, Bolivien, Ecuador und Uruguay. Die Entwicklungsbank soll die regionale Integration auf dem Kontinent stärken und den wirtschaftlichen Einfluss der USA begrenzen. Die Kreditvergabe werde nicht an die bei Weltbank und IWF geltenden Bedingungen geknüpft, kündigt der venezolanische Finanzminister Rodrigo Cabezas bei der Gründungsversammlung in Rio de Janeiro an. Doch der Betrieb läuft stotternd an.

Auf Reisen durch die Nachbarstaaten schmiedet Chávez »Energieallianzen«, deren Ziel eine wirtschaftliche Integration sein soll. Er verspricht, die Energieprobleme Lateinamerikas für die »nächsten hundert Jahre« zu lösen. Profitieren sollen allerdings nur Länder, die Chávez nahestehen. In deren Politik mischt er sich ohne Skrupel ein. In Nicaragua befördert er mit gezielten Lieferungen an sandinistische Gemeinden den Wahlsieg des Altrevolutionärs Daniel Ortega, der ihm nahesteht. In Bolivien bringen Petrodollars aus Venezuela dem Indio-Präsidenten Evo Morales Anschubhilfe. Mit Argentiniens Präsidenten Néstor Kirchner unterzeichnet Chávez 2006 einen »Energiepakt«, der Anlagenbau und Öllieferungen beinhaltet. Außerdem übernimmt er zu günstigen Konditionen einen Teil von Argentiniens Altschulden.

Allerdings lässt Chávez nie Zweifel daran, dass er Gegenleistungen erwartet: In Argentinien betont er den »unbegrenzten Willen zu einer Union« der beiden Länder, die »weit über eine Integration hinausgeht«. Doch Präsident Kirchner denkt gar nicht daran, Chávez zu folgen. Er kauft gern venezolanisches Öl zu Sonderkonditionen. Allerdings lehnt er es ab, sich unter den politischen Einfluss von Chávez zu begeben. Dem Realpolitiker Kirchner ist klar, dass eine stärkere Annäherung an Venezuela nur bedeutet hätte, den früheren US-amerikanischen Einfluss gegen einen neuen zu tauschen.

Auch Chávez' Initiative zur Schaffung eines rein lateinamerikanischen, von Venezuela dominierten Wirtschaftsraums namens ALBA (Morgenröte) setzt sich nur bei seinen engsten Verbündeten durch. Kuba, Nicaragua, Ecuador und Bolivien treten bei. Brasilien, Argentinien und Uruguay hingegen setzen lieber auf den Mercosur, einen gemeinsamen Wirtschaftsraum nach Vorbild der EU. Die rechts regierten Länder Peru und Kolumbien suchen über bilaterale Freihandelsabkommen die Nähe der USA. Mexiko dient sich Konzernen als Billiglohnland und als Wareneingangstor in die Vereinigten Staaten an. Chávez nennt den rechtskonservativen Präsidenten Vicente Fox (2000 bis 2006), der stets in Cowboystiefeln und Stetson-Hut auftritt, daher einen »Schoßhund der USA«.

Der schwerwiegendste Vorwurf gegen Chávez ist der, unter seinem Regime hätten sich Korruption und Vetternwirtschaft ausgebreitet. Nutznießer, Schnorrer und dubiose Geschäftsleute machen im Labyrinth des »bolivarischen« Lenkungssystems und der Staatsbürokratie gute Geschäfte, in Venezuela spricht man spöttisch von der »Boli-Bourgeoisie«, sie reicht bis in das engere Umfeld von Chávez. Den bolivarischen Bourgeois erkenne man an riesigen SUV-Geländewagen, Konten in Miami und einem Lebensstil, der der großen Armut im Lande Hohn spreche, erzählt der Fotograf Juan Diego Calderón.[34] Immer wieder muss sich Chávez langjähriger Weggefährten entledigen. Sein Technologieminister Jesse Chacón etwa stolpert 2009 über eine Bankenaffäre, in die sein Bruder verstrickt ist. Dabei fällt auch der zwielichtige Banker Ricardo Fernández, der beste Beziehungen zu Chavez' Bruder Adán unterhält.

Tatsächlich gibt es für Unternehmer in diesen Jahren nur die Entscheidung: mit Chávez oder ohne ihn. Wer sich für Letzteres entscheidet, sucht das Heil oft in der Emigration, in Miami und Panama gründen sich finanzstarke Kolonien von Exilvenezolanern. Polarisierung prägt auch die Berichterstattung ausländischer Beobachter. Von Linken wird Chávez als Lichtgestalt verehrt, weil er für sie die Hoffnungen auf eine neue Verteilung der Machtgewichte in der Welt und eine neue kapitalismuskompatible Form des Sozialismus verkörpert. Der Globalisierungskritiker Tariq Ali verklärt Chávez, Evo Morales und Fidel Castro zur »Achse der Hoffnung«.

Konservative Kommentatoren hingegen bekommen bei der Nennung dieser Namen Schaum vor dem Mund. Selbst die *New York Times*, in aller Regel um staatstragende Seriosität bemüht, bejubelt am 13. April 2002 voreilig den Ein-Tages-Putsch gegen Chávez: »Seit dem gestrigen Rücktritt von Präsident Hugo Chávez wird die venezolanische Demokratie nicht mehr von einem Möchtegerndiktator bedroht. Mr. Chávez, ein gefährlicher Demagoge, trat ab, nachdem das Militär interveniert und die Macht einem geachteten Wirtschafsführer, Pedro Carmona, übertragen hatte.« Die Marionette Carmona amtiert jedoch nur einen Tag.

Peter Scholl-Latour nennt Chávez 2010 in einer TV-Sendung unreflektiert einen »Diktator« und ignoriert dabei bewusst die Tatsache, dass der Venezolaner ein halbes Dutzend Wahlen gewonnen hat. Einen Vorbericht über das Verfassungsreferendum 2007 titelte die *Frankfurter Allgemeine Zeitung*: »Zentralismus, Sozialismus – und Chávez für alle Zeiten«[35], so als wolle Chávez

die Venezolaner darüber abstimmen lassen, ihn zum Präsidenten auf Lebenszeit zu ernennen. In den meisten Berichten
musste man den Hinweis mit der Lupe suchen, dass Chávez nur
seine Wiederwählbarkeit, nicht seine ewige Macht zur Abstimmung stellte, im Einzelfall also zwischen weiteren Mandaten
und Chávez immer noch der Wille des Volkes stehen würde.

Erkennt Chávez eine Niederlage an wie nach dem gescheiterten Referendum, nimmt er die »Pose des Demokraten« ein (*Die
Zeit* vom 6. 12. 2007). Versucht Chávez, die Not auf dem informellen Arbeitsmarkt zu lindern, heißt es: »Auch Schwarzarbei-
ter sollen künftig in den Genuss einer staatlichen Sozialversi-
cherung kommen« (*Frankfurter Allgemeine Zeitung*, 12. 11.
2007), so als wüsste der Berichterstatter nicht, dass in Lateinamerika die allermeisten Menschen mit Tagelöhnerarbeiten
überleben und sozialversicherungspflichtige Arbeitsplätze nach
europäischem Modell die Ausnahme sind.

Manchmal trägt die Darstellung nachgerade rassistische
Züge. Chávez wird in Karikaturen als Affe aus dem Urwald dargestellt, der die seriöse Welt mit seinem Grunzen nervt. Die Kritik merkt dabei nicht, dass sie mit solchen Darstellungen genau
die demütigende Haltung der reichen Länder hervorkehrt, gegen die Chávez angetreten ist. Viele Menschen haben den Eindruck, ihr Präsident nehme sie gegen postkoloniale Muster in
Schutz.

Harald Neuber, Gründer des linken Internetportals *America
21* und Korrespondent der Nachrichtenagentur *Prensa Latina*,
sagt dazu nicht zu Unrecht in einem Interview: »Im Nachrich-
tenmagazin *Der Spiegel* spricht oder redet Chávez nicht. Er *tönt,
wettert, schwadroniert, poltert, er entmachtet sein Volk* und
schimpft. (…) Es gibt unzählige solcher Beispiele. Als in Venezuela vor einigen Jahren Nachbarschaftskomitees aufgebaut wurden, die sogenannten Bolivarischen Zirkel, konnte man in
Deutschland lesen, dass diese Komitees in Wirklichkeit bewaffnete Banden sind. Ich selbst war zu der Zeit dort: In den Boliva-

rischen Komitees haben sich Hausfrauen zusammengeschlossen, um ihr Viertel zu verschönern, Männer haben Schlaglöcher ausgebessert, man hat die Sozialarbeit im Barrio beraten. (…) All das, was ich hier kritisiere, trifft auch auf die anderen Länder zu, die einen Weg aus dem neoliberalen System suchen. Weil sie mit der ungleichen Wirtschaftsordnung zwischen Norden und Süden brechen wollen, werden sie per se als Gegner gesehen und journalistisch, also propagandistisch, so behandelt.«[36]

Die polarisierende Behandlung von Chávez in der europäischen Presse spiegelt deren Denkmuster wider. Den Verhältnissen in Venezuela und Lateinamerika wird sie selten gerecht. Die Wahrheit liegt, wie so oft, in der Mitte – dort in etwa, wo der uruguayische Schriftsteller Eduardo Galeano sie verortet. In einem Interview mit der Madrider Zeitung *El País* spricht er von einer ungerechtfertigten »Dämonisierung von Chávez«, reiht sich aber auch nicht in den Chor der Bewunderer ein. Die Engel seien nicht immer Engel, aber die »Teufel auch nicht immer Teufel«.[37] Chávez ist eine schlüssige Erklärung dessen, was sein »Sozialismus des 21. Jahrhunderts« eigentlich sein soll, letztlich schuldig geblieben. Er ist nicht der Erbauer des neuen Lateinamerika, sondern ein Mann des Übergangs, eine Brücke zwischen gestern und heute, zwischen den politischen Dinosauriern in Kuba und modernen Staatenlenkern wie Lula; ein Caudillo, der am Beginn des Zeitalters der Abschaffung der Caudillos steht. Chávez ist der erste Staatschef seit Fidel Castro, der sich konsequent in kantiger Abgrenzungsrhetorik zu den USA übt und eine Gemeinschaft der Marginalisierten geschaffen hat, die letztlich Grundlage für den »lateinamerikanischen Weg« gewesen ist. Er hat das neue Selbstbewusstsein der geopolitischen Underdogs zum Thema der Weltnachrichten gemacht. Damit hat er in einer sensiblen Zeit den richtigen Ton getroffen.

Doch es mehren sich die Zeichen, dass Chávez seine Funktion als Stichwortgeber erfüllt hat. Seine Kollegen in den Nachbarländern denken gar nicht daran, den nebulösen Weg der »bolivarischen Revolution« mitzugehen. Sie wissen, dass Chávez' System in der Praxis nichts anderes ist als der auf Klientelismus basierende Ansatz eines lückenhaften Staatskapitalismus. Wirtschaftlich ist der streitbare Venezolaner in der Abhängigkeit vom Export eines einzigen Rohstoffs steckengeblieben, er hat den Sprung zur Schaffung einer Produktivgesellschaft verpasst; die nötige Diversifizierung der Wirtschaft, wie sie etwa Brasilien betreibt, ist unterblieben. Venezuela bezahlt das mit sinkender Wirtschaftskraft und Dauerinflation. Chávez' große Schwäche ist, dass seine Person ihm selbst stets wichtiger gewesen ist als sein Projekt. Trotzdem wäre das »neue Lateinamerika« – vor allem die Umwälzungen in Ecuador oder Bolivien – ohne seine kantigen Reden und seine Petrodollars nicht denkbar gewesen.

Griff nach den Sternen

> »Ich werde wiederkehren, und wir werden Millionen sein.«
> *Tupac Katari, Anführer des Indio-Aufstands*
> *gegen die Spanier, in La Paz vor seiner Hinrichtung 1781*

Schon am Flughafen von El Alto wird klar, dass sich hier etwas geändert hat. Auf dem Stempel, den der Grenzbeamte in den Pass knallt, steht: Estado Plurinacional de Bolivia – »Vielvölkerstaat Bolivien«. Es ist Symbolik wie diese, mit der die Regierung von Evo Morales im Jahr 2009 zum Ausdruck bringen will, dass sie ihrem Ziel ein großes Stück näher gekommen ist: dem Umbau Boliviens zu einem Land, in dem sich endlich auch die Mehrheit der indigenen Völker nach fünfhundert Jahren Missachtung politisch repräsentiert fühlen kann.

Der Flughafen von El Alto liegt auf viertausend Metern Höhe, es ist der höchstgelegene Verkehrsflughafen der Welt. Schon auf der Gangway stellt sich eine unangenehme Kurzatmigkeit ein, kleinste Steigungen fühlen sich an wie eine Bergtour. Man hat das Gefühl, eine Betonplatte auf dem Kopf die Gangway ent-langzutragen. Die Symptome sind ähnlich wie bei Asthma, man schnappt nach Luft und fühlt sich wie ein Fisch auf dem Trocke-nen. Drinnen warten Sauerstoffflaschen auf die ganz Empfindli-chen. Ich komme aus São Paulo und verfalle durch die dünne Luft augenblicklich in dieses etwas gemächliche Tempo, das Bo-livien von seinem hyperaktiven und dynamischen Nachbarn Brasilien unterscheidet.

Um vom Flughafen hinab zum Regierungssitz La Paz zu ge-langen, muss man El Alto (»Die Höhe«) durchqueren, es ist eine Art improvisierte Millionenstadt, die in wenigen Jahren durch den Zuzug armer Bauern und Minenarbeiter aus den Anden- und Amazonasregionen entstanden ist. Es ist eine Stadt der von den Strategen Vergessenen, ein windiges Labyrinth aus Beton und unverputzten Ziegelwänden. Im Winter sinken die Tempe-raturen auf bis zu minus zwanzig Grad. Ein eisiger Wind pfeift über die weite, baumlose Hochebene. Über allem thront der schneebedeckte Illimani, 6439 Meter hoch, ein Gott aus Stein. Den Menschen scheint die dünne Luft nicht viel auszumachen. Sie werkeln, schrauben, hämmern und bauen unermüdlich an einem besseren Leben. El Alto ist möglicherweise die größte Stadt der Welt, in der man absolut nichts Überflüssiges, keine Zeichen von Komfort sieht, nur Ziegel, Schrauben, Balken, Rei-fen, Zementsäcke und gebratene Hühner. Der einzige Farb-schmuck sind Graffitis: »Evo erfüllt seine Versprechen«, »Evo hat uns Würde gegeben«, »Dank Evo kann ich schreiben«.

Unterhalb El Altos breitet sich eine funkelnde Großstadt in ei-nem Gebirgstal aus. »Hier bei uns haben Sie die Sterne zu Fü-ßen«, sagt der Taxifahrer. Immer wieder haben die Armen des Hochplateaus nach diesen Sternen gegriffen. Von El Alto aus kann man den einige Hundert Meter tiefer gelegenen boliviani-schen Regierungssitz La Paz jederzeit abriegeln, den Zugang zum Flughafen sperren. In La Paz siedelt die wirtschaftliche Macht, doch von ihrem Hochsitz aus haben die Marginalisierten der Gesellschaft immer wieder die Macht der Straßenblockade ausgespielt, in Bolivien eine probate Methode, um Forderungen durchzusetzen. In dem verkehrsmäßig kaum erschlossenen Land reicht die Sperrung eines Lehmweges, um ganze Landesteile abzuriegeln. Im Untergrund wuchs während der Jahre des Neoliberalismus eine selbstbewusste basisdemokratisch organisierte Zivilgesellschaft heran, die es gelernt hat, für ihre Rechte zu kämpfen. In Evo Morales haben diese Menschen nun einen der ihren dort unten im Präsidentenpalast sitzen. Sie sind den Sternen ein gutes Stück näher gekommen.

Angriffe auf La Paz sind kein Phänomen unserer Tage. Im 18. Jahrhundert belagerte der Indioführer Tupac Katari die Stadt. Er forderte mehr Rechte für die Urbevölkerung, wollte die spanischen Kolonialherren in die Knie zwingen. Doch der Aufstand scheiterte, Katari wurde 1781 in La Paz geviertelt. Vor seinem Tod soll er gerufen haben: »Ich werde zurückkehren, und wir werden Millionen sein.« Morales hat den Ausspruch leicht variiert und auf seine Lebensgeschichte angewendet. »Ich will nicht, dass sich mein Schicksal in Millionen wiederholt«, sagt der frühere Lamahirte und Kokabauer in einer seiner wohlklingenden Reden. Rapper aus El Alto haben daraus eine Hymne im Rhythmus unserer Zeit gesampelt.

Ein politischer Superstar zu werden war Evo Morales nicht in die Wiege gelegt. Er wuchs in bitterer Armut in einer Lehmhütte im Hochland auf, hütete Lamas, spielte Trompete in einer Dorfkapelle. Seine Familie entfloh der Armut ins tropische Tiefland von Chapare, wo Koka wächst. Evo Morales wurde Bauer und Anführer der Kokagewerkschaft. Er wurde verhaftet und von den Schergen der Regierung und mit Unterstützung der US-Drogenbehörde Drug Enforcement Agency (DEA) misshandelt. Später, als Präsident, wird er die DEA des Landes verweisen. Doch zunächst geht Morales ins Exil nach Argentinien. Nach seiner Rückkehr engagiert er sich politisch und erlangt ein Mandat als Abgeordneter.

Im Parlament wird er von den Vertretern der Oberschicht geschnitten und schikaniert, doch er gibt nicht auf. Es gelingt ihm, die indigene Bevölkerungsmehrheit zu mobilisieren, die in ihm die ersehnte Führungsfigur sieht. 2005 gewinnt er die Präsidentschaftswahl. Zum ersten Mal seit der Eroberung durch die Spanier wird das »Herz Südamerikas«, wie Che Guevara Bolivien nannte, von einem Vertreter der Ureinwohner regiert. Als Morales 2006 ins Amt eingeführt wird, besteht er neben der offiziellen Zeremonie in La Paz auf eine zweite, die nach seiner Ansicht die eigentliche sein soll. Sie findet in den Ruinen des präkolumbischen Heiligtums Tiahuanacu am Titicacasee statt. Am Kalasasaya-Tor, dem Eingang des antiken Sonnenobservatoriums aus der Vor-Inka-Zeit, ruft Morales den Geist der andinen Kosmovision an. Er verspricht, die Lebensauffassung der mehr als dreißig Urvölker Boliviens in der Verfassung zu verankern. Außerdem will er dem ganzen Land einen größeren Anteil an seinen Rohstoffvorräten sichern, die seit fünfhundert Jahren ins Ausland verschleudert werden.

Und Morales macht ernst. Er beginnt, dem Staat die Eigentumsrechte an den Öl- und Gasquellen zu sichern, die Boliviens Haushalt speisen. Für die Förderung der Bodenschätze braucht das technisch unterentwickelte Land die ausländischen Konzerne. Sie müssen nun jedoch Joint Ventures beitreten, in denen der staatliche Ölkonzern YPFB mindestens 51 Prozent des Kapitals hält. Der Staat behält 82 Prozent der Einnahmen aus Förderung und Verkauf der Bodenschätze, den Konzernen bleiben achtzehn Prozent. Vorher war das Verhältnis in etwa umgekehrt. Die meisten Unternehmen bleiben trotzdem in Bolivien, weil das Geschäft sich weiterhin lohnt. Das eingenommene Geld saniert den Haushalt. Morales investiert in Ansätze eines Sozialsystems. Erstmals in der Geschichte Boliviens gibt es nun eine kleine Rente für alle, sowie Schecks für Mütter, die ihre Kinder in die Schule schicken. In La Paz stehen die Marktweiber und greisen Straßenhändler Schlange vor den Ausgabekassen.

Morales kommt zupass, dass die meisten der Konzerne, die in Bolivien tätig sind, aus Brasilien und Argentinien stammen. Dort sind zum Zeitpunkt der Teilverstaatlichung ihm gewogene Regierungen an der Macht, nämlich die von Luiz Inácio Lula da Silva und Néstor Kirchner. Der Umbau Boliviens zu einem Land, das für seine eigenen Bodenschätze angemessen entlohnt wird, ist nur im Kontext des lateinamerikanischen »Linksrucks« möglich. Angeblich soll Morales den Rat, auf dieses historisch einzigartige Zusammenspiel zu setzen, von Fidel Castro erhalten haben. Morales' Biograph, der argentinische Journalist Martín Sivak, schildert das so: Morales habe vor seiner Vereidigung 2006, als Bolivien vor einer gewaltsamen Umwälzung zitterte, einen Anruf aus Havanna erhalten. Revolutionsführer Castro, damals noch bei guter Gesundheit, soll gesagt haben: »Mach es nicht wie ich, Evo, mach es demokratisch. Und denk dran: Du hast Kirchner, du hast Chávez, du hast Lula, die helfen dir.«[38]

Als Nächstes nimmt Morales sich die Verfassung vor. In die Präambel des Entwurfs wird eine Art andiner »Pursuit of Happiness« verankert, gekleidet in Begriffe, die für Europäer fremdartig-mysteriös klingen, in den Anden aber seit jeher das tägliche Zusammenleben regeln: Ama qhilla, ama llulla, ama suwa (du sollst nicht faulenzen, lügen und stehlen), teko kavi (du sollst gut zusammenleben), ñandereko (die Suche nach harmonischem Leben), ivi maraei (Erde ohne Böses), qhapaj ñan (der Weg der Inkas zur Weisheit).

Die Verfassung soll keine Rhetorik bleiben wie die vorhergehenden, sie zieht in der Praxis eine Reihe von Veränderungen nach sich, die nicht jedem gefallen: Beamte müssen nun Aymara, Quechua, Guaraní oder eine der anderen indigenen Sprachen des Landes lernen. In Gemeinschaften von Ureinwohnern wird die indigene Rechtsprechung zugelassen – allerdings nur, solange sie die allgemeinen Menschenrechte nicht verletzt.

Die bislang sozial maßgeblichen Mestizen und Kreolen empfinden das als Bedrohung. Sie klagen über umgekehrten Rassismus. Der Widerstand ist insbesondere in den Tieflandprovinzen stark, wo vor allem Nachkommen europäischer Einwanderer leben und wo die meisten Bodenschätze lagern. Sprecher der Morales-Gegner wird ein Nachfahre kroatischer Immigranten, Branko Marinkovic. Er ist mit Speiseöl reich geworden und vertritt die aufstrebenden Unternehmer in der Provinz Santa Cruz. Dort gibt es auch eine Jugendorganisation, die mit faschistischen Symbolen durch die Straßen zieht und Krawalle in den Armenvierteln anzettelt. Marinkovic ist ihr Anführer. Der »schwule Indio-Präsident in La Paz« solle seine eigene Indio-Republik aufmachen, schreien sie. Die Gouverneure der Tieflandprovinzen Beni, Pando, Santa Cruz und Tarija schließen sich zum »Halbmond« zusammen, was der Form der aufrührerischen Provinzen auf der Landkarte entspricht. Sie drohen mit einer Spaltung Boliviens, aber Morales gelingt es, den »Halbmond« zu spalten, indem er mehr Autonomie und die Achtung des Privateigentums verspricht. Marinkovic wird später vorgeworfen, ein Attentat auf Morales geplant und dafür Freischärler des Jugoslawienkrieges angeheuert zu haben. 2010 verlässt er das Land. Die Opposition ist kopfloser denn je.

Kurz vor der für Januar 2009 angesetzten Abstimmung über die neue Verfassung besuche ich in La Paz Roberto Aguilar, der Vizepräsident der verfassungsgebenden Versammlung war. Er ist eigentlich Hochschulprofessor für Wirtschaftsgeschichte und hat ein kleines Büro im sechsten Stock eines der Hochhäuser, die dem Zentrum von La Paz einen urbanen Eindruck verleihen. Aguilar zündet sich eine Zigarette aus schwarzem Tabak an und erklärt das Besondere an der Verfassung. Erstmalig werde die Plurinationalität des Landes festgeschrieben, was heißen solle: Alle seien gleich, die Kambas, also die Weißen, und die Kollas, die indigene Mehrheit. Dass sich jetzt diejenigen ausgegrenzt fühlen, die die letzten fünfhundert Jahre das Sagen hatten, quittiert Aguilar mit Unverständnis. »Sehen Sie mich genau an, ich fürchte mich nicht vor den Menschen vor meiner Tür.« In La Paz bestimmen indigene Gesichter das Straßenbild. Aguilar entstammt der Schicht intellektueller urbaner Mestizen, vom Aussehen her könnte er Spanier sein. Diejenigen, die die »Rache der Indios« fürchten, sagt er, könnten nur nicht damit leben, »dass da nun ein Indio im Palacio Quemado, dem Präsidentenpalast« regiert.

Einige Wochen vor der geplanten Volksabstimmung marschieren aus den Anden Tausende Menschen auf La Paz. Sie besetzen die Plaza Murillo und warten auf das Ergebnis der Parlamentsdebatte über die Verfassungsreform. Eine brenzlige Situation. Evo Morales tritt hinaus auf den Platz, mischt sich unters Volk und versichert, dass alles gutgehen werde. Es ist ja auch sein Projekt, das hinter den kolonialen Fassaden besprochen wird. Die Opposition, vielleicht das Bild des gelynchten Präsidenten Villaroel vor Augen, lässt den Entwurf schließlich nach ein paar Korrekturen passieren. Dann singen alle die Nationalhymne, viele – auch der Präsident – hätten geweint vor Erschöpfung und Erleichterung, berichtet die Abgeordnete Elizabeth Salguero.[39] Es ist einer dieser symbolreichen lateinamerikanischen Momente, die oft nur Momente geblieben sind. Doch die Wähler danken Morales diesen Moment immerhin mit einem überwältigenden Vertrauensvorschuss. Im Januar 2009 wird die Verfassung per Referendum bei einer Wahlbeteiligung von mehr als neunzig Prozent mit 61 Prozent der Stimmen bestätigt.

Kurz nach unserem Gespräch erhalte ich eine E-Mail von Roberto Aguilar. Er ist zum Erziehungsminister berufen worden, muss nun also selbst für die geordnete Umsetzung der Verfassungsreformen sorgen, die er mir beschrieben hat. »Ziemlich überraschend, auch für mich«, schreibt er. Das ist in diesen Tagen nichts Besonderes im »neuen Bolivien« – dass man mit jemandem spricht, der Stunden später eine erstaunliche Karriere gemacht hat.

Auch Martín Sivak ist ein Beispiel für solch eine bolivianische Karriere. Als der argentinische Journalist noch Student in Buenos Aires war, traf er in den Gängen der Universität auf einen bedrückt wirkenden Indio aus Bolivien im Exil, mit dem niemand sprechen wollte. Sivak war der einzige, der ihm zuhörte und ihm ein paar Tipps gab, wie er in Argentinien zurechtkommen konnte. Als der »Indio« Jahre später Präsident Boliviens wird, erhält Sivak einen Anruf aus La Paz. Morales glaubt, ihm einen Gefallen zu schulden.

»Jefazo, willst du unser Botschafter in Buenos Aires werden?«, fragt Morales. Jemanden »Jefazo«, also »Big Boss«, zu nennen, ist eine Angewohnheit von Morales, die er auch nicht ablegt, als er selbst zum »Big Boss« Boliviens wird. Sivak sieht sich aber nicht als Diplomat. Er schlägt Morales vor, dafür dessen Biographie zu schreiben. Der Präsident akzeptiert. Das Buch wird, wie er könnte es anders sein, *Jefazo* heißen.

Sivak begleitet Morales auf all den abenteuerlichen ersten Staatsbesuchen, als er noch den berühmten gestreiften Polyester-Mischfaser-Pullover trägt. Das Flugzeug für die Reisen hat Freund Hugo Chávez gestiftet, die alte Maschine hatte Morales' Vorgänger Sánchez de Lozada bei seiner überstürzten Flucht aus dem Amt 2003 mitgenommen. Sivak schildert, wie die Minister sich in den Präsidentensuiten fremder Länder die Betten teilen müssen, weil Morales, der lange Zeit auf Lehmboden geschlafen hat, kein Geld aus den knappen Staatsfinanzen an das Luxusleben seiner Entourage verschwenden will. Er beschreibt einen 49-jährigen, schlaflosen, ungeduldigen, unverheirateten, fußballverrückten Vielarbeiter, der lieber Aymara spricht als Spanisch. Wenn er eine Eingebung hat, lässt Morales seine Minister gern mal um fünf Uhr morgens antreten. Die »Ruptura de Formalidades«, den Bruch mit den Formalitäten der postkolonialen Klassengesellschaft, hält Sivak als besonderes Kennzeichen des »Evismo« fest. Diese Durchlässigkeit hat das Movimiento al Socialismo, Evo Morales' politische Sammlungsbewegung, von der renitenten Splittergruppe in ein schlagkräftiges Regierungsbündnis verwandelt. Es führt den Linksintellektuellen und späteren Vizepräsidenten Álvaro García Linera mit der in Deutschland ausgebildeten Feministin Elizabeth Salguero, dem christlichen Anwalt David Balderrama und der indigenen Aktivistin Sabina Aureliana zusammen.

Was all diese Menschen verbindet, ist das Foto des Jefazo, das im Parlament unter ihren Schreibunterlagen klemmt und das ihnen beim Abstimmen zusieht. Am meisten überrascht in der Volksvertretung der Anblick der vielen Cholas, wie sich die Indio-Frauen mit Bowler-Hut, Zöpfen und Sandalen nennen. Früher verkauften sie Hühner auf dem Markt, jetzt sitzen sie im Parlament. Das zweithäufigste Bild nach dem von Morales in der Volksvertretung zeigt einen, von dem der Präsident sagt: »Ohne ihn wäre ich nicht hier.« Es hat wahrscheinlich nie zuvor ein demokratisches Parlament auf der Welt gegeben, in dem so viele Che-Guevara-Plakate hängen.

Kurz vor der Präsidentenwahl 2009 frage ich in La Paz den Soziologen Pablo Laguna, ob Morales der Erfolg zu Kopf gestiegen sei. Laguna ist ein Anhänger von Morales, er gibt aber zu, dass caudillistische Tendenzen dem Präsidenten nicht ganz fremd seien. Doch niemand könne Morales derzeit besiegen, es gebe einfach keine Alternative. »Sehen Sie sich doch nur mal die Gegenkandidaten an«: Der aussichtsreichste Rivale scheint zu dieser Zeit Samuel Doria Medina zu sein, ein Zement-Großunternehmer, der Business Class fliegt. Auf seine Wahlplakate in La Paz schreibt Doria Medina: »Wir sorgen dafür, dass Bolivien sich an die Arbeit macht.« Daran sehe man, wie weit weg von der Lebenswirklichkeit der Armen die frühere herrschende Klasse sei, sagt Laguna: Für die Tagelöhner, die von früh bis spät schufteten, um sich ein paar Bolivianos zu verdienen, sei dieser Slogan schlicht eine Frechheit. Die Wähler teilten sich klar auf in Arm und Reich, und mehr als sechzig Prozent seien nun mal arm. Laguna soll recht behalten. Bei der Wahl im Dezember 2009 kann Morales sein Ergebnis von 2005 noch mal übertreffen. Er bekommt 64 Prozent – und das, obwohl viele der in der Verfassung versprochenen Verbesserungen noch auf Umsetzung warten.

Doch nicht allen gefällt der Kurs. Die Ökonomin Irina Chambi Michel ist Repräsentantin der Außenhandelskammer von La Paz. Sie ist halb Bolivianerin, halb Französin, was man an ihrem Nachnamen ablesen kann. In ihrer Freizeit arbeitet sie als Model. Chambi Michel sagt, sie habe 2005 Morales gewählt wie viele Vertreter der Mittelschicht, und sie habe es bereut. Das liege nicht nur an dem zunehmend aggressiven indigenen Diskurs des Präsidenten, der andere Bevölkerungsteile ausschließe, sondern vor allem an seiner Wirtschaftspolitik, die sie unberechenbar findet. Sie legt Zahlen über sinkendes Exportvolumen und die Dieselknappheit vor, Bolivien fördert Öl, doch es fehle an Raffinerien. Seit die Regierung die Förderstätten teilweise verstaatlicht habe, werde kaum noch investiert. Morales habe Bolivien demokratisiert, das sei sein Verdienst, gibt sie zu. Auch die Währung sei stabil. Doch das Land sei noch immer bettelarm. Morales verunsichere Investoren, die Nachfrage nach Krediten sinke. »Wir können nicht in einer Welt der Ungleichheit leben, aber wir können auch nicht zum Sozialismus vergangener Tage zurückkehren.«[40] Bolivien müsse lernen zu produzieren, anstatt nur auszugraben, was im Boden liege. Ähnlich wie Hugo Chávez in Venezuela unternimmt auch Morales wenig, um sein Land aus der Falle des Extraktivismus zu befreien.

Um seine ungeduldige Klientel zu befriedigen, verschärft der Präsident nach seinem Wahlsieg 2009 noch mal die Rhetorik. Die richtet sich gegen die alteingesessene Presse. Manche Fernsehsender und Zeitungen machen in der Tat polemisch Front gegen Morales, staatliche Presseorgane schlagen ebenso plump zurück. Sie zeigen beinah täglich, wie der Präsident mit dem Hubschrauber unermüdlich durchs Land reist und Gegenden besucht, in denen sich nie zuvor ein Politiker aus La Paz hat sehen lassen. Hemdsärmlig plaudert er mit Lamahirten, zwischendurch findet er immer wieder Zeit für seine Lieblingsbeschäftigung, Fußball. Provinztorwarte fürchten seine Elfer, politische Gegner seine Fouls.

Jorge Carrasco, Herausgeber der erzkonservativen Zeitung *El Diario*, sagt, Morales' Stärke sei nur aus der Schwäche seiner Vorgänger zu erklären. Neben ihm sitzt beim Gespräch in der etwas düsteren Redaktion sein glatzköpfiger Chefredakteur, der betont, wichtigste Aufgabe der Zeitung sei es, dafür zu kämpfen, dass Bolivien den Zugang zum Meer erhalte, den es im Salpeterkrieg im 19. Jahrhundert an Chile verloren hat. Ist das das drängendste Problem des Landes? Sich in aussichtsloser nationaler Symbolik zu verlieren, ist eine Eigenheit der bürgerlichen Elite Lateinamerikas. Herausgeber Carrasco findet, unter Morales mische sich der Staat zu stark in die Wirtschaft ein, die Geschenke an die Armen hätten ja schon in Europa nicht funktioniert. Wie es sein könne, dass im Erdölförderland Bolivien der Diesel knapp werde? Carrasco sagt, er sei in Sorge um die Pressefreiheit. Journalisten würden angegriffen, weil sie kritisch zu Morales stünden. »Hier ist alles nur noch Politik, Politik, Politik.«[41] In der Tat ist Boliviens Gesellschaft in einer Weise politisiert, die einen europäischen Betrachter, der eher an Politikmüdigkeit gewöhnt ist, nur überraschen kann.

Ich nehme den Bus hinab in die Zona Sur, den am tiefsten gelegenen Stadtteil von La Paz. Er durchquert eine zerklüftete Mondlandschaft. Zackige Felsformationen säumen die Straße, die Siedlungen sind auf Schutt gebaut. Ein Labyrinth aus unverputzten Häusern, Treppen, Bögen und Ziegelsteinen zieht sich die kahlen Berge hoch. Als Faustregel für La Paz gilt: Je weiter man nach unten kommt, desto leichter fällt das Atmen – und desto weniger Indigene sieht man. In der Zona Sur gibt es Malls nach US-Vorbild, Pizzerien, Läden für teure Unterwäsche, Cafés mit europäischem Bier. Hier unten setzt man darauf, dass, wenn Evo dereinst verschwindet, auch der »Indio-Spuk« vorbei sein werde. Die alten Eliten glauben, lange genug regiert zu haben,

um zu wissen, wie kurzlebig sozialrevolutionäre Projekte in Bolivien sein können. Doch vorläufig sitzt die Macht in der Höhe
von El Alto – und sie wird sie sich nicht mehr so leicht aus den
Händen nehmen lassen.

Adiós Revolución

> »Der Begriff des Staates war hier immer nur theoretisch.
> Der Caudillo und die koloniale Familie haben den Staat ersetzt.«
> Sergio Ramírez, Schriftsteller und ehemaliger Vizepräsident Nicaraguas
> (Interview mit dem Verfasser, 18. Februar 2005 in Managua)

Die Ankündigung, für ein paar Monate nach Nicaragua zu gehen, löst bei vielen Deutschen über vierzig automatisch die
Frage aus: »Aha, Solidaritätseinsatz beim Kaffeepflücken?« Das
kommt aus den 1980er Jahren, als Hilfseinsätze für die nicaraguanische Revolution Ehrensache in Dritte-Welt-Gruppen und
Kreuzberger Wohngemeinschaften waren. Man trank scharf ge-
rösteten Solidaritätskaffee; Spenden, Ernteeinsätze und Hilfs-
lieferungen für das mittelamerikanische Land galten als unver-
zichtbarer Beiträge zur Schaffung einer besseren Welt. Jeder
Berliner Taxifahrer wusste, wer die Sandinisten waren. Heute
hingegen verorten jüngere Deutsche Nicaragua schon mal in Afrika wie etwa jener Mitarbeiter in der Münchner Filiale von
Western Union, die ich vor meiner Abreise aufsuche, um Geld zu
überweisen. Nicaragua ist inzwischen von der geopolitischen
Landkarte verschwunden. Vielleicht besser so.

Als ich im Januar 2005 in Managua lande, liegt die Hitze wie
eine Bleiplatte über dem ausgedörrten Land. Es ist Trockenzeit,
die Bäume in den Savannen haben alle Blätter verloren, nur hier
und da tragen sie riesige bunte Blüten. Die Szenerie erinnert in
der Tat an Afrika. Douglas Carcache, der mich vom Flughafen
abholt, meint, das sei eine eher kühle Nacht. »Komm mal Os-

tern, das ist die Hölle.« Douglas ist leitender Redakteur bei Nicaraguas größter Tageszeitung, *La Prensa*. Wir hatten gemeinsam ein Journalistenfortbildungsprogramm in Barcelona absolviert, an dessen Ende er mich einlud, ein paar Monate bei seiner Zeitung mitzuarbeiten, womöglich könne man ja voneinander lernen. Ich befinde mich sozusagen auf einem Solidaritätseinsatz auf Gegenseitigkeit.

Managua wirkt eher wie ein riesiges Dschungeldorf und nicht wie eine Hauptstadt. Die Straßen sind gesäumt von hölzernen Flachbauten mit rostigen Wellblechdächern. Wir passieren Werkstätten, vor denen Schrott lagert, und kleine Läden mit grellen, aufgemalten Werbeschriftzügen für Soda, Motoröl, Reifen und Zigaretten. Nach der Hitze des Tages sitzen die Menschen in der Abendbrise auf den Veranden in Schaukelstühlen. An den Ampeln klopfen magere Kinder mit großen Augen ans Fenster, die geschälte Orangen anbieten. Douglas lässt die Zentralverriegelung seines Nissan zuschnappen.

Der desolate Eindruck ist noch immer auf das große Erdbeben von 1972 zurückzuführen, bei dem Managua bis auf die Grundmauern zerstört wurde. Der Diktator Anastasio Somoza, der Nicaragua jahrzehntelang beherrscht hatte wie ein Gutsherr, veruntreute die Hilfsgelder und Spenden, die für den Wiederaufbau gedacht waren, und verhökerte Blutkonserven. Bis dahin hatten die meisten Menschen seine Gewaltherrschaft eher passiv hingenommen; solange der Patriarch für Ordnung sorgte und sie irgendwie zu ernähren schien, gab es für die meisten Nicaraguaner keinen Grund, sich zu erheben. Doch nach dem Beben begann in den Baracken der Erdbebenopfer die revolutionäre Glut zu glimmen. Sieben Jahre später setzte eine Revolution der Gewaltherrschaft Somozas ein Ende. Die linken Sandinisten übernahmen die Macht.

Der europäischen Linken galten sie fortan als Vorbild, wie man scheinbar unumkehrbare, zementierte Verhältnisse doch verändern konnte. US-Präsident Ronald Reagan hingegen sah in den Sandinisten Statthalter der Sowjetunion, er fürchtete ein zweites Kuba und setzte die Revolutionsregierung von Daniel Ortega massiv unter Druck. Der US-amerikanische Geheimdienst CIA rüstete rechtsgerichtete Contras aus, die von den Nachbarländern aus gegen die Revolution kämpften, es gelang ihnen jedoch nicht, das Land in Knie zu zwingen. Erst freie Wahlen beendeten 1990 das sandinistische Experiment.

Dreißig Jahre nach dem Erdbeben leben die meisten Menschen noch immer in Baracken. Managua hat kein Zentrum, dafür breiten sich neben den Elendsvierteln Shopping-Malls und Schnellrestaurants nach US-Vorbild aus, vor denen riesige Geländewagen parken. An den Revolutionär Augusto Sandino, Namensgeber der Sandinisten, erinnert nur eine riesige, schwarze Statue auf einem vulkanischen Hügel, der Loma de Tiscapa. Sie sieht allerdings eher aus wie die Werbung einer Sherry-Marke in Spanien. Die Kathedrale ist eines der wenigen historischen Gebäude, die das Erdbeben überstanden haben. Der koloniale Barockbau thront in majestätischer Einsamkeit an einem kleinen Park und sieht so wacklig aus, als müsse man nur mit dem Finger daran tippen, um ihn zum Einsturz zu bringen. Aus dem rissigen Mauerwerk wachsen Büsche und Gras

Nicaragua hat sich wirtschaftlich vom Erdbeben und dem aufgezwungenen Krieg nie erholt, es ist das zweitärmste Land Amerikas nach Haiti geblieben. Die Hälfte der Bevölkerung lebt unterhalb der Armutsgrenze. Unwetter oder fallende Kaffeepreise können in entlegeneren Landstrichen Hungersnöte auslösen. Viele Nicaraguaner überleben nur mit dem Geld, das ausgewanderte Familienmitglieder nach Hause schicken. Ihre Überweisungen übersteigen die Gesamterlöse des Exports. Die wenigen Auslandsinvestitionen fließen vor allem in Freihandelszonen, faktisch extraterritoriale Fertigungsstätten für Textilien oder andere Ausfuhrprodukte, über denen meist die koreanische oder taiwanesische Flagge weht. Die Asiaten schaffen Billiglohnarbeitsplätze, aber nur, wenn sie keine Steuern zahlen müssen. Nicaragua ist deshalb ohne fremde Hilfe nicht lebensfähig. Anfang 2004 erlassen die Gläubigerstaaten dem Land mehr als zwei Milliarden Dollar Schulden. Dafür machen Weltbank und Internationaler Währungsfonds (IWF) strenge Auflagen, die tief in die Staatshoheit eingreifen, bis hin zur Bezahlung der Lehrer. Es kommt es zu Aufständen und Protesten.

Es ist die Stunde eines politischen Wiedergängers, der die Enttäuschung über die liberale Demokratie für sich ausnutzen will. Daniel Ortega hatte das Land nach der Revolution in den 1980er Jahren mit harter Hand und nach marxistischen Prinzipien regiert. Nach seiner Wahlniederlage gegen Violeta Chamorro 1990 unternahm er noch zwei Anläufe, die Präsidentschaft auf demokratische Weise zurückzuerobern, verlor jedoch beide Male die Wahl gegen die liberal-konservative Konkurrenz. Er musste einsehen, dass seine Sandinisten zwar Revolution machen konnten, aber allein nicht stark genug waren, Wahlen zu gewinnen. Also begann er, Allianzen mit seinen früheren Widersachern zu schließen – nicht nur mit den Liberalen, sondern auch der katholischen Kirche. So wurde er allmählich Teil einer Oligarchie, die er einst als Revolutionsführer verfolgt und bekämpft hatte. 2005 wähnt Ortega sich kurz vor dem Ziel.

Die Zeitung *La Prensa,* bei der Douglas Carcache arbeitet, steht in offener Gegnerschaft zu Ortega, was historisch bedingt ist. Das Blatt gehört dem Chamorro-Clan und ist eine der langlebigsten demokratischen Institutionen des Landes. Gründer Joaquin Chamorro hatte schon zur Zeit der Somoza-Diktatur Kritik gewagt und war 1978 von der Geheimpolizei ermordet worden – auch dies letztlich ein Auslöser für die Revolution ein Jahr später, die *La Prensa* anfangs unterstützte. Bald jedoch überwarf sich das Blatt mit den sandinistischen Revolutionären, beschuldigte sie, eine neue Diktatur zu errichten. Unter Ortega hatte es *La Prensa* fast so schwer wie unter Somoza. Nach der Wahl von

1990 sollte das Blatt ein Symbol der Versöhnung werden. Gezielt wurden ehemalige Sandinisten und Contras als Mitarbeiter angeworben, doch letztlich blieb die Zeitung ihrer antisandinistischen Linie treu.

Auch Douglas Carcache war mal Sandinist. Doch als die Revolutionäre begonnen hätten, das Land unter sich aufzuteilen, habe er sich von der Bewegung abgewandt, erzählt er. In seinen Kolumnen greift er Ortega scharf an, stellt ihn als einen Wiedergänger dar, als einen in der Vergangenheit steckengebliebenen Polit-Dinosaurier, der nichts dazugelernt habe. Für die Rückkehr an die Macht sei ihm jedes Mittel recht, ein wirkliches Programm habe er nicht – außer Krawall. Douglas Carcache bekennt, dass er sich fürchtet vor den sandinistischen Stoßtrupps, die jede Gelegenheit nutzen, mit gewalttätigen Demonstrationen die Stadt lahmzulegen. Er hat Frau und Kind, und wie jede Mittelstandskleinfamilie auf der Welt mühen sich die Carcaches, ihren Alltag zu organisieren und ihren hart erarbeiteten kleinen Wohlstand zu verteidigen. Sie ahnen, dass sie niemand schützt in einem Land der politischen Mauscheleien und dass für sie an der Schnittstelle zwischen Arm und Reich nur der Weg nach unten offensteht.

Die Carcaches haben Fernseher, Stereoanlage, Schrankwand, Couchgarnitur, Stehlampe, eine Menge Wohlstand für nicaraguanische Verhältnisse. Die Familie beschäftigt eine Hausangestellte, eine Muchacha, die zur Begrüßung Flor de Caña mit Limonen aufträgt, nach Kennermeinung der beste Rum überhaupt und Nicaraguas einziges Exportgut von Weltgeltung. Ich habe Mühe, mich daran zu gewöhnen, dass die Muchacha meine Sachen wäscht und im Haus bedient. Doch Douglas weist mich darauf hin, dass jeder, der eine Hausangestellte bezahlt, eine andere Familie mit ernähre. Es sei unsozial, niemanden anzustellen. Das Mädchen lebt in einem kleinen Raum neben dem Hof mit dem großen Karambolebaum, dort hat sie eine Dusche und ein Bett. Einmal erwischt Douglas mich dabei, wie ich meine Schuhe putze. »Warum gibst du die nicht einem der Schuhputzer, die überall draußen herumlaufen, der muss auch Geld verdienen, um zu leben?«

Douglas pflegt ein geradezu religiöses Arbeitsethos. Das hatte ihm schon geholfen, den Master in Spanien zu absolvieren. Nun schuftet er bis spät in die Nacht in der Redaktion von *La Prensa*, schließlich hat er auch eine kranke Mutter zu versorgen, der man ein Bein abgenommen hat. Er schreibt nebenbei Bücher, täglich um sieben Uhr morgens besucht er Englischkurse. Bildung, das sei die einzige Chance, aus der Misere zu kommen, lautet sein Credo. Douglas ist nach seiner Abkehr von den Sandinisten mit den Lehren evangelikaler Gruppen in Berührung gekommen, die, seit den 1980er Jahren aus den USA kommend, in Lateinamerika missionieren und der katholischen Kirche Konkurrenz machen. Sie predigen nicht das Jenseits, sondern das puritanische Prinzip der Erlösung des Menschen im jetzigen Leben durch Disziplin und Arbeit. Da in der realen Gesellschaft Mittelamerikas nach Jahrzehnten der Kriege Leitbilder fehlen, verfangen diese Lehren leicht bei den Menschen, besonders beim Mittelstand. Auch wenn Douglas der Freikirche nicht beigetreten ist, so lebt er doch in gewisser Weise nach ihren Regeln. »Man muss jeden Tag arbeiten, das verstehen hier viele Leute nicht«, sagt er. Vor jedem Essen wird gebetet.

Bei *La Prensa* sitzen die Journalisten in einem fensterlosen Großraumbüro, ich bekomme einen Schreibtisch in einem Nebenraum, aus der Klimaanlage tropft es, in der Pfütze nisten die Moskitos. Mein Zimmernachbar ist ein junger Spanier namens Juan Ruíz, der findet, *La Prensa* sei eine einzigartige Möglichkeit zur Weiterbildung. Die investigative Recherche sei beachtlich. Einen korrupten Politiker haben die Reporter bis nach Miami verfolgt. Und es ist ein gefährlicher Job. Am Eingang der Redaktion steht ein bewaffneter Wachmann. Alle Mitarbeiter tragen T-Shirts mit der Aufschrift »Man tötet nicht die Wahrheit, indem man Journalisten tötet.« Sie zeigen das Konterfei einer Kollegin, die von einem aufgebrachten Provinzbürgermeister erschossen wurde, weil ihm ein Bericht nicht passte. Auch die Parteinahme gegen Daniel Ortega ist nicht ohne Risiko. Wütende Sandinisten sind wiederholt auf Redakteure losgegangen.

Um Ortega zu sehen, fahre ich nach Nagarote. Die Kleinstadt ist eine Hochburg der Sandinisten und liegt auf halber Strecke zwischen Managua und der Pazifikküste. Blau erheben sich in der Ferne die Vulkane aus dem Dunst. Wir überholen einen Mann, der aussieht, als wäre er aus Leder. Seine Haut ist fast schwarz von der Sonne. Er zieht einen mit Holz beladenen Karren. Zopilotes, schwarze Geier, kreisen auf der Suche nach überfahrenen Eidechsen am Himmel.

Nagarote ist blitzsauber, was auf die Arbeit des sandinistischen Bürgermeisters zurückzuführen ist. Juan Gabriel Hernández Rocha hat Straßenbeleuchtung und Kanalisation anlegen und Wege pflastern lassen und dabei seinen Haushalt sauber gehalten. Die Leute zahlen freiwillig Steuern, weil sie Erfolge sehen. Entwicklungshelfer lieben das sandinistische Musterdorf. Probleme mit kriminellen Jugendbanden, wie sie sonst ganz Mittelamerika plagen, gibt es in Nagarote nicht. Die Jugendlichen kehren die Wege, anstatt zu stehlen, ein städtischer Sicherheitsdienst sorgt für Ordnung, damit die 44 000 Einwohner nachts ruhig schlafen können. Alle paar Meter hängen Abfallkörbe an Pfosten. Als ich ankomme, begleitet im Stadtpark gerade eine Blaskapelle in glitzernder Tracht die Kirchgänger auf dem Weg zur Messe. Als ich mir eine Zigarette anzünden will, stürzt ein junger Mann im Anzug auf mich zu: »Rauchen ist hier verboten!«

Eine Errungenschaft kann den Sandinisten niemand absprechen: Nicaragua hat sich aus seiner Revolutionszeit ein Gefühl für Gemeinsinn und Staatsbürgerlichkeit bewahrt, das den meisten Nachbarländern fehlt. Das erleichtert auch Bürgermeister Hernández Rocha die Arbeit. Ihren tüchtigen Kommunalpolitikern haben die Sandinisten zu dieser Zeit zu verdanken, dass sie bei lokalen Wahlen gute Ergebnisse einfahren. Davon will

Daniel Ortega profitieren und die Sandinisten auch landesweit zur stärksten Kraft machen. Auf dem Sportplatz ist alles für die Rede des Parteiführers vorbereitet. Bauernburschen in großen Hüten und Cowboystiefeln tanzen mit dunklen Mädchen in weißen Kleidern zu Ranchera-Musik auf Akkordeon und Fiedel.

Ortega beobachtet die Szene regungslos von einem Stuhl auf dem Podium aus. Dann erhebt er sich und tritt ans Mikrophon. Der Beifall ist zurückhaltend. Ortega trägt eine schickere Brille als früher und hat die Kampfmontur gegen einen Anzug vertauscht. Doch in seiner Rede klingt er immer noch, als wolle er Fidel Castro nachahmen. Seine Ansprache ist langatmig und verwaschen. Die Weltbank und die USA trachteten Nicaragua nach dem Leben, betont er, doch zum Glück gebe es ein Bollwerk gegen dieses imperialistische Treiben: ihn. Was er jedoch konkret unternehmen will, um Nicaragua von seiner Armut zu erlösen, lässt der eitle Ex-Comandante offen. Douglas Carache sagt immer, Ortega habe kein Konzept außer sich selbst.

Nach der Rede verschwindet Ortega in einer Kolonne schwerer Geländewagen. Sie bringt ihn zurück in den abgeriegelten Stadtteil Managuas, den er mit seiner Entourage bewohnt, darunter Lebensgefährtin Rosario Murillo, die das politische Schicksal des Landes aus den Karten liest, sowie der finstere Altrevolutionär Tomas Borge, der lebhaft einer Whiskymarke zuspricht, von der eine Flasche den Monatslohn eines Landarbeiters kostet. Der Comandante pflegt längst einen ähnlichen Lebensstil wie der Patriarch Somoza, den er einst vertrieb. Fast alle Veteranen der sandinistischen Revolution – etwa der Dichter Ernesto Cardenal oder die Schriftsteller Sergio Ramírez und Gioconda Belli – haben mit ihm gebrochen.

Sergio Ramírez gehörte einst zur Führungsriege der Sandinisten, 1979 bereiste er als erster Repräsentant der Revolution Europa und sicherte ihr die Unterstützung gewogener Regierungen wie der Spaniens und Schwedens, um moralische Rückendeckung gegen die USA zu haben. Von 1985 bis 1990 war Ramírez Vizepräsident seines Landes, also Stellvertreter Daniel Ortegas. Nach seinem Bruch mit dem Revolutionsführer zog er sich aus der aktiven Politik zurück, lehrte an zahlreichen Hochschulen in Lateinamerika, den USA und auch an der Freien Universität Berlin. Seine Meinung hat Gewicht – nicht nur in Nicaragua, sondern in ganz Lateinamerika. Der Weg zu seinem Haus führt durch ein Türchen in einer weißen Mauer und durch einen gepflegten kleinen Garten voller tropischer Pflanzen. Die Haustür öffnet Ramírez selbst, ein jovialer, leicht gealterter Intellektueller, dem man anmerkt, dass er viel Zeit in Europa verbracht hat. Im Flur steht ein Weinregal, ein seltener Anblick in den Tropen. Ich frage ihn nach seiner Meinung zu Ortega.

Ramírez sagt ironisch: »Comandante Ortega glaubt, dass dieses Land ihm die Präsidentschaft schuldet. Er will sie, mit weniger gibt er sich nicht zufrieden. So funktioniert der lateinamerikanische Caudillo.«

»Nicaragua ist das zweitärmste Land Amerikas. Was kann man dagegen tun?«

»Was diese Gesellschaft braucht, ist der Wille zur Versöhnung, zum Konsens, zur Stabilität. Wir brauchen Erziehung und Bildung und vor allem ein solidarisches Gefühl wie damals bei der Revolution; dieses Gefühl, das verlorengegangen ist wegen der ganzen Machtspiele zwischen unseren Parteiführern.«

»Ist die Revolution gescheitert?«

»Eine bewaffnete Revolution macht man ja, um an die Macht zu kommen und um an der Macht zu bleiben. Daraus entsteht dann ein totalitärer Machtapparat, der bereits den Keim der Selbstzerstörung in sich trägt. Revolutionen scheitern nur dann nicht, wenn sie der Gesellschaft offen gegenübertreten, Mitwirkung erlauben und die Möglichkeit des Wechsels zulassen. Dann kann die Revolution ihre Werte an die nächsten Generationen vererben. Unsere Revolution hat uns die Demokratie gebracht, obwohl das eigentlich nicht beabsichtigt war. Aber wir haben 1990 unsere Wahlniederlage anerkannt und die Macht überge-

ben. Das hat dem Land die Möglichkeit eröffnet, einen demokratischen Weg zu gehen. Deshalb wählen wir heute noch. Obwohl wir ja eigentlich anderes im Sinn hatten: Umverteilung der
Reichtümer, soziale Gerechtigkeit. Die Demokratie ist sozusagen als unbeabsichtigter Nebeneffekt gekommen.«

»Was braucht man, um eine Revolution zu machen?«

»Man braucht ein Gefühl. Mitgefühl mit den Armen, ein Gefühl für Selbstbestimmung, Teilnahme am öffentlichen Leben.
Das ist bei den Sandinisten leider im Laufe der Zeit verlorengegangen. Die besten starben am Anfang. Die, die an die Macht kamen, waren schon die Ersatzmannschaft. Dann ist Folgendes
passiert: Der Sandinismus ist vielleicht keine Ideologie geworden, forderte aber eine klare Entscheidung für eine bestimmte
politische Partei, die Sandinistische Front. Ein Machtapparat,
der sich über das Land stülpte und außerhalb dessen es keine
Legitimität gab.«

»Ortega redet immer noch wie Fidel Castro.«

»Ja, genau, die Rhetorik von gestern.«

»Kuba hat also aufgehört, das Vorbild zu sein?«

»Kuba ist nur noch ein bürokratisches System. Das war genau
das Problem der lateinamerikanischen Linken während der
1980er und 1990er Jahre: Sie kam aus Guerillabewegungen und
berief sich ständig auf Kuba. Also gewannen die Konservativen
die Wahlen, die Demokratie und Fortschritt versprachen.«

Nun aber, so schließt Ramírez das Gespräch, sei in vielen Ländern die Linke an der Macht, allerdings eine andere Linke als die
Sandinisten Ortegas. Er verweist auf den Brasilianer Lula, der
Marktwirtschaft und Umverteilung miteinander versöhne. Nicaragua brauche keine marxistischen Experimente mehr. Glückli-
cherweise verfüge auch das kleine Nicaragua über einen Mann
vom Zuschnitt Lulas, sagt Ramírez und empfiehlt, Herty Lewites
zu besuchen, den früheren Bürgermeister von Managua.

Lewites hat sich als Rathauschef außerordentliche Beliebtheit
bei den Wählern erworben. Er gilt als guter Manager, der der

Hauptstadt einen Anflug von Urbanität verliehen hat, indem er Straßen asphaltierte und neue Zentren schuf. Manche Nicaraguaner entdecken in dieser Zeit durch ihn ihre sandinistische Seele wieder. Weil Lewites relativ ideologiefrei agiert, ist er auch für Konservative wählbar.

Lewites war 1979 eine der prägenden Figuren der Revolution. Ein Foto im Archiv von *La Prensa* zeigt ihn als jungen Mann mit Pistole vor einer Gruppe martialisch aussehender Revolutionäre im Urwald. Es wurde damals verbreitet, um der Garde von Somoza Angst zu machen. In der Tat war das Bild gestellt und im Nachbarland Costa Rica aufgenommen worden. Lewites agierte während der Kriegsjahre als eine Art Chefpropagandist der Sandinisten, er beherrschte alle Tricks der psychologischen Kriegsführung. Außerdem war er einer der wichtigsten Waffenbeschaffer der Revolutionäre, in den USA saß er deshalb im Gefängnis. In der sandinistischen Regierung wurde er später Tourismusminister und richtete das einzige nennenswerte Urlaubsresort des Landes ein, Montelimar-Beach an der Pazifikküste.

Als Lewites sich 2004 anschickt, Ortega die Kandidatur für die Präsidentschaft streitig zu machen, wirft der Anführer den Rivalen aus der Partei. Lewites gründet sein eigenes Wahlbündnis. Sein politisches Programm trägt sozialdemokratische Züge – er vertritt das Prinzip freier Marktwirtschaft unter Aufsicht des Staates. *La Prensa* kürt Lewites zum »Mann des Jahres« 2004. Dass Kommunalpolitiker wie er die Führungseliten angreifen, ist ein verbreiteter Trend der Nullerjahre in Lateinamerika. Ihr Pragmatismus überzeugt viele Menschen, sie verändern ihren Alltag sichtbar. Luis Castañeda in Lima, Antanas Mockus in Bogotá und Herty Lewites in Managua sind zu dieser Zeit Beispiele für Bürgermeister, die sich anschicken, führende Rollen auch in der nationalen Politik ihrer Länder zu übernehmen. Damit machen sie sich beim Polit-Establishment unbeliebt.

Lewites wohnt in einer Villa an der Straße nach Masaya, wo einst die Revolution begann. Das Haus ist von einer großen Mauer umgeben, innen sind die Räume hell und luftig. Man weist mir eine Sitzgruppe zu. Es rattert keine Klimaanlage, stattdessen kühlt eine Brise die Zimmer. An den Wänden hängt moderne Kunst. Herein tritt ein Mann mit heller Haut und Glatze. Der Anzug kommt erkennbar vom Schneider. Lewites wirkt trainiert und frisch. Er sei ein passionierter Mambotänzer, stand in *La Prensa*.

»Wozu ist dieses Interview gut?«, fragt er ein wenig misstrauisch. Ich antworte, man habe mir gesagt, er habe revolutionäre Lösungen für dieses Land zu bieten, die nichts mit bewaffneten Revolutionen zu tun hätten.

Lewites setzt sich.

»Dieses Land hat kein Recht, so dazustehen, wie es dasteht«, sagt er. »Wir haben hier alles: Sonne, Wasser, Kaffee, Obst, sogar Gold und andere Bodenschätze.«

»Warum steht es dann so da?«

»Weil die politische Klasse versagt hat.«

»Und das wollen Sie ändern?«

»Sehen Sie«, fährt er fort: »Mein Vater kam aus Polen. Als er auswandern musste, hat er den Globus genommen, daran gedreht und blind mit dem Finger darauf getippt. Der Finger landete auf Mittelamerika. So kam er hier an, mit nichts. Er hat Stoffe auf der Straße verkauft, bis er sich einen Landrover leisten konnte. Später hat er mit ganz Lateinamerika Handel getrieben und ist zweimal pleitegegangen. Doch er kam immer wieder auf die Beine. Ich habe an der sandinistischen Revolution teilgenommen. Mein Bruder ist beim Sturm auf die Kaserne von Masaya gefallen. Israel hieß er. Sie kennen ihn, weil der große Markt in der Stadt nach ihm benannt ist. Jetzt stehen wir an einem Punkt, an dem die ehemaligen Revolutionäre und die Klasse, die immer geherrscht hat, paktieren – und das nicht zum Wohl des Landes. Ich bin Unternehmer, und ich werde dafür sorgen, dass die Welt sieht, was die Menschen dieses Landes vollbringen können, wenn man ihnen die Gelegenheit dazu gibt.«

»Fürchten Sie Antisemitismus?«, frage ich.

»Nein, im Gegenteil, ich habe durch meine Herkunft beste Kontakte in die Welt. Das kann dem Land nur nützlich sein.«

»Fühlen Sie sich als Revolutionär?«

»Revolution kann man auf ganz verschiedene Art machen. Sehen Sie, wir haben immer in einem patriarchalischen System gelebt, das Erbe der Kolonialzeit. Früher hat hier die Diktatur über das Volk geherrscht, als wären die Leute Leibeigene. Die Sandinisten haben die Menschen gelehrt zu fordern. Ich will sie lehren, an sich zu glauben und ihr Schicksal in die Hand zu nehmen. Wir brauchen Leute, die morgens aufstehen und zur Arbeit gehen. Wir brauchen Steuerzahler, anders geht es nicht.«

Als ich wieder draußen bin, frage ich den Fahrer von La Prensa, Eddy, was er von Lewites hält. Eddy hat bei Fahrten in seinem Pick-up oft erzählt, wie er die Revolution mitgemacht und einen Tanklaster vor den Angriffen der Contra-Helikopter verteidigt habe. Er ist einer der Veteranen, die die Revolution gelehrt hat, dass es sich lohnt, für das eigene Schicksal zu kämpfen.

Eddy sagt: »Lewites hat gute Arbeit in Managua geleistet. Aber sie werden ihn nicht Präsident werden lassen.«

»Was wird passieren?«

»Sie werden ihm einen Skandal anhängen. Und wenn das nicht wirkt, werden sie ihn über den Haufen schießen.«

So viel Mühe müssen sich die Gegner von Herty Lewites gar nicht machen. Im Juli 2006 erliegt der 66-Jährige einem Herzinfarkt. Durch den Tod seines schärfsten Konkurrenten steht Ortega niemand mehr im Weg. Die durch Korruptionsaffären geschwächte und zersplitterte Opposition hat bei den Wahlen im Oktober desselben Jahres keine Chance gegen den hohen Organisationsgrad der Sandinisten. Daniel Ortega erreicht im vierten Anlauf sein Ziel, er wird zum Präsidenten gewählt. Auf ihn entfallen 38,1 Prozent der Stimmen, die einfache Mehrheit reicht nach dem Wahlgesetz. Nach Amtsantritt verspricht er eine »neue politische Kultur« und einen »konstruktiven Geist«.

Als erstes führt er eines der strengsten Abtreibungsgesetze Lateinamerikas ein, um seinem früheren Erzfeind und neuen Freund, dem Kardinal Miguel Obando y Bravo, für die Wahlunterstützung zu danken. Selbst vergewaltigte Halbwüchsige dürfen fortan keinen Schwangerschaftsabbruch vornehmen lassen. Der Kardinal traut zum Dank Ortega und seine Lebensgefährtin Rosario Murillo. Sie kommandiert fortan im Ministerrang die »Consejos del Poder Ciudadano«, eine Art Rätesystem von sandinistischen Gnaden, das die gewählten Volksvertreter kontrollieren soll. Sie tragen den Willen Ortegas und Murillos bis in den letzten Winkel des Landes. Links gebärdet sich Ortega nur den Worten nach. In der Praxis tastet er den Raubtierkapitalismus, der in Nicaragua wieder herrscht, nicht an; er arrangiert sich mit den Reichen, wo immer es ihm nützt.

International wird Ortega mit Skepsis betrachtet. Das SPD-geführte deutsche Ministerium für wirtschaftliche Zusammenarbeit streicht Nicaragua kurz nach Ortegas Amtsantritt die Budgethilfe. Die Liste der Vorwürfe, die zur Begründung genannt werden, ist lang: Die demokratische Gewaltenteilung sei mangelhaft, die Justiz werde von der Politik manipuliert. Es fehle an Haushaltstransparenz, es sei nicht erkennbar, was dem Staat und was den Sandinisten zugutekomme. Es sei wenig politischer Wille zur Bekämpfung der Korruption erkennbar. Die Programme zur Armutsbekämpfung seien wenig zielgenau. Außerdem gebe es wachsende Defizite im Bereich der Menschenrechte. Das wird nicht besser, als nach der Kommunalwahl 2008 die Opposition schwere Betrugsvorwürfe erhebt. Ortegas liberaler Rivale Eduardo Montealegre wird bedroht und angegriffen. Kritische Journalisten werden mit Diffamierungskampagnen überzogen.

Von Douglas Carcache höre ich nach meiner Rückkehr nach Deutschland nur noch selten. Ich habe das Gefühl, es ist ihm peinlich, dass ausgerechnet das einstige Vorreiterland Nicaragua das Negativbeispiel in der Riege der linksregierten Staaten Lateinamerikas ist.

4 Zweihundert Jahre Einsamkeit

»Die Unabhängigkeit ist das einzige Gut, das wir,
auf Kosten aller anderen Güter, erreicht haben.«
Simón Bolívar bei seinem letzten
öffentlichen Auftritt im Januar 1830

Querétaro im zentralen mexikanischen Hochland ist der stein-
gewordene Traum der europäischen Renaissance von der per-
fekten Stadt. Überall in Lateinamerika errichteten die spanischen Eroberer auf den Trümmern indianischer Kulturen solche
Siedlungen mit schachbrettartigen Grundrissen, großen Plät-
zen, Kirchen, Brunnen, Säulen und Arkaden. Die Strenge der
Anlage sollte das Gefühl planerischer Gewissheit erzeugen in
der Neuen Welt, die stets der Unordnung zustrebte. Querétaro
ist in diesem Sinne eine Erfolgsgeschichte. Es ist heute eine an-
genehme, friedliche, aufstrebende Stadt mit einem großen Ge-
werbegebiet und einem Fußballstadion, das nach der berühmtesten Tochter der Stadt, der »Corregidora«, benannt ist.
Einwohner und Touristen sitzen gerne in den Cafés auf der
baumbestandenen Plaza de Armas, die stets blitzsauber gefegt
ist. An der Stirnseite des Platzes steht ein kantiger Palast, der
die Regionalverwaltung beherbergt. Im Hof zeigen Fremden-
führer Touristen die steinernen Nischen, in denen einst arbeits-
unwillige Indios an den Pranger gestellt wurden.

Es war das provinzielle Querétaro, von dem im Jahr 1810 das
Signal zum Umsturz ausging. In dem Palast residierte damals
der »Corregidor«, eine Art Landvogt. In der Brust des Kolonial-

beamten schlug das Herz eines Aufrührers. Er versammelte eine Gruppe von Verschwörern um sich, Kreolen, also in den Kolonien geborene Großgrundbesitzer, Offiziere, Priester und Beamte, die von einem eigenen Staat träumten, der vom fernen Königshaus in Madrid unabhängig sein sollte. Ihr Vorbild war die nordamerikanische Revolution. Doch es gab einen Verräter in ihrer Runde, und als alles aufzufliegen drohte und die Männer wild durcheinanderliefen, war es eine Frau, die einen kühlen Kopf behielt: Josefa Ortiz de Domínguez, Gattin des Corregidors. Die Corregidora, wie sie bis heute genannt wird, war von strengem Wesen und nicht gerade eine Schönheit, wie ein Gemälde im Pantheon des Friedhofs ihrer Heimatstadt zeigt. Es stellt eine Frau mit starrer Frisur dar, einem vorspringenden Kinn, schmalem Mund und tiefen Backenfalten. Mexikaner jedoch geraten ins Schwärmen, wenn ihr Name fällt, denn dass es das Land überhaupt gibt, daran hat La Corregidora gewichtigen Anteil.

Mit ruhiger Hand schreibt Josefa Ortiz de Domínguez in der Stunde der Gefahr den alles entscheidenden Brief an die Mitverschwörer in anderen Teilen der Kolonie: »Wir müssen sofort losschlagen!«

Ein Bote bringt das Schreiben nach einem waghalsigen Ritt seinem Adressaten im nahen Städtchen Dolores: Miguel Hidalgo ist der oberste Anführer der Verschwörung, und er zögert nicht. In der Nacht des 15. auf den 16. September 1810 erklimmt der Priester den Kirchturm, läutet die Glocken und ruft in die Menge: »Caballeros, wir sind verloren, es gibt nur einen Ausweg: Lasst uns die Gachupines verjagen!« »Gachupines« ist ein Schimpfwort für Spanier. Auf die Jagd schickt Hidalgo eine Armee aus freigelassenen Sträflingen. Ihre Standarte mit der Jungfrau von Guadalupe, heute Mexikos Schutzheilige, stiehlt der Kirchenmann aus dem nahen Kloster von Atotonilco. Den Sieg elf Jahre später wird er nicht mehr erleben. Nach einer verlorenen Schlacht wird er ein Jahr später von den Spaniern hingerichtet. Im Andenken an Miguel Hidalgo schlagen die jeweiligen mexikanischen Präsidenten an jedem 15. September um Mitternacht die Freiheitsglocke.

Heldengeschichten wie die von Miguel Hidalgo in Mexiko, Simón Bolívar in Venezuela oder José de San Martin in Argentinien haben 2010 noch mehr Konjunktur in Lateinamerika als sonst. Ein Dutzend Länder feiert die Jahrestage des Beginns seiner Unabhängigkeitskriege. Das Bicentenario – die Zweihundertjahrfeier – erleichtert stark die Namensgebung für neue Produkte. In Mexiko weiht der Präsident eine »Raffinerie Bicentenario«, eine touristische »Ruta Bicentenario« führt zu den Schauplätzen des Freiheitskampfes wie Querétaro und Dolores Hidalgo. Chile veranstaltet eine »Regata Bicentenario«, Argentinien spart an einem »Bicentenario-Fonds«, um seine Schulden zu bezahlen. In Kolumbien wird eine »Bicentenario-Hymne« gedichtet, und in Venezuela tauft Präsident Hugo Chávez eine staatliche Supermarktkette »Hipermercado Bicentenario«. Auf der Internetseite des mexikanischen Bicentenario heißt es: »In nur zweihundert Jahren unserer Geschichte haben wir durch heroische Gesten und große Momente viele Anlässe geschaffen, auf die wir stolz sein können. Wir sind Teil dessen, wovon die Initiatoren der Unabhängigkeit träumten.« Die Festigung der Demokratie und das stetige Wirtschaftswachstum scheinen zu solchem Stolz Anlass zu geben.

Doch eigentlich waren die ersten zweihundert Jahre der lateinamerikanischen Unabhängigkeit alles andere als eine Erfolgsgeschichte. Der mexikanische Literaturnobelpreisträger Octavio Paz schrieb 1950 im *Labyrinth der Einsamkeit*: »Die Gruppen, die die Unabhängigkeitsbewegungen angeführt hatten, stellten keine neuen sozialen Kräfte dar, sondern nur eine Verlängerung des Feudalsystems. Die Modernität der jungen hispano-amerikanischen Nationen war eine Täuschung. In Wahrheit handelte es sich um dekadente Gesellschaftsformen oder um in aufgezwungener Starrheit verharrende Überbleibsel und Bruchstücke eines aufgelösten Imperiums.«[1] Die Unabhängigkeitskriege seien nicht nur Selbstverleumdung, sondern Selbstbetrug gewesen.

Die jungen Staaten, die im 19. Jahrhundert aus dem untergegangenen Kolonialreich hervortraten, gaben sich Verfassungen nach Vorbild der nordamerikanischen oder französischen Revolution. Doch das meiste blieb schwülstige Rhetorik, die oft das Handeln ersetzte. Von Anfang wurden die lateinamerikanischen Nationen gepeinigt von dem Gefühl, verspätet in die Geschichte eingestiegen zu sein, von der Welt ignoriert zu werden. Gegenüber den eigenen Fähigkeiten legte man ein instinktives Misstrauen an den Tag. Vom ersten Tag an fehlte den jungen Nationen eine eigene kulturelle und wirtschaftliche Vision. Auf die Unabhängigkeit folgte eine quälende Suche nach sich selbst.

Bolívars Traum

Kein Kontinent hat so viele Helden produziert wie Lateinamerika. In Mexiko sind das Emiliano Zapata und Francisco »Pancho« Villa, in Nicaragua Augusto Sandino, in Guatemala Jacobo Arbenz, in El Salvador Agustín Farabundo Martí, in Kuba José Martí, in Argentinien Eva Perón. Alle hatten sie ihren Moment der Glorie, die noch heute über die Grenzen ihrer Länder ausstrahlt. Um die Nachhaltigkeit ihrer Taten war es oft weniger gut bestellt. Sie kamen meist zu früh, stießen auf unvorbereitete Gesellschaften, scheiterten am ehernen Widerstand der reformunwilligen Eliten. Auf ihre Weise jedoch ebneten diese »Märtyrer« – denn nichts weniger sind sie aus der Sicht vieler Lateinamerikaner – den Weg für die demokratischen Reformer des beginnenden 21. Jahrhunderts.

Urahn aller lateinamerikanischen Helden ist Simón Bolívar, der zwischen 1810 und 1824 die Spanier nach dreihundert Jahren Kolonialherrschaft aus dem größten Teil Südamerikas vertrieb. Das macht ihn zur einzigen Konsensfigur des Kontinents. Auf den »Befreier« berufen sich Demokraten genauso wie rechte oder linke Diktatoren. Vor allem Venezuelas Präsident Hugo Chávez vereinnahmt seinen Landsmann gern als Ikone seiner linkspopulistischen »bolivarischen Revolution« – obwohl der Großgrundbesitzersohn und Elitist Bolívar weder Demokrat noch links und das Gegenteil eines Populisten war.

Sich ein Bild von Bolívar zu machen, fällt angesichts der universellen Vereinnahmung schwer. Die meisten Biographien, vor allem die, die in Lateinamerika erschienen sind, gleichen eher verherrlichenden Hagiographien als kritischen Auseinandersetzungen. Das ist psychologisch verständlich: Angesichts der täglichen Misere und der Fehler der lebenden Akteure brauchte man einen makellosen Helden der Geschichte. Wenn schon die Gegenwart nicht rosig war und die Zukunft düster schien, so sollte wenigstens die Vergangenheit Trost spenden. Einzig der kolumbianische Nobelpreisträger Gabriel García Márquez versuchte, mit seinem Roman *Der General in seinem Labyrinth* einen Kontrapunkt zu setzen, indem er den gestürzten, depressiven, tuberkulosekranken Bolívar in seinen letzten Lebenswochen beschrieb. In Lateinamerika handelte er sich damit den Vorwurf des Verrats ein, in Europa stieß García Márquez auf Unverständnis – weil man hier die vorangegangene Kitschprosa nicht kannte und deshalb die Notwendigkeit zur Korrektur nicht begriff.

Es bedarf also womöglich einer gewissen Distanz, um die Fülle der Quellen zu einem verdaulichen Destillat zu konzentrieren. Der Dresdner Kulturwissenschaftler und Autor zahlreicher Lateinamerikabücher, Norbert Rehrmann, hat eine gut lesbare Biographie geschrieben, deren Titel ihre Intention allerdings verschleiert: *Simón Bolívar. Die Lebensgeschichte des Mannes, der Lateinamerika befreite* heißt sie. Doch die These von der Befreiung demontiert der Autor selbst. Rehrmann schildert Bolívar als ruhmsüchtigen Anführer weißer Großgrundbesitzer, die sich von den spanischen Handelsgesetzen, Steuern und Bevormundungen in ihrem Bestreben behindert sehen, von jeder Kontrolle enthoben, ihre Reichtümer anzuhäufen. Insbesondere sind ihnen die aus schlechtem Gewissen entstandenen kolonialen Gesetze der Spanier lästig, die die Lebensweise der indigenen Bevölkerung wenigstens rudimentär schützen. Viele Indios und Schwarze erwarten vom Aufstand ihrer Herren gegen Madrid denn auch nichts Gutes und schlagen sich zunächst auf die Seite der Spanier.

Bolívar ist ein klassischer Repräsentant der kolonialen Elite. Er kommt 1783 in Caracas zur Welt, gehört also zur Schicht, die sich von der spanischen Kolonialverwaltung wie Menschen zweiter Klasse behandelt fühlen. Andererseits halten die Kreolen die wirtschaftliche Macht in Händen. Bolívar entstammt einer reichen Familie, er erbt Ländereien und Bergwerke. Als junger Mann bereist er Europa, lässt sich in Frankreich vom revolutionären Gedankengut anstecken und lernt dort den späteren Lateinamerikaforscher Alexander von Humboldt kennen.

Als Spanien durch die napoleonischen Kriege geschwächt ist, bricht in den Kolonien der Aufstand los. Simón Bolívar schließt sich einer Widerstandsjunta in Caracas an. Diese verkündet am 19. April 1810 die Selbstverwaltung Venezuelas, bekennt sich aber weiterhin zu dem von Napoleon abgesetzten spanischen König. Die Kolonialverwaltung schlägt trotzdem mit aller Härte zurück, ein Krieg entbrennt, in dem die Allianzen häufig wechseln. Durch sein militärisches Geschick wird Bolívar bald zum Anführer der Aufständischen. Was ihn auszeichnet, ist sein Idealismus, der sich in einer in Lateinamerika zu dieser Zeit ungewöhnlichen Form von materieller Selbstlosigkeit äußert. Bolívar opfert im Laufe des Kampfes sein ganzes Vermögen für die politische Sache.

Anfangs läuft es nicht gut für die Aufständischen. Erst nach seiner zweiten vernichtenden Niederlage erkennt Bolívar sein Versäumnis an. Er hat sich zu sehr auf die Eliten gestützt und die vernachlässigt, die er zum Siegen braucht: die Mestizen und Sklaven, die Tagelöhner und die Reiterheere der Viehhirten aus den Tiefebenen Venezuelas. Er startet, was Rehrmann eine sozialpolitische »Schmeicheloffensive« nennt: Er bezieht die Unterprivilegierten von nun an ausdrücklich in seine Pläne ein, was laut Rehrmann aber eher eine machiavellistische als eine sozialrevolutionäre Tat ist, die Bolívar später nicht davon abhalten wird, sich über die »Horden von Wilden aus Afrika und Amerika« zu mokieren, »die wie Gemsböcke die einsamen Gegenden durchstreifen«. Er macht zeitlebens keinen Hehl aus seiner Abscheu gegenüber einer »Pardocracia«, einer Herrschaft der »Braunhäutigen«.

Ethische Konsequenz ist ohnehin nicht Bolívars Stärke. Die Spanier brandmarkt er als »wilde Monster«, führt jedoch selbst auf eine Weise Krieg, die Rehrmann »terroristisch« nennt. Erst dem älter werdenden General schreibt Rehrmann die Fähigkeiten zu, für die er gefeiert wird: zäher Feldherr, fesselnder Redner und auch Frauenheld. Den manisch-depressiven, nomadischen Charakter Bolívars führt Rehrmann auf frühe Verluste zurück. Bolívar wuchs als Waise auf, er verliert seine junge Frau. Was also mag ihm übrig geblieben sein, als ständig zwischen La Paz und Caracas hin und her zu reiten und Jagd auf Spanier zu machen? Die neue Weltmacht vom Rio Grande bis Feuerland, von der der General träumte, zerfällt jedoch hinter ihm mit jedem Kilometer, den er zurücklegt. Kaum ist er außer Reichweite, teilen die örtlichen Caudillos, Plantagenbesitzer, Kaffeebarone und Bergwerksmagnaten die gewonnene Kriegsbeute untereinander auf.

Bolívar ist einer jener Politiker, die Großes erreichen, es aber nicht festigen können. In fiebriger Eile improvisiert er Verfassungen, die mal dem nordamerikanischen, mal dem französischen Vorbild nacheifern und dann wieder in finstersten iberischen Caudillismo zurückfallen und Präsidentschaften auf Lebenszeit festschreiben – zugeschnitten auf Bolívar selbst. Er

misstraut jedem. In »tausend und abertausend« Rücktrittsdro-
hungen, so Rehrmann, macht er sich selbst zum Unterpfand seiner einsamen Entscheidungen, stets auf seine Unverzichtbarkeit
vertrauend, was natürlich schiefgehen muss. Bei García Márquez findet sich folgende Szene, die die Laune des kranken, verarmten, gestürzten Bolívar auf seiner letzten Reise auf dem Rio
Magdalena beschreibt: Vom Ufer springt ein räudiger Hund voller Bisswunden ins Boot und wird von den anderen Kötern an
Bord angefallen. Ein Begleiter Bolívars rettet das Tier.

»Wie sollen wir ihn nennen?«, fragt er den General.

Der antwortet: »Nennen Sie ihn Bolívar.«

Rehrmann urteilt: Die »bittere Bilanz des Todkranken bewegte sich näher an der Wirklichkeit als die kühnen Zu-
kunftsträume des jungen Generals«. Das befreite Gebiet sieht
der nur 47-jährige Bolívar am Ende seines Lebens in einem ähnlich desolaten Zustand wie sich selbst. Nicht einmal die Europäer würden sich die Mühe machen, es zurückzuerobern,
schreibt er. Das brauchen sie auch gar nicht. Als Partner der jungen Nationen dienen sich die Briten an, die die lateinamerikanischen Unabhängigkeitsbewegungen eigennützig unterstützt
haben. Im Süden Amerikas können sie sich fortan wie Kolonialherren benehmen, ohne wirkliche Kolonien verwalten zu müssen. Bei der Ausbeutung der Rohstoffe, die sie für die Industrialisierung brauchen, sind die lästigen Spanier ausgeschaltet. An
einem starken Südamerika ist den Briten nicht gelegen, weshalb sie Bolívars Einigungsversuche nach Kräften stören, später
Kriege zwischen den Ländern anzetteln, wenn es ihren Interessen dient.

Das Problem Bolívars war, dass er sich nach seinen Siegen »einer brutalen neuen Realität stellen musste, an deren Zustandekommen er selbst mitgewirkt hatte«, wie der mexikanische
Schriftsteller Jorge Volpi in seinem Buch über den »schlaflosen
Bolívar« schreibt. Die zeitaufwendige und detailbeladene Verwaltung eines Staates sei nicht seine Angelegenheit gewesen,

also habe er sich ganz in die Bekämpfung all der Verschwörungen verstrickt, die »wie Pilze wucherten«. Die Einheit habe keine Chance gehabt. Die einzige Verbindung zwischen den entlegenen Vizekönigreichen der Neuen Welt sei Madrid gewesen.[2] Als diese Klammer wegfiel, zerbrach alles.

Mangels anderer Ideologien importierten die neuen Länder den europäischen Nationalismus, schufen groteske Karikaturen von Nationalstaaten. Nach seinem Tode versank Lateinamerika wie von Bolívar vorhergesagt im »postkolonialen Bruderkampf«. Der kolumbianische Schriftsteller William Ospina schreibt in *América mestiza*, die Republiken, die nach der Unabhängigkeit aus dem spanischen Kolonialgebiet entstanden seien, hätten den Fragmenten geähnelt, die das Römische Reich nach seinem Zusammenbruch zurückgelassen habe. Schon Bolívar selbst war der Ungeduld seiner europäischen Berater mit der Bemerkung entgegengetreten, man müsse den befreiten Gebieten die Zeit lassen, erst mal ihr Mittelalter zu leben.

Im 19. Jahrhundert wurde Lateinamerika zur Beute von Caudillos, die in ihren Staatsgebieten nach Gutdünken und abgeschottet von der Welt herrschten. Manche neigten zu Größenwahn wie Francisco Solano López (1827 bis 1870) in Paraguay, der einen aussichtslosen Krieg gegen die Nachbarstaaten führte, dem ein Drittel der Bevölkerung zum Opfer fiel. Andere setzten auf Ordnung durch Grausamkeit wie Juan Manuel Ortiz de Rosas (1793 bis 1877) in Argentinien.

Um sich überhaupt an etwas festhalten zu können, holte man den verstorbenen Bolívar aus der Versenkung und bastelte sein Gedenken nach Gusto zurecht. Er wurde zum Helden für alle. Mit Cäsar, Alexander und Napoleon wurde der »Befreier« im 19. Jahrhundert wechselnd verglichen; später mutierte er, wie Biograph Rehrmann schreibt, gleichsam zu einem »älteren Bruder des Che Guevara« oder gar »Wiedergänger Jesu Christi«. Im Europa des 20. Jahrhunderts fand Bolívar bei den Nazis Bewunderer, die DDR machte ihn später zum »revolutionären Vorkämpfer gesellschaftlichen Fortschritts«. Rehrmann stellt fest, wo leider das Problem mit all den Helden liege, für die Bolívar den Weg bereitete: »Der extreme Personalismus« sei nicht gerade förderlich für die Demokratie.

Tatsächlich sind auch einige der modernen politischen Protagonisten wie Daniel Ortega, Hugo Chávez oder sein langjähriger Gegenspieler Álvaro Uribe nicht ganz frei von caudillistischen Zügen. Es scheint schwerzufallen, in diesem Teil der Welt Wahlen ohne eine gewisse Dosis Machismo zu gewinnen. Grundsätzlich aber scheint sich in Lateinamerika ein neuer Politikertypus durchzusetzen, der welterfahrener ist und pragmatischer denkt als seine Vorgänger. Präsidenten wie Martín Torrijos in Panama, Felipe Calderón in Mexiko, Michelle Bachelet in Chile oder Mauricio Funes in El Salvador sind ideologisch nicht so leicht zu verorten, sie agieren realitätsbezogen und kommen dem europäischen Ideal des »ersten Funktionärs des Staates« nahe. In Brasilien mäkeln 2010 manche Kommentatoren, der Wahlkampf zwischen den Funktionärstypen Dilma Rousseff und José Serra sei nachgerade langweilig. Doch ist nicht gerade diese unterstellte Langweiligkeit Ausdruck des Willens zur Stabilität, zum Verzicht auf politische Glücksspiele und großmundige Versprechungen?

Und steigen mit dem Rückzug des Caudillismo nicht auch die Chancen auf eine Einigung Lateinamerikas, nachdem der Anführerkult ja das Haupthindernis für sie gewesen war? Möglicherweise wird eine solche Union ganz anders aussehen, als sich Simón Bolívar das vorgestellt hätte. Der Kolumbianer William Ospina sieht in seinem Buch *América Mestiza* eine kulturelle Einheit, das *Land* der Zukunft bereits als gegeben an. »Das Mestizen-Amerika existiert nicht als politische Einheit und wurde jahrhundertelang als wirtschaftliche Einheit negiert.« Aber kulturell sei es eine Nation. »Wann immer eine große historische Bewegung, eine intellektuelle Generation, ein literarisches Emblem, eine künstlerische Richtung entstand, entstand sie zeit-

gleich auf dem ganzen Kontinent.«[3] Ospina nennt als Beispiele
die Unabhängigkeitsbewegungen des frühen 19. Jahrhunderts
und den literarischen Boom der 1960er Jahre. Die wahren Befreier des Subkontinents seien nicht Bolívar und seine kriegeri-
schen Zeitgenossen gewesen, sondern Dichter wie der Nicaraguaner Ruben Dario und der Argentinier Jorge Luis Borges, mit
denen sich der ganze Subkontinent identifizieren könne.

In der Tat treten politische Phänomene in Lateinamerika mit
auffälliger Gleichzeitigkeit auf. Der Subkontinent marschierte
im Gleichschritt in die Katastrophen, etwa in den 1970er Jahren, als in der überwiegenden Zahl der Länder Militärdiktaturen
an die Macht kamen. Auch die darauf folgenden Fortschritte
machte Lateinamerika gemeinsam. Der Demokratisierung in
den 1980er und der Hinwendung zum Neoliberalismus in den
1990er Jahren folgte der Linksruck nach 2001.

»Es sind ähnliche Abenteuer, wir teilen die Suche und das Gefühl von Unruhe, pflegen parallele Ausdrucksformen: Es sind
Werke, die einen einzigen Körper formen, die alle Länder mit
Dankbarkeit empfangen und als ihren eigenen empfinden«,
schreibt Ospina.[4] In einem Zeitalter, in dem klassische staatliche
Strukturen sich aufzulösen beginnen, kann eine solche, auf soziokulturelle Ausdrucksformen beruhende Gemeinsamkeit neue
Formen von Allianzen schaffen. Ausdruck des Willens dazu ist
etwa die lateinamerikanische Kulturcharta. Der südamerikanische Staatenbund Unasur und der Wirtschaftsraum Mercosur
ergänzen sie auf politischem und ökonomischem Gebiet.

Eine kühne Vision für eine Einigung Lateinamerikas entwirft
der Mexikaner Jorge Volpi. Der Schriftsteller nähert sich in seinem Bolívar-Buch[5] den Entwicklungen des beginnenden 21.
Jahrhunderts mit der beißenden Ironie und der tiefen Galligkeit
dessen, der seinen Kontinent liebt und heftig an ihm leidet. Er
beschreibt die gegenwärtige Epoche als eine Zeit, in der »Lateinamerika von den Landkarten verschwand, seine Diktatoren und
Guerilleros in ein besseres Leben wechselten und mit sich den

Schrecken und den Ruhm nahmen, in der der Magische Realismus im Urwald beerdigt wurde und diese wunderbare und erschütterte Region jeden Tag diffuser, langweiliger und normaler wird«.[6] Daraus leitet Volpi einen Zeitplan ab, der zwar mehr literarisches Spiel als politische Prognose sein soll, aber nicht gänzlich utopisch wirkt. Volpi sagt für 2035 die Bildung einer »Südallianz« der Länder Lateinamerikas vorher, zu der 2043 auch Chile und Kolumbien beitreten würden. Zentralamerika und Mexiko ordneten sich einer »Nordamerikanischen Union« mit den USA und Kanada zu, prophezeit Volpi, die als Gegengewicht zum Süden 2044 entstehen werde. Gleichzeitig gerate ab diesem Zeitpunkt der Begriff *Lateinamerika* aus der Mode. Für das Jahr 2110 stellt sich Volpi eine gesamtamerikanische Union vor. Dreihundert Jahre nach dem Beginn seiner Existenz werde Lateinamerika als isoliertes Gebilde aufhören zu existieren. Und der gequälte Geist Bolívars finde endlich Ruhe.[7]

Der Fluch des Überflusses

> *»Der Reichtum, unser mit Metallen gefüllter Untergrund,*
> *unsere fruchtbaren Böden waren unser Fluch.«*
> Eduardo Galeano
> *(Brief an den Verfasser, 27. November 2010)*

Bis zum Horizont erstreckt sich die Chiquita-Plantage von Sarapiquí in die sumpfige Tiefebene nahe der costa-ricanischen Karibikküste. Es ist der geeignete Ort, um zu erfahren, nach welchen Prinzipien in Lateinamerika seit Jahrhunderten gewirtschaftet wird. In der Nacht ist ein schwerer Regen niedergegangen. Ein süßlich-würziger Geruch nach nasser Erde und vergorenen Bananen steigt auf, als die ersten Arbeiter auf dem Weg zur Frühschicht sind. Sie sind nicht leicht zu finden in dem urwaldartigen Dickicht aus Bananenblättern. Dabei ist eine Plantage nichts weniger als ein Urwald. Sie ist eine Monokultur, eine tropische Freiluft-Lebensmittelfabrik. Die Arbeitsbedingungen erinnern an ein Bergwerk, es ist heiß und feucht wie tausend Meter unter Tage, nur eben grün und nicht schwarz. Ein Arbeiter pflanzt einen gefällten Bananenstamm neu ein. Er gräbt ein Loch, wuchtet den mannshohen Stamm in die Höhe und rammt ihn in den nassen Boden.

Er stellt sich als »Miguel« vor, lieber keinen Nachnamen. Wie die meisten hier kommt er aus dem Nachbarland Nicaragua, wo es keine Jobs gibt. Nicaraguaner erledigen in Costa Rica die Arbeit, die Costa-Ricaner nicht machen wollen. Sie schuften bei der Müllabfuhr, fahren Taxi, pflegen die Alten – oder pflücken Bananen. Das schmutzige Hemd klebt Miguel am Leib, das Wasser quietscht in seinen Gummistiefeln. Winzige Stechmücken, die Dengue-Fieber übertragen können, schwirren umher. Man bekommt schon vom Zuschauen Schweißausbrüche.

Bananen sind das wichtigste Exportgut des kleinen mittelamerikanischen Landes. Seit der Kolonialzeit hat Lateinamerika von der Ausfuhr dessen gelebt, was auf seinen tropischen Böden wächst oder was unter diesen lagert. Die nicaraguanischen Bananenpflücker von Sarapiquí, die bolivianischen Bergarbeiter in den Salpetergruben Chiles, die schwarzen Erntearbeiter in den Zuckerrohrplantagen der Küsten Perus – sie sind es, die ein Wirtschaftsmodell am Laufen halten, das Extraktivismus genannt wird. Reich gemacht hat der Extraktivismus kleine, alteingesessene Eliten – und natürlich die Länder, die von den billigen Rohstofflieferungen profitieren, also die Industriestaaten Europas und Nordamerikas.

Dass Lateinamerika so arm ist, obwohl es eigentlich so reich ist, wirkt nur auf den ersten Blick widersprüchlich. In der Tat ist es folgerichtig. Niemand hat das so treffend analysiert wie der uruguayische Schriftsteller Eduardo Galeano, 1940 in Montevideo geboren. In seinem 1971 erschienenen und noch immer gültigen, monumentalen Essay *Die offenen Adern Lateinamerikas* beschreibt er, wie die Konquistadoren diese Adern gewaltsam aufrissen und die daraus hervorsprudelnden Reichtümer die europäische Industrialisierung speisten. Galeano schreibt: »Die internationale Arbeitsteilung besteht darin, dass einige Länder sich im Gewinnen und andere im Verlieren spezialisiert haben. Die Region, die wir heute Lateinamerika nennen, spezialisierte sich früh im Verlieren.«[8] Die kolonialen und postkolonialen Eliten der Neuen Welt zeigten nie Interesse an der Herausbildung von Produktivgesellschaften. Die große Masse der Menschen blieb auf die Rolle von Tagelöhnern reduziert, die die Reichtümer aus der Erde kratzten und von den Feldern pflückten.

Die Banane ist ein gutes Beispiel für die Auswüchse des Extraktivismus. Sie sei so selbstverständlich in den Industrieländern geworden, dass sie dort nicht mal mehr als tropische Frucht angesehen werde, sondern als etwas, auf das die Konsumenten glaubten, ein Anrecht zu haben, erklärt der Chiquita-Manager Jorge Solergibert in seinem Büro in Costa Ricas Hauptstadt San José.[9] Über die Bedingungen, unter denen die Rohstoffe und Früchte geerntet werden, macht sich kaum jemand Gedanken. Dieser Anspruch trägt entscheidend zu Lateinamerikas Problem bei, sich aus der Abhängigkeit zu lösen. Und er hinterlässt gewaltige Schäden.

Ein gelbes Flugzeug donnert über die Bananenstauden von Sarapiquí. Man duckt sich unwillkürlich, als stünde ein Luftangriff bevor. So ist es im Grunde auch, denn das Flugzeug sprüht todbringendes Gift gegen Schädlinge. Warnschilder fordern Besucher und Arbeiter auf, sich während der Sprühflüge in Sicherheit zu bringen. Für eine Frau, die an einer Bushaltestelle steht, ist es wohl zu spät. Die Arbeiter müssen stets mit dieser gesundheitlichen Bedrohung leben, sie ist Teil ihres Alltags.

Einer, der Reynaldo heißt, klettert auf eine Leiter zur Blätterkrone einer Bananenpflanze hoch und stülpt einen blauen Sack über die Staude. Der Sack ist mit einer Substanz getränkt, die verhindern soll, dass Insekten hässliche schwarze Flecken auf der empfindlichen Banane mit dem Sortennamen Cavendish hinterlassen. Das schätzt der europäische Konsument nicht. Der menschliche Körper wiederum schätzt das Pestizid nicht, es kann Koliken, Durchfälle, Erbrechen, Schwindel und Sehstörungen auslösen. Es gab im 20. Jahrhundert eine Reihe von Skandalen mit Schädlingsgift, in Nicaragua etwa machte es Bananen-Arbeiter unfruchtbar.

Seit die Konsumenten sensibler für solche Nachrichten sind, werden in Costa Ricas Plantagen Sicherheitsmaßnahmen großgeschrieben. Zum Schutz trägt Reynaldo ein graues Leibchen und Handschuhe, allerdings keine Maske. Er klettert von der Leiter, streckt den Besuchern die Hand entgegen. Man nimmt die Hand zögerlich, nicht, weil sie so dreckig ist, sondern weil er damit die blauen Tüten angefasst hat.

Mamita Yunai

Bis in die 1940er Jahre war Costa Rica eine typische »Bananenrepublik«. Wie in Honduras oder Guatemala betrieb die US-amerikanische United Fruit Company die meisten Plantagen. Der Konzern gebärdete sich wie ein Staat im Staate, bestimmte die Politik, steuerte Umstürze, baute Straßen und Eisenbahnen nach seinen Bedürfnissen, als wäre das Land ein entlegenes Firmengelände. »Mamita Yunai« nannten die Arbeiter in Costa Rica in der ersten Hälfte des 20. Jahrhunderts die United Fruit Company in Nachahmung der englischen Aussprache. Gegründet 1899, war die Yunai allerdings keine liebevolle Mami, sondern eine böse Stiefmutter, die ihren Kindern alles abverlangte. Sie zahlte Hungerlöhne und kassierte sie im Prinzip gleich wieder ein, weil die Arbeiter in den konzerneigenen Gemischtwarenläden zu überhöhten Preisen einkaufen mussten.

Der Schriftsteller Carlos Luis Fallas hat die Zustände in den Plantagen des karibischen Talamanca in seinem Roman *Mamita Yunai* beschrieben. »Es kam die Lokomotive und holte Millionen und Abermillionen von Früchten für die Gringos. Und während in der Hauptstadt die idiotischen Kreolen die zivilisatorische Arbeit der Yunai beklatschten, flossen in Talamanca der Schnaps, der Schweiß und auch das Blut.«[10] Das Buch ist heute Pflichtlektüre in den Schulen, damit die Kinder Costa Ricas nie vergessen, wie die Vergangenheit ihres Landes ausgesehen hat.

Yunai baute auf die Strukturen der Kolonialzeit. Spurte eine Regierung nicht, konnte sie böse werden. Als in Guatemala 1954 Präsident Jacobo Arbenz eine Landreform ankündigte, ließ Yunai ihn mit Hilfe der CIA aus dem Amt putschen. Als der US-Geheimdienst 1961 Exilkubaner ausrüstete, um mit der Invasion in der Schweinebucht Fidel Castro zu stürzen, half Mamita Yunai mit Bananendampfern aus, die als Truppentransporter verwendet wurden – damals scheiterte die Invasion jedoch am zähen Widerstand der Kubaner.

Mit diesem international peinlichen Misserfolg begann der Niedergang der United Fruit Company, die 1970 in United Brands umbenannt wurde. 1975 kam heraus, dass der Konzern den honduranischen Präsidenten geschmiert und damit Steuererleichterungen erkauft hatte. Verfahren wurden eingeleitet, die Aktien verloren an Wert. United Brands geriet ins Trudeln. 1984 wurde die Firma unter dem Namen Chiquita, »die Kleine«, in reorganisierter Form neu gegründet. Heute ist Chiquita der bekannteste Bananenkonzern der Welt. Laut Umfragen kennen neunzig Prozent aller Deutschen die Marke, doch sie ruft nicht bei allen positive Assoziationen hervor. 2007 wird Chiquita von einem US-Gericht zu Strafzahlungen in Millionenhöhe verurteilt, weil die Firma in Kolumbien Schutzgeld an mordende Paramilitärs bezahlt hat, die linksgerichtete Rebellen von den Plantagen fernhalten sollten. Menschenrechtler sprechen von »Blutbananen«.

Doch Chiquita lernt dazu. Alles soll nun anders werden. Man gibt sich einen politisch korrekten Verhaltenskodex, um das Imageproblem zu lösen, und holt Zertifizierer in die Plantagen, um die Regeln zu überwachen. Die Regierung Costa Ricas unterstütze das aktiv, bestätigt im Landwirtschaftsministerium in San José Vizeminister Carlos Villalobos Arias.[11] Allerdings wolle der Staat nur eine vermittelnde Funktion übernehmen.

Die meisten Fachkräfte sind Einheimische, so wie Mauricio Salas. Der Biologe arbeitet als Zertifizierer im Auftrag der US-amerikanischen Umweltorganisation Rainforest Alliance und inspiziert Chiquita-Plantagen. Rainforest Alliance klebt ein Siegel mit einem blauen Frosch auf die Ware, wenn die Kundenwünsche nach korrektem Anbau erfüllt sind – oder erfüllt zu sein scheinen. Dafür untersucht Salas in Costa Rica Abwasserkanäle, inspiziert Arbeiterbaracken, checkt Pestizidlisten. Er finde nichts dabei, dass Rainforest Alliance von Chiquita selbst beauftragt wird, sagt mir der 33-Jährige, während er einen Erdbatzen von seiner Profilsohle kratzt. Er habe ja seine lange Liste von Kriterien.

»Werden die nicht eingehalten, gibt es kein Siegel, Bezahlung hin oder her«, erklärt er.

»Kommt das oft vor?«, frage ich ihn.

»Es kommt vor«, antwortet er ausweichend.

Salas nimmt seine Aufgabe sichtlich ernst.

»Wer wäscht deine Sachen, Miguel?«, fragt er den Pflücker aus Nicaragua.

»Ich gebe sie abends im Duschraum ab, dort kommen sie in die Maschine.«

Richtige Antwort.

»Es ist wichtig, dass die Arbeiter die Kleidung nicht mit nach Hause nehmen und sie nicht von den Frauen gewaschen wird, die dadurch mit Gift in Berührung kämen«, erklärt Salas.

Er fragt Miguel nach seiner Gesundheitsprüfung.

»Blutwerte in Ordnung«, sagt der lakonisch.

Erst neuerdings dürfen auf der Plantage andere Pflanzen als Bananen wachsen. Unkraut wird ausgesät, das andere Unkräuter verdrängt, der Banane aber keine Konkurrenz macht. Das stoppt die Erosion und erspart den Einsatz von Herbiziden. Gift wird ja auch immer teurer. In einem Entwässerungskanal am Rande der Plantage jagt ein Vogel Fische. Sauberes Wasser ist ein weiterer Pluspunkt im Zertifizierungskatalog. Salas macht einen Haken auf seiner Liste.

Bei der Ernte werden die Stauden der Reihe nach an den »Zug« gehängt, ein Drahtseil, das durch die ganze Plantage läuft. Wieder ist es wie im Bergwerk, nur dass keine Lok den Zug schiebt, sondern ein schwitzender Arbeiter mit nacktem Oberkörper. Mauricio Salas steht daneben und zählt die Stauden: 25. Mehr sollen es nicht sein, da würde das Schieben zu beschwerlich.

In der Packstation gibt es endlich etwas zu bekritteln: Eine Arbeiterin steht zu nah an einem Kanister mit Fungiziden, mit denen die Bananen vor der Verschiffung im Hafen Limón gegen Fäulnis behandelt werden. Es gibt auch Vorschriften, die wirken etwas bemüht, etwa dass man vor Betreten der Sortieranlage die Armbanduhr abnehmen muss. Sie könnte sonst in eines der Bassins fallen, in denen die Bananen gewaschen werden. Man bewege sich in kleinen Schritten vorwärts, sagt Salas.

Die Arbeiter mustern vorsichtig den Vertreter von Chiquita, der Salas begleitet, bevor sie antworten. Viel Zeit zum Reden haben sie ohnehin nicht. Sie werden für Fläche bezahlt. Miguel lacht als Antwort auf die Frage, was er für seine schwere Arbeit als Staudenpfleger verdient.

»Das ist die leichte Arbeit. Das Ernten, das ist die schwere.«

Mit 31 Jahren wird er nun zu alt dafür, die Stauden mit bis zu 150 Früchten auf der Schulter zum »Zug« zu schleppen. 10 000 Colones, ungefähr zwanzig Dollar, kriegt er am Tag. Ganz ordentlich für Mittelamerika, aber reicht das zum Leben?

Miguel lacht wieder. »Nein, nicht mit drei Kindern.«

Seine Frau arbeitet als Packerin, ebenfalls bei Chiquita. Sie wohnen in einem Haus, das Chiquita ihnen verkauft hat, für tausend Dollar.

»Billig, oder?«, fragt er.

Mamita Chiquita sorgt noch immer für alles.

Ist also aus der bösen doch eine liebe Mami geworden?

»Wir sind uns der schwarzen Geschichte des Unternehmens bewusst«, sagt Manager Jorge Solergibert in seinem Büro in einem hellen Neubau in San José, der den Kolonialstil nachahmt. Er ist für ganz Lateinamerika zuständig. Von der Armutswelt der nervösen kleinen Hauptstadt Costa Ricas ist die Chiquita-Konzernzentrale abgeschirmt durch Wachdienst und Schnellstraße. Im Foyer hängt ein naives Gemälde einer Plantage, die Air Condition kühlt die Luft auf eine Temperatur, die ohne allzu große Qualen das Tragen von Krawatten erlaubt.

Solergibert hat nichts von einem finsteren Konzernboss, der Costa-Ricaner ist um Transparenz bemüht.

»Wir sind nicht mehr so, aber die Leute sehen uns weiter so«, sagt er und wirkt ein wenig traurig dabei. »Es gibt bei uns keine Kinderarbeit, wir setzen nur zugelassene Chemikalien ein, jeder unserer Arbeiter verdient mehr als den Mindestlohn«, zählt er auf. Das koste eine Menge Geld, zahle sich aber aus. Die Chemiekosten seien gesunken durch die Zertifizierung, die Arbeiter seien gesünder und leistungsfähiger, die Käufer zufriedener. Gewerkschaftsarbeit sei selbstverständlich erlaubt. Natürlich sei die Arbeit in den Plantagen immer noch hart, aber kein Vergleich zu der Zeit noch vor zwanzig Jahren.[12]

Ramón Barrantes ist anderer Meinung. Der Bananengewerkschafter logiert näher an der Realität in einem verrauchten, stickigen Betonblock im Zentrum von San José. Vor dem Haus lungern Bettler, Händler, Diebe um einen von den Busabgasen geschwärzten Kiosk herum. Nachts sollte man die Gegend meiden.

Es habe sich überhaupt nichts geändert auf den Plantagen, die Arbeitsbedingungen seien unmenschlich, die Umwelt sei verseucht, Gewerkschaftsarbeit werde behindert, sagt Barrantes.[13] »Und diese ganzen Zertifizierungen sind nichts anderes als ein Vollwaschgang fürs Firmenimage.« Was man erwarte, wenn sich Organisationen wie Rainforest Alliance für ihre Dienste von den Konzernen entlohnen ließen? »Ich kann es Ihnen sagen: Wer die Musik zahlt, bestimmt, was getanzt wird.« Wenn die Zertifizierer kämen, würden die Arbeiter »ausstaffiert wie Astronauten«. Das Ganze sei nichts anderes als Big Business.

Chris Wille, Mitgründer von Rainforest Alliance, kennt die Einwände. Aber er stellt klar, wo das Problem liegt. Man könne alles Mögliche zertifizieren, aber über bestimmte Mindeststandards komme man nicht hinaus. Und das liege nicht nur am Profitdenken der Konzerne. Die wüssten längst, dass es ihnen beim Konsumenten nützt, Regeln einzuhalten. Doch den Grad der Verbesserung bestimme letztlich der Markt. Aldi lege in Deutschland jede Woche fest, was eine Kiste Bananen kosten dürfe, daran orientierten sich alle Supermärkte, sagt Chris Wille. »Das Rennen nach unten ist offen.«[14] Das setze klare Grenzen für die Zertifizierung. Oder anders ausgedrückt: Was ein Arbeiter in Costa Rica verdient, bestimmt der Aldi-Kunde. Und ökologischer Landbau sei in Costa Rica leider unmöglich, sagt Wille, wegen des feuchtheißen Klimas, in dem die Schwarze Sigatoka herrscht.

»Klingt das nicht furchteinflößend?«, fragt er und beugt sich ein Stück vor. »Wie ein karibisches Piratenschiff.«

Die Lösung liegt vielleicht in Guapiles, unweit von Sarapiquí. Dort, im Versuchsgut der costa-ricanischen Bananenerzeugergemeinschaft Corbana, forschen einheimische Biologen, Chemiker, Ingenieure, wie man Black Sigatoka und andere Bananenkrankheiten ohne massenhaften Chemieeinsatz und trotzdem billig bekämpfen kann. Es ist eine Art Bananenklinik am Rande des Dschungels, in den keimfreien Baracken stehen Zentrifugen, Brutkästen, Kühlgeräte, Mikroskope. Auf Reisbetten wachsen Pilzkulturen heran, und Antistressmittel für die unter Leistungsdruck stehenden Pflanzen. Das Team hat ein Ziel: fünfzig Prozent weniger Chemieeinsatz in zehn Jahren.

Auf dem Freigelände in Guapiles gibt es ein Versuchsgut, wo mehr als hundert Sorten Bananen wachsen: Der Agraringenieur

Henry Valle Ruíz flitzt trotz der Mittagshitze zwischen den Stauden hin und her, zeigt auf kleine, große, dicke, dünne, rote, gelbe und grüne Bananen. Manche muss man kochen, um sie genießbar zu machen, andere schmecken nach Apfel, manche haben Kerne, manche taugen nur als Zierpflanzen. Man könnte Bananendegustationen hier veranstalten.

Im Schatten einer Staude hebt Ruíz zu einer Standpauke an: Es gebe so viele schmackhafte und resistente Bananen in Lateinamerika, aber gehandelt werde nur die überzüchtete Cavendish-Sorte, weil sie gut aussehe. Dabei sei die nicht nur hochempfindlich gegen Schädlinge, erklärt Henry Valle Ruíz und schüttelt sich ein bisschen, sie schmecke doch auch furchtbar fade. Costa Rica habe mehr zu bieten. Sein Vorschlag: »Ihr Europäer müsst eure Konsumgewohnheiten ändern!«

Ein Nachteil als Vorteil

Bei seinen Versuchen, sich aus der Abhängigkeit des Extraktivismus zu lösen, kommt Costa Rica seine frühere Rückständigkeit zugute. Das Land setzt auf das »grüne Gold«, den Ökotourismus. Die Bedingungen dafür sind günstiger als in den Nachbarländern. Costa Rica gilt als die »Schweiz Mittelamerikas«. In den 1970er und 1980er Jahren gelang es den Costa-Ricanern, sich aus den Bürgerkriegen der Region herauszuhalten. Ja, von Costa Rica gingen sogar die alles entscheidenden Friedensbemühungen aus, Präsident Oscar Arias vermittelte in den Konflikten, wofür er 1987 den Friedensnobelpreis erhielt.

Das Land konnte sich ungestört entwickeln, weil es einen Nachteil in einen Vorteil verwandelt hat. Während der Kolonialzeit und danach lag das bergige Costa Rica mit seinen Vulkanen im Schatten der Aufmerksamkeit der Mächtigen. Schon die spanischen Konquistadoren fanden hier wenig, was sie interessierte. Es gab – anders als in Peru oder Mexiko – keine großen Zivilisationen mit prächtigen Kunstschätzen, die man ausplündern konnte. Für die Rinderzucht eignete sich das flache Nachbarland Nicaragua besser. Dort entstand auch der größte Sklavenmarkt Mittelamerikas. Über Panama wickelten die Spanier einen Großteil ihres Handels ab. In Costa Rica hingegen pflanzten Einwanderer in den regenreichen Bergen Kaffee, die schwierige Topographie erschwerte die Bildung von Latifundien. Nach einem Bürgerkrieg in den 1940er Jahren begruben die Costa-Ricaner ihre Streitereien, sie schafften die Armee ab, es entstand eine sozialdemokratisch geprägte Kompromissdemokratie.

Da es in Costa Rica wenige Bodenschätze gibt, mussten sich die Ticos, wie sich die Bewohner selbst nennen, früh nach anderen Einkommensquellen umsehen. Das Land hat viele Wälder und Naturschönheiten, die weitgehend unberührt geblieben sind. Wo es Eingriffe gab, wurde eifrig aufgeforstet. Seit den 1980er Jahren propagiert die Regierung den naturnahen Fremdenverkehr als eine Art Lebensstil. Man kann in Öko-Lodges, auf Dschungel-Trails und Vulkantouren Lateinamerika light erleben. Der Tourismus hat den Bananenexport als wichtigste Geldquelle abgelöst. Auch rund um Sarapiquí gibt es einige Ferien-Lodges, die sich in den Urwald ducken, allerdings hat man sie in gebührendem Abstand zu den Plantagen errichtet, damit der Nebel der Sprühflugzeuge nicht in den Cocktails der Feriengäste landet.

Auch Chiquita ist auf diesen Zug aufgesprungen. Unweit der Plantage liegt das Reservat Nogal, ein hundert Hektar großer Regenwald, der in ein ökologisches Vorzeigeprojekt verwandelt wurde, das der Bananenkonzern, die Handelskette Migros und Rainforest Alliance gemeinsam betreiben. Man kann dort durch den Urwald laufen und soziale Projekte der Bewohner der Umgebung besichtigen. Die Touristen aus den Ferienanlagen besuchen Nogal gerne und sehen sich dort die Aufführung einer Theatergruppe an, in der Arbeiterinnen ihr Leben spielen und die Geschichte der Banane erzählen. Es heißt *The Chiquita Banana Show*. Und eine solche ist das Ganze denn wohl auch.

Das Erbe der Hidalgos

Der Extraktivismus begann mit der Eroberung. Die spanischen Konquistadoren wie Francisco Pizarro und Hernán Cortés hatten – anders als die Gründerväter der USA – keine nachhaltige Entwicklung im Sinn, sie wollten schnell reich werden. Doch wussten die Spanier ihre Beute nicht nutzbringend einzusetzen. Zwischen 1503 und 1660 trafen 3,5 Millionen Kilogramm Silber und eine etwas geringere Menge Gold aus Amerika im Hafen von Sevilla ein. Doch ein großer Teil floss als Schuldendienst an britische und deutsche Kaufleute wie die Fugger, die der spanischen Krone ihre atlantischen Abenteuer finanzierten. Zum Dank für ihre Förderung der lateinamerikanischen Befreiungsbewegungen erhielten die Briten direkten Zugang zu den Rohstoffquellen, zahlten dafür schlecht oder mit minderwertigen Industriegütern. Die kreolischen Eliten machten es sich bequem, sie kultivierten den »Facilismo«, die Haltung also, nur das zu verwerten, was leicht zu ernten ist.

Sozial scheiterte die Entwicklung Lateinamerikas am iberischen Klassenmodell. Prägende Figur darin war zur Zeit der Eroberungen der Hidalgo, der »Hijo de Algo« – Sohn von jemandem, was heißen soll: kein »Niemand«. Mit der Hand zu arbeiten, verbot den Hidalgos ihr kruder Ehrenkodex; Handwerk und Handel waren im Spanien des 15. und 16. Jahrhunderts Tätigkeiten für Juden und konvertierte Muslime. Ein Hidalgo nahm sich mit Gewalt, was er wollte: Frauen, Gold, Ländereien. Einzige Führungsfigur, die der Hidalgo akzeptierte, war jemand, der sich noch wagemutiger, gieriger und brutaler aufführte als er selbst: der Caudillo, der »kleine Anführer«. Der Hidalgo verschlief in Spanien nach getaner Eroberung auf seinen verfallenden Landsitzen die Jahrhunderte, verpasste Aufklärung, bürgerliche und industrielle Revolution, was sich in der spanischen Literatur etwa im *Don Quijote* oder im *Lazarillo de Tormes* niedergeschlagen hat. Am Erbe des Hidalguismus, der Grundeigentum zum Fetisch kultiviert und Produktivität lähmt, leidet Spanien bis in unsere Tage.

Nach Gold und Silber flossen aus den Adern Lateinamerikas andere Rohstoffe: Zink, Blei, Salpeter, Kupfer, Kohle. Im 21. Jahrhundert ist Erdöl der Verkaufsschlager, es wird vor allem in Amazonien gefördert, was im Urwald riesige ökologische Probleme verursacht: verseuchte Böden, Seen aus Ölschlamm, Krankheiten und Kahlschlag. In den 1960er Jahren suchte etwa Texaco am Lago Agrio in Ecuador Erdöl und verklappte 72 Milliarden Liter hochgiftige Abwässer in die Amazonaszuflüsse und toxischen Schlamm in Erdbassins. 1992 übernahm das ecuadorianische Staatsunternehmen Petroecuador die Anlagen und erbte das Desaster. Umweltschützer und Regenwaldindianer verklagten den Texaco-Konzern, der später von Chevron aufgekauft wurde, auf Schadenersatz. Nach jahrelangem Prozess ergeht im Januar 2011 das Urteil. Ein Gericht in Lago Agrio verurteilt Chevron, den 30 000 Betroffenen sechs Milliarden Dollar Wiedergutmachung zu zahlen. Außerdem solle der Konzern sich öffentlich entschuldigen.

Ob er das tun wird, ist zwar die Frage. Doch zeigt das Verfahren, dass die betroffenen Länder sich die Bedingungen von früher nicht mehr bieten lassen und auf ihre Rechte pochen. Jedoch führt das einseitig verkündete Ende des Postkolonialismus zu Konflikten. Auch ist das Tempo nicht in allen Ländern gleichgroß.

An der Kurve des Teufels
Die Fernstraße Fernando Belaúnde ist benannt nach einem früheren Präsidenten Perus, der berühmt für seinen ehrgeizigen Straßenbau war. Der holprige Highway führt vom Pazifik über die Anden in den Amazonas und ist Lebensader für die rasante wirtschaftliche Erschließung des Urwalds, der sich die Regierung unter Präsident Alan García (2006 bis 2011) verschrieben hat. Die indigenen Völker, die in Amazonien leben, sind mit der Ausbeutung ihres Lebensraums nicht einverstanden. Sie blockieren deshalb häufiger mal die Straße in den Urwald.

Im Mai 2009 spitzt sich die Situation zu, nachdem die Regierung Dekrete erlassen hat, die die Mitsprache der Indigenen bei der Ausbeutung des Dschungels einschränken sollen. An der »Kurve des Teufels« kommt es zu einer blutigen Straßenschlacht, bei der mehr als zwanzig Menschen sterben. Präsident García beharrt trotzdem auf seinem Standpunkt. Die Erlasse seien für die Entwicklung Perus nötig. Achtzig Prozent der Bürger wollten, dass ihr Land sich entwickle, sie wollten keinen »Weg zurück in die Steinzeit«, schleudert er den Demonstranten entgegen.

García ist einer der merkwürdigsten Wendehälse der Geschichte Lateinamerikas. In seiner ersten Amtszeit von 1985 bis 1990 regierte er als junger sozialrevolutionärer Hoffnungsträger mit einer chaotischen linken Agenda, die das Land in die Hyperinflation und fast in den Ruin trieb. Nach Ende seiner Amtszeit wurde Anklage wegen Bereicherung gegen ihn erhoben. Zwar wurde das Verfahren eingestellt, doch der öffentliche Druck auf García war so groß, dass er 1992 nach Frankreich ins Exil floh. Doch 2006 war er zurück in Peru und trat zur Präsidentenwahl an – zwanzig Kilo schwerer und mit einem zum Neoliberalismus gewendeten Programm. Er gewann, weil er einer knappen Mehrheit der Wähler die erträgliche Alternative zu seinen Rivalen zu sein schien.

García hat in seiner zweiten Amtszeit stets betont, dass für ihn nur Fortschritt und Entwicklung zählen, er wird damit zum Liebling ausländischer Investoren, denen er keinerlei Schranken entgegensetzt. In der Tat verschafft er seinem Land zeitweise Wachstumsraten von mehr als sechs Prozent, jedoch kommt das fast nur den Besitzenden zugute, die große Mehrheit der Peruaner bleibt arm. Von den indigenen Völkern grenzt der Kreole García sich klar ab – und damit auch von den linksregierten Nachbarländern Ecuador und Bolivien.

García behauptet, die neuen Gesetze dienten letztlich dem Schutz des Urwalds. Er verweist auf ein Dekret, dass die wirtschaftliche Ausbeutung unter staatliche Aufsicht stellt. Doch die Indigenen trauen dem Staat nicht, sie argumentieren, die Gesetzgebung öffne einer Ausbeutung überhaupt erst Tür und Tor. Sie seien in den Verhandlungen nicht gefragt worden. Ihre Organisation AIDESEP[15], die nach eigenen Angaben 1 350 Urwalddörfer vertritt, beruft sich auf ein Abkommen der Internationalen Arbeitsorganisation[16] von 1989, das Ureinwohnern ein Mitspracherecht bei der Erschließung ihres Lebensraums zugesteht. Menschenrechtler, Anthropologen und Kirchenvertreter geben den Indios recht. Dem Protest schließen sich 65 Ethnien an, die zusammen etwa 650 000 Menschen zählen.

Zu ihrem Anführer wird Alberto Pizango, der in Auftreten und Werdegang Evo Morales in Bolivien ähnelt. Der 43-Jährige ist in Amazonien aufgewachsen. Als Kind musste er mit seiner Familie häufig umziehen, weil sie Konzernen bei der Ausbeutung von Ressourcen im Weg war. Anders als viele seiner Altersgenossen schaffte es Pizango trotzdem, die Schule abzuschließen. Er lernte Spanisch, studierte, wurde Lehrer.

In seiner Heimat macht man ihn, den Gebildeten, zum Anführer der Proteste. Er reist durch Europa, um Menschenrechtsorganisationen seinen Standpunkt klarzumachen. In siebzig Prozent der Urwaldregion Perus seien Konzessionen zum Bau von Förderanlagen vergeben, sagt er mit buntem Indio-Kopfschmuck in einer Pressekonferenz 2009. Die Umweltzerstörung sei dramatisch. Urwälder und Ufer würden privatisiert. Man werde erst zurückweichen, wenn die Regierung ein Gesetz zurücknehme, das den traditionellen Gemeinschaftsbesitz bedrohe. Pizango schildert in unaufgeregten Worten den »Ozean der Ignoranz«, der Peru teile. Er meint den nie beigelegten Konflikt zwischen weißer Oberschicht und Indios, der verschärft wird durch die geographische Trennung. Die Nachkommen weißer Einwanderer leben an der Küste, die Indigenen in den Anden und im Amazonasurwald. Ähnlich wie Evo

Morales hat Pizango Mühe, die Ungeduld seiner Anhänger zu kontrollieren.

Hört man Präsident García reden, der die Indigenen mit den Terroristen des Leuchtenden Pfads der 1980er und 1990er Jahre vergleicht, gewinnt man den Eindruck, Pizango könnte nicht Unrecht haben. Seine Regierung jagt Pizango wie einen Terroristen, treibt ihn nach den Krawallen ins Exil nach Nicaragua.

Manche europäische Konzerne haben sich aus Peru bereits zurückgezogen. »Das sind extrem unwirtliche Regionen mit riesigen Distanzen, es gibt kaum Infrastruktur«, sagt ein Sprecher von Shell in Den Haag. Shell interessiert sich mehr für das Urwald-Öl in den Llanos, den Tiefebenen Kolumbiens, wo der Konzern seismische Untersuchungen anstellt.[17] Enorme Reserven werden in diesen Regionen vermutet, in denen noch Rebellen operieren. Die Konzerne setzen darauf, dass die Kriegspolitik des rechtskonservativen Präsidenten Álvaro Uribe und seines Nachfolgers Juan Manuel Santos Erfolg haben wird.

Doch Petrobras aus Brasilien, Repsol und Cepsa aus Spanien, die staatliche Petroperu, Burlington, Perenco, Hocol, Hunt Oil, Sapet – alle diese Energiekonzerne machen sich trotz Widrigkeiten an die Ausbeute in Peru. Denn es gibt viel zu holen. Nach dem Nahen und Mittleren Osten und Russland verfügt Lateinamerika über die größten Öl- und Gasvorkommen der Welt. Nach Schätzungen des Geologischen Dienstes der USA liegen dort 105 Milliarden Barrel Öl und 14 000 Milliarden Kubikmeter Gas. Neben den Fördergebieten in Venezuela und Brasilien ist das westliche Amazonasbecken ein wichtiges Reservoir. Die größten Vorkommen werden in den drei armen Andenländern Peru, Bolivien und Ecuador vermutet.

Für die Regierungen scheint die Ausbeutung auf den ersten Blick die richtige Methode zu sein, die leeren Kassen füllen und Straßen und Schulen bauen zu können. Auf 440 000 Quadratkilometern des Amazonasgebietes gibt es bereits Bohrlöcher, das entspricht in etwa der Größe Deutschlands und Österreichs zu-

sammen; auf weiteren 800 000 Quadratkilometern sind Förderanlagen geplant. Eine Karte von Perupetro, der staatlich bestell-
ten peruanischen Vermarktungsgesellschaft, zeigt, dass fast das
ganze peruanische Amazonas-Tiefland, immerhin zweimal so
groß wie Deutschland, für die Ölförderung in Parzellen unter-
teilt ist wie eine Kleingartenanlage.

In Peru begann die Ausbeutung des Urwalds im großen Stil
erst nach Ende des Krieges gegen den Leuchtenden Pfad um das
Jahr 2000. Das Land hat in den Nullerjahren zeitweise die größten Wachstumszahlen Lateinamerikas aufzuweisen – gestützt
auf Verkäufe von Zink, Kupfer oder Blei. Öl und Gas könnten
eine weitere Chance sein.

»García will das Letzte rausholen«, sagt Rainer Lucht, Peru-
Experte der Caritas, die an Hilfsprojekten arbeitet, die fast immer mit Konflikten um die Ausbeutung der Rohstoffe zu tun haben.[18] Die meisten der Urwaldbewohner ahnten nicht, was
ihnen blühe, so Lucht; wenn die Maschinen kämen, seien sie
überrumpelt. Wenn überhaupt, würden sie mit Almosen abge-
speist. Das auch von Deutschland geförderte peruanische Um-
weltministerium sei ein Feigenblatt ohne Kompetenz. Armee
und Polizei müssten blockierte Flughäfen, Flüsse und Straßen
räumen und Pipelines bewachen. Ein gefährlicher Job. Im An-
schluss an die Krawalle an der »Kurve des Teufels« töten aufge-
brachte Ureinwohner an der Pumpstation No. 6 in Imasita zehn
Polizisten. Unter dem enormen Druck nimmt die Regierung
schließlich zwei Dekrete zurück, die den Zugriff auf indigenes
Land erleichtert hätten.

Der Analyst und Ölspezialist Aurelio Ochoa, eine Art peruanischer Wirtschaftsweiser, hält die Entwicklung jedoch für unum-
kehrbar: »Die Konzerne würden durch die Hölle gehen, wenn es
darum geht, Öl zu finden«, glaubt er.[19] An der Kurve des Teufels
haben sie gesehen, was sie dort erwartet. Vorerst jedoch findet
die weitverbreitete Unzufriedenheit über die neoliberale Politik
der zweiten Amtszeit Garcías an der Wahlurne ihren Nieder-

schlag. Im Juni 2011 gewinnt der Linkspopulist Ollanta Humala die Präsidentenwahl. Er hatte im Wahlkampf klar auf die Indigenen gesetzt und ihnen versprochen, ihren Anliegen mehr Raum zu gewähren. Der lateinamerikanische Linksruck ist damit auch in Peru angekommen.

Wald statt Öl

Hinter den wachsenden Konflikten um die Ausbeutung von Rohstoffen stecken entgegengesetzte Lebensauffassungen von indigener und industrialisierter Welt. Für Amazonasindianer ist der Regenwald ein Wesen, das lebt und atmet und leicht ärgerlich wird, wenn man es reizt, wie der chilenische Schriftsteller Jorge Sepulveda sagt, der im ecuadorianischen Urwald Zuflucht fand, nachdem 1973 das Militär in seinem Land geputscht hatte. Deshalb ziehen die Nachkommen der Ureinwohner es vor, behutsam mit der Natur umzugehen. In den Anden ist es die »Pachamama«, die Mutter Erde, die respektiert werden muss. Für internationale Konzerne hingegen sind die Anden ein Bodenschatzlager und ist der Regenwald eine Holzreserve oder ein grünes Dickicht, das im Weg steht, wenn man nach Öl oder Gas bohren will.

»Weine nicht um den Amazonas, du tankst Texaco«, lautet ein Graffito in Ecuadors Hauptstadt Quito.

Nicht zufällig kommt aus Ecuador ein Vorschlag, der die weltweite Energie- und Klimapolitik auf eine neue Basis stellen und die widerstreitenden Interessen versöhnen will. 2007 bietet die Regierung des linksgerichteten Präsidenten Rafael Correa der Welt an, riesige Erdölvorkommen im Urwald nicht auszubeuten und den Nationalpark Yasuní vor der Zerstörung zu bewahren, wenn die internationale Gemeinschaft einen Weg findet, dem armen südamerikanischen Land die entgangenen Einnahmen zu ersetzen.

Correa ist seit 2006 an der Macht. Die Wahl des Linkspolitikers verändert die politische Gemengelage in dem kleinen Land am Pazifik jäh. Ecuador war bis zu diesem Zeitpunkt einer der instabilsten Staaten Lateinamerikas, ein Pleitekandidat mit ständig wechselnden Regierungen. Correa, Jahrgang 1963, tritt mit dem Versprechen an, die Vorherrschaft der korrupten Eliten zu brechen. Er stützt sich auf eine Sammelbewegung jenseits der traditionellen Parteien. Alianza País ist aus Menschenrechts- und Umweltgruppen, Nichtregierungsorganisationen und Bewegungen der indigenen Völker hervorgegangen, die in Ecuador – ähnlich wie in Bolivien – überdurchschnittlich aktiv sind. Correa gewinnt die Stichwahl mit 56 Prozent gegen den Bananenmagnaten Alvaro Noboa.

Vordenker von Alianza País ist der Wirtschaftswissenschaftler Alberto Acosta, Jahrgang 1948. Er hat in Deutschland studiert, lehrt an zahlreichen Universitäten und ist Autor Dutzender Bücher, die die Probleme Lateinamerikas analysieren. 2007 wird er Energieminister, in diese Zeit fällt der Vorschlag, den Nationalpark Yasuní zu schützen. Es ist eines von Acostas zentralen politischen Anliegen. Danach wird er Präsident der verfassungsgebenden Versammlung Ecuadors. Acosta sorgt dafür, dass der Umweltschutz und die Achtung der Lebensweise der Urvölker Einzug in die neue Verfassung finden. 2008 wird die Verfassung von einer großen Mehrheit der Bevölkerung in einem Referendum angenommen. Sie setzt in Lateinamerika Maßstäbe.

»Besser gut leben als besser leben«

In seinem Buch *La maldición de la abundancia* (Der Fluch des Überflusses) erörtert Alberto Acosta die Auswirkungen des Extraktivismus. Der ecuadorianische Wirtschaftswissenschaftler, Intellektuelle und Politiker hat konkrete Vorstellungen von einem ökologisch verträglichen Umbau der Gesellschaft nach andinen Denkmustern. Diese könnten seiner Meinung nach auch beispielgebend für die überfütterten Gesellschaften der Industrieländer sein.[20]

Sie entwerfen ein neues Wirtschaftsmodell für arme Län-
der, das die althergebrachten Methoden der Ausbeutung der
Erde überwinden soll. Auf was könnte sich so ein neues ökolo-
gisch-ökonomisches Modell stützen? Von was könnten die
Länder leben?

Acosta: Man muss die Strukturmängel betrachten, die aus
dem Extraktivismus erwachsen sind. Denken Sie daran, dass
kein ölförderndes Land sich als entwickelt einstufen kann
außer Norwegen. Sie sind vielleicht finanziell reich, aber
ihre Wirtschaftssysteme sind auf Praktiken gebaut, die nur
auf die Abschöpfung des Reichtums abzielen; ihre Gesellschaften beruhen auf Klientelismus und ihre Regierungen
auf Autoritarismus in unterschiedlichen Graduierungen.
Norwegen ist eine interessante Ausnahme: Es hat das Öl in
seine Wirtschaft integriert, als es bereits eine entwickelte
Ökonomie besaß sowie eine auf Gleichheit basierende Gesellschaft und eine solide Demokratie. Das zeigt: Man muss
nicht auf die Einnahmen durch Rohstoffe verzichten. Ganz
im Gegenteil. Man muss aber die Voraussetzungen schaffen,
um intern nachhaltig davon profitieren zu können, indem
man den Weg ebnet für eine Industrialisierung, die Werte
schafft und größtmöglichen Rückfluss in nationale und lokale Gemeinschaften ermöglicht. Das bedeutet natürlich
eine andere Form der Einbindung in die Weltwirtschaft. Ein
Land darf nicht mehr nur als Lieferant existieren, stattdessen
muss man die Intelligenz fördern und die herrschenden sozioökonomischen Ungleichheiten beseitigen. Das alles muss
über eine Wiederbegegnung mit der Natur erfolgen, das ist
die große Herausforderung für die Menschheit.

In vielen Fällen scheint der Fortschritt in einem Land
schädlich für die Umwelt zu sein. Regierungen wie die Bolivi-
ens oder Brasiliens setzen den Schwerpunkt auf Entwicklung,

auch um Stimmen der Armen zu gewinnen. Ist das ein Feh-
ler? Wie kann man eine Balance schaffen zwischen der zur
Armutsbekämpfung nötigen Entwicklung und dem Schutz
der Natur?

Acosta: Leider praktizieren auch viele progressive Regierungen unserer Region nur eine Neuauflage des Extraktivismus. Es gibt dabei durchaus ein paar positive Neuerun-
gen: Der Staat hat dort nun einen größeren Anteil an den
Einkünften aus den Öl oder Minenerzeugnissen. Aber es
wird nicht die Unterwerfung unter den Weltmarkt in Frage
gestellt. Es gibt also Licht, aber noch überwiegt der Schatten. Man kann von einem Neoextraktivismus des 21. Jahrhunderts sprechen. Um die Irrungen zu korrigieren, muss
man die Vorstellung von Fortschritt als eine permanente
und endlose Anhäufung von materiellen Gütern hinter sich
lassen. Das stellt die Essenz der Modernität in Frage. Es
geht nicht nur darum, den Neoliberalismus zu überwinden, sondern eine Lebensorganisation zu planen und um-
zusetzen. Es muss dabei um das *gute Leben* gehen, *sumak
kausay* auf Quechua oder *suma qamaña* auf Aymara, das ist
der Ausgangspunkt. Dieses Konzept findet sich nicht nur in
der indigenen Welt, es ist auch in universellen philosophi-
schen Denkansätzen verankert, bei Aristoteles, bei Marx, in
ökologischen, feministischen, gewerkschaftlichen und hu-
manitären Ansätzen. Das *gute Leben* muss man demnach
verstehen als eine Suche nach einem harmonischen Miteinander der Menschen untereinander und im Verhältnis zur
Natur. Natürlich darf man dabei existierende soziale Kon-
frontationen und die Fragen der Macht nicht ganz außer
Acht lassen. Jedoch geht es darum, das Prinzip des öffentlichen Guts zu verteidigen. Das Öffentliche ist mehr als die
Summe privater Interessen. Man muss das Gemeinsame

betonen, ohne das Individuelle zu vergessen. Es geht um Plurinationalität, Interkulturalität und Diversität, um soziale, wirtschaftliche, geschlechtliche, regionale Gerechtigkeit, um Freiheit, Gleichheit, Solidarität und Gegenseitigkeit, um es mal im Telegrammstil aufzuzählen. Das *gute Leben* darf man nicht mit dem Streben nach einem *besseren Leben* verwechseln, dem eine Ethik des unbegrenzten Fortschritts zugrunde liegt und das uns zu ständigem Wettbewerb antreibt, um immer mehr zu produzieren. Denken wir daran: Damit einige wenige *besser leben* können, müssen Millionen und Abermillionen *schlecht leben*.

Glauben Sie, dass man die reichen Länder überzeugen kann, dass sie etwas an ihrem Verhalten ändern müssen?

Acosta: Wenn die reichen Länder nichts ändern und die verarmten Länder ihnen nacheifern, wird die Menschheit auf einen kollektiven Selbstmord zusteuern. Wenn es schon keinen Platz für die Vernunft gibt, wäre es wünschenswert, wenn sich in den reichen Ländern wenigstens ein aufgeklärter Egoismus durchsetzen würde, der die Dinge korrigiert, bevor es zu spät ist. Es ist Zeit, nicht mehr dem *crecimiento*, dem Wachstum, so viel Raum einzuräumen, sondern dem *decrecimiento*, dem umgekehrten Wachstum. Mehr Gleichheit ist dafür der Schlüssel, sie ist die Vorbedingung, um Umweltprobleme und globale Ungerechtigkeit zu überwinden. Es sollten weniger die Reichtümer zählen oder was Menschen in ihrem Leben produzieren können, sondern das, was sie tun, um ihr Leben würdiger zu gestalten.

Bis zur Verabschiedung der neuen Verfassung sind Alberto Acosta und Präsident Correa politische Weggefährten. Doch 2008 kehrt Acosta seinem Freund den Rücken, er wirft Correa vor, messianische Züge an den Tag zu legen. Auf meine Frage, ob er selbst Präsident werden will, reagiert Acosta ausweichend. »Ich richte mich danach, was mein Vater mir gesagt hat: Sohn, versuch' nützlich zu sein, nicht wichtig«, sagt er.[21]

Obwohl sich ihre Wege politisch trennen, kämpfen Correa und Acosta auf internationalem Parkett weiterhin für ihre Yasuní-Initiative. Der Nationalpark ist ein einzigartiger Naturraum. Er liegt nahe der Grenze Ecuadors zu Peru. Auf einem Hektar wachsen dort mehr Baumarten als in den USA und Kanada zusammen. Forscher haben 4000 Pflanzen- und 600 Vogelarten gezählt. Es gibt indigene Völker, die in völliger Isolation leben. Mit der wäre es aus, wenn die Bohrtrupps anrückten, sagt Klaus Schenck von der Hamburger Initiative Rettet den Regenwald, der Entwicklungshelfer in Ecuador war. Die Ureinwohner hätten nur den Wald als Lebensgrundlage. Ihnen drohe bei einer Ausbeutung der Ölvorkommen die Ausrottung. Unter dem Park werden 850 Millionen Barrel Öl vermutet (ein Barrel entspricht 159 Litern), für die Ecuador auf der Basis des Marktpreises von 2008 einen Wert von sechs Milliarden Dollar errechnet hat. Damit könnte ein armes Land viel anfangen.

»Es ist ein Dilemma«, sagt der ecuadorianische Außenminister Fander Falconí im Juni 2009 bei einem Besuch in Berlin. Er ist im Auftrag des Präsidenten auf Werbetour in Europa für Yasuní. Da seine Regierung Wirtschaft und Naturschutz vereinen wolle, müsse man »ein praktikables Angebot vorlegen«, betont Falconí – Wald statt Öl, lautet es, wenn die Weltgemeinschaft bezahlt.[22] Die Entschädigung für den Verzicht aufs Öl soll über Spenden und über den Handel mit Emissionszertifikaten hereinkommen. Industrien, die das Klima schädigen, sollen Zertifikate kaufen, das Geld soll in einen international verwalteten Treuhandfonds fließen. Umweltverbände haben errechnet, dass der Atmosphäre immerhin 410 Millionen Tonnen Kohlendioxid erspart bleiben, wenn das Öl von Yasuní nicht verbrannt würde. Außenminister Falconí ist der Ansicht, dass der Vorschlag den

Schutz von Tropenwald und Klima »auf revolutionäre Weise ver-
eint«. Kritiker hingegen sprechen von Erpressung.

Ecuador findet Fürsprecher wie Felipe González, Michail Gor-
batschow oder Desmond Tutu. Die Grünen-Abgeordnete Ute
Koczy trägt das Projekt im Deutschen Bundestag vor, der beschließt, den Plan zu unterstützen. Erich Stather, Staatssekretär
im Entwicklungshilfeministerium in Berlin, bestätigt: »Wir haben uns da an die Spitze gesetzt.«[23]

Doch dann folgt im Herbst 2009 der Regierungswechsel, und
unter Schwarz-Gelb hat Yasuní plötzlich keine Konjunktur mehr.
Ecuador wartet vergeblich auf die Zusage Berlins. Der neue Entwicklungshilfeminister Dirk Niebel (FDP) lässt durchblicken,
dass er von Alleingängen nichts hält. In Ecuador löst das eine
Regierungskrise aus, Außenminister Falconí und andere, die erfolglos für das Projekt kämpften, müssen gehen. Präsident Correa droht, das Öl nun doch auszubeuten. Vor allem ärgert er
sich, als Bittsteller behandelt zu werden. Nach Correas Ansicht
hat Ecuador zwar wirtschaftliche Schulden, ist aber ein ökologischer Gläubiger. Correa spricht deshalb lieber von »Beitragszah-
lern«, die sich über das Yasuní-Projekt an der Finanzierung eines
öffentlichen Gutes beteiligen sollten.

Im Sommer 2010 gewinnt Ecuador die Unterstützung der Vereinten Nationen, die einen Treuhandfonds einrichten, in den die
reichen Länder 100 Millionen Euro einzahlen sollen. Das Geld
soll in Ecuador in Bildung und Infrastruktur fließen, in den Umbau des extraktivistischen Systems in eine Wissensgesellschaft.

Doch im August 2010 erteilt Entwicklungshilfeminister Niebel
(FDP) dem Projekt eine endgültige Absage. Er wolle nicht, dass
Deutschland den Vorreiter spiele, weil er Garantien vermisse,
dass wirklich kein Öl gefördert werde. Außerdem könnte die Initiative zu einem »Präzedenzfall« werden, andere Länder könnten nachziehen, was auf die Dauer zu teuer komme.

Doch genau auf diese Präzedenzfallwirkung haben die Ecuadorianer und Naturschützer weltweit gesetzt. SPD und Grüne, nun

in der Opposition, laufen erfolglos Sturm gegen Niebels Weigerung. Alberto Acosta schreibt am 15. September in einem offenen Brief: »Heute vormittag erhielt ich mit großer Sorge und einiger Empörung die Nachricht über die Weigerung des deutschen Entwicklungshilfeministers, den Yasuní-Fonds zu finanzieren. Sollte sich diese Position konsolidieren, so käme das einem harten Schlag, ja einem Dolchstoß für die Initiative gleich. Wir rechneten fest mit dem deutschen Beitrag. (…) Die Europäische Union behauptet, sie spiele bei den Initiativen zur Eindämmung des Klimawandels eine Vorreiterrolle. Dies muss mehr beinhalten als bloße Worte. Die europäischen Länder haben nicht nur eine schwere soziale und historische Schuld zu tragen, sie tragen seit ihrer Industrialisierung auf der Grundlage fossiler Brennstoffe auch eine Schuld in Sachen Klimawandel. In diesem Kontext kommt der Unterstützung der Initiative große Bedeutung zu. (…) Dieser Rückzieher Deutschlands könnte nun den großen Vorwand liefern, um das Scheitern herbeizuführen, worauf die Vertreter der Ölindustrie sowohl in Ecuador als darüber hinaus nur spekulieren.«[24]

Ecuador schickt mehrere Delegationen nach Deutschland, die das Entwicklungshilfeministerium umstimmen sollen. Doch Niebel empfängt sie nicht und zeigt sich auch ansonsten unbeeindruckt. Er lässt Ecuador auf einer Südamerikareise im Herbst 2010 demonstrativ aus. Italien, Spanien, Portugal, Kanada, Chile, Südafrika und sogar Indien melden zwar Interesse an, doch konkrete Schritte bleiben vorerst aus. Das Projekt macht vorerst nur als Wortschöpfung international Karriere. »Yasunizing« wird im Englischen ein Synonym für die Nichtausbeutung von Rohstoffen, zum Etikett eines neuen Denkansatzes.

Joan Martinez-Alier, Professor für Wirtschaft und Wirtschaftsgeschichte an der Universität Barcelona, sagt über Ecuador: »Das Land trägt keine historische Verantwortung für den Klimawandel wie eigentlich der ganze Süden der Erde. Der Norden schon. Trotzdem ist es nun ein Land des Südens, das ganz neue Wege geht, um die Erderwärmung einzudämmen. Darauf sind viele Menschen dort stolz.«[25] Dieser Stolz spricht aus dem offenen Brief Alberto Acostas: »Wir werden (…) das Öl im Boden belassen, obwohl die internationalen Beiträge vielleicht nicht zusammenkommen.«[26]

Der Weg des weißen Pulvers

> »Wenn du Schmerz im Herzen, Hunger in deinem Fleisch
> und Dunkelheit in deinem Geist verspürst,
> führe die heiligen Blätter zum Munde und du wirst
> Folgendes finden: Liebe anstatt Schmerz, Antworten auf
> deine Fragen, Nahrung für deinen Körper und Licht für deinen
> Verstand. Aber wenn der weiße Mann die heiligen Blätter
> berührt, wird er nur Gift für seinen Körper und Wahnsinn
> für seinen Verstand finden.«
> Andine Weissagung

Der Weg zur Erforschung einer der finstersten Erscheinungsformen des Extraktivismus führt in die bolivianischen Yungas, den fruchtbaren Landstrich an der Schnittstelle zwischen Anden und Amazonas. Um dorthin zu gelangen, muss man von La Paz aus einen Bus nehmen, der in wenigen Stunden mehr als zweitausend Höhenmeter abwärtsfährt. Bis vor wenigen Jahren war die Verbindung ein holpriger Feldweg, der hart an den steilen Abgründen der Andentäler entlangführte. Immer wieder stürzten Busse und Lastwagen von der »Straße des Todes« in die Tiefe. Vor wenigen Jahren wurde mit Entwicklungshilfegeld auf der gegenüberliegenden Talseite eine neue Verbindung gebaut, die zwar auf nicht weniger halsbrecherische Weise Gebirgskämme und Schluchten überwindet, dafür aber breiter und asphaltiert ist. Allerdings holt sich der Berg alljährlich zur Regenzeit durch Erdrutsche immer mal wieder Teile der Fahrbahn zurück, die dann erst mühsam mit Planierraupen freigeräumt werden muss, was wüste Schotterabschnitte zurücklässt, durch die schlammige Rinnsale fließen.

Wir wollen in die Yungas, um den bolivianischen Kokaanbau kennenzulernen. Die klapprigen Busse starten in einem schmuddeligen Außenbezirk von La Paz. Es ist ein düsterer Novembertag 2010, es regnet, auf den löchrigen Straßen stehen die Pfützen, der Himmel hängt voller düsterer Wolken, die sich an den gewaltigen Bergmassiven stauen. Es ist nicht leicht, in dem Gewimmel das richtige Gefährt zu finden. Das Dach eines alten Toyota-Kleinbusses wird beladen mit riesigen Ballen, Werkzeug, Baumaterial und anderen Dingen, die die Menschen in den Yungas brauchen. Im Fahrgastraum gibt es nicht mal Fensterkurbeln, jeder Quadratzentimeter wird benötigt. Ein Dutzend Menschen zwängt sich in die Kabine, zuletzt legt sich noch ein Passagier im Fußraum quer.

An der Passhöhe oberhalb von La Paz besteht die letzte Gelegenheit, sich mit gebratenen Meerschweinchen, Maiskolben und anderen andinen Delikatessen zu stärken. Von dort aus schlängelt sich die Straße in Hunderten Serpentinen und Spitzkehren abwärts. Während der Fahrt hoffen wir stark, dass der Fahrer von Zeit zu Zeit die Bremsen durchsehen lässt, immerhin legt er die Strecke mehrmals am Tag zurück. Es stinkt nach dem Abrieb überhitzter Beläge.

Kurz nach dem Pass passieren wir einen nachlässig besetzten Kontrollpunkt der Drogenfahndung. Er wurde unter dem früheren Präsidenten Gonzalo Sánchez de Lozada auf Verlangen der US-Drogenkontrollbehörde Drug Enforcement Agency (DEA) eingerichtet. Die Yungas sind das wichtigste Kokaanbaugebiet Boliviens, und nur eine bestimmte Menge Blätter darf hier durch – eben die Menge, von der man errechnet hat, dass sie den täglichen Konsum deckt. Der wächst ständig, das Kauen von Kokablättern ist modern geworden in Bolivien, seit Präsident Evo Morales regiert, der selber mal Kokabauer war. Nicht mehr nur Dorfbewohner in den Anden zermalmen die grünen Blättchen, auch Studenten, Intellektuelle, Hausfrauen und gestresste Geschäftsleute in den Hochhausquartieren von La Paz.

Die knapp dreistündige Reise von 4 000 auf 1 750 Meter Höhe ist wie eine Fahrt mit dem Aufzug von der kargen Hochebene hinab durch alle tropischen Vegetationszonen. Anfangs stürzen Wasserfälle senkrecht von den schwarzen Felsen. Man sieht Lamaherden vorbeiziehen, ein paar gelbliche Gräser neigen sich im Wind. Es nieselt kalt. Mit jeder Spitzkehre jedoch wird die Vegetation grüner und dichter, Farne tauchen auf, schließlich Bananenstauden, tropische Blumen ragen aus dem Dickicht, Schlingpflanzen hängen herab, fettes Dschungelgrün dünstet Nebelschwaden aus. Bunte Vögel fliegen auf. Schließlich kommt die Sonne durch, es wird richtig heiß. Aus den Fenstern der Hütten am Straßenrand tönt keine melancholische andine Flötenmusik mehr, sondern der suggestive Rhythmus tropischer Cumbia-Musik.

Der Ort Coroico, unser Ziel, liegt auf einem Felssporn über einem lieblichen Tal, kleine Bauernhäuser säumen die grünen Hügel, Feldwege schlängeln sich durch die rote Erde. Man sieht in der Ferne den sechstausend Meter hohen Huayana Potosí aufragen. Coroico liegt am Schnittpunkt zwischen zwei extremen Welten, den Anden und Amazonien. Das Land versinkt im blauen Abenddunst.

Ich rufe Panfilo Gutierrez an, dessen Handynummer mir die Kokakooperative in La Paz gegeben hat. Er ist der Chef der örtlichen Kokabauern. Wir verabreden uns am Dorfplatz. Wie ich ihn erkennen könne? Er sei ein *negrito*, antwortet Gutierrez am Telefon. In den Yungas leben viele Afrobolivianer, die Nachkommen von Sklaven, die in den Silberbergwerken von Potosí schufteten und von denen einige schon zur Kolonialzeit in diese abgelegene Gegend flüchteten.

Gutierrez repräsentiert 2 500 Kokaproduzenten, von denen die meisten nur winzige Parzellen besitzen, die gerade reichen, die Familie zu ernähren. Sie könnten statt Koka auch Zitrusfrüchte, Kaffee oder Bananen anbauen, tatsächlich hatte die Regierung Sánchez de Lozada mit US-amerikanischer Hilfe eine

Art Ausstiegsprogramm für Kokabauern aufgelegt, den Anbau der Pflanze geächtet. Nach dem Amtsantritt von Evo Morales kehrten die meisten jedoch zu Koka zurück. Das hat mehrere Gründe: »Um Orangen abzutransportieren, brauche ich einen Laster«, sagt Gutierrez. Einen Sack Koka hingegen könne man auch mit dem Bus nach La Paz schicken. Koka ergebe drei Ernten im Jahr, es sei einfach »die günstigste Pflanze«. Reich werde man damit trotzdem nicht. Das Geld sei eben genug, damit seine sechs Kinder zu essen hätten und in die Schule gehen könnten. fünftausend Dollar im Jahr könne er mit Koka verdienen, mit Maracuja höchstens zweitausend. Das ganze Dorf lebe von Koka, dazu komme ein bisschen Tourismus.

Zu Zeiten der Präsidentschaft Sánchez de Lozadas seien die meisten Bewohner abgewandert, »unser Dorf war leer«. Gutierrez arbeitete als Bauarbeiter und Holzfäller, »wir hatten Hunger und waren Sklaven«. Jetzt, da wieder Koka angebaut werden könne, fühlten sie sich frei, sagt der Bauer. Fast alle Dorfbewohner seien wieder da. 15 000 Einwohner hat Corocio heute.

Zum wirtschaftlichen Gewinn kommt der hohe Stellenwert von Koka in der bolivianischen Gesellschaft. »Es stärkt uns für unsere harte Arbeit und es nimmt uns die Traurigkeit«, sagt Gutierrez' Stellvertreter Ponciano Canchillo. Um Kokapflanzen zu sehen, muss man nicht weit gehen. Gutierrez führt uns zu einem Beet zwischen den Palmen auf dem Marktplatz von Coroico und zupft ein paar Blättchen ab. Koka wächst dort wie woanders Buschröschen. Dann deutet er auf das Rathaus. Dort hängt das Wappen Coroicos, es zeigt Kokablätter. »Koka ist unsere Tradition, unser Stolz«, sagt Gutierrez. Es gehört zu jeder Versammlung. Man setzt sich zusammen, jeder packt sein Kokasäckchen aus, man bietet einander Blättchen an, vergleicht die Qualität, dann erst kann das Palaver losgehen. Ein Kokafeld gehört als Mitgift zu jeder Hochzeit. Die Pflanze scheint so zu der Gegend zu gehören wie der Riesling zum Rheingau. In der Tat sehen die terrassierten Felder aus der Ferne ein wenig aus wie Weinberge.

Gutierrez versichert, dass die Koka aus den Yungas nur zum Kauen da sei. Alles sei genau registriert. Die Sorte hier sei süßer als die aus Chiapare, dem anderen großen Anbaugebiet Boliviens, wo auch Kokain hergestellt werde. In den Yungas gebe es keine Kokainküchen, behauptet er. Und wenn sich einer der Bauern mit den Drogenhändlern einlasse, werde er aus der Gemeinschaft ausgeschlossen, eine schlimme Strafe. Die traditionell starke soziale Kontrolle in den andinen Gemeinschaften hat seit Evo Morales' Amtsantritt eine Stärkung erfahren. Die Regierung propagiert sie gezielt, zum Teil tritt sie an die Stelle des geschriebenen Gesetzes oder ergänzt dieses. Die Drogenhändler seien sowieso keine Einheimischen, »die meisten sind Peruaner«, sagt Gutierrez. Sie seien bewaffnet, und hin und wieder gebe es Zusammenstöße. Aber man habe die Lage unter Kontrolle.

Wenn man durch die Berge wandert, sieht man, dass überall neue Felder angelegt werden. Die Männer stehen auf den steilen Hängen und graben Terrassen, man muss aufpassen, dass einem keine Erdbatzen auf den Kopf fallen, wenn man auf den Trampelpfaden darunter vorbeigeht.

Kokaanbau folgt einer uralten Tradition. Schon seit 1830 gibt es in den Yungas Produzentenvereinigungen. Bis nach Argentinien wird das Kraut verkauft, dort dürfen es die indigenen Völker kauen. Zu Beginn seiner Amtszeit pflegte Präsident Morales Blättchen auf Dienstreisen mitzunehmen, obwohl die Einfuhr in Europa und den USA streng verboten ist. Bei Reden auf internationalen Veranstaltungen zog er gern Koka aus der Tasche, um seine Ausführungen über die segensreiche und stressabbauende Wirkung der Blätter zu illustrieren. Für ihn ist Koka die Symbolpflanze seines »neuen Bolivien«. Im Januar 2011 schickt er seinen Außenminister David Choquehuanca nach Europa, um dort für eine Legalisierung von Koka zu werben. Seit 1961 stehen die Blätter der Kokasträucher auf der Rauschmittelliste der Vereinten Nationen. Doch Evo Morales ist sich sicher: »Wir haben genügend juristische, kulturelle, soziale und sogar wissenschaftliche Argumente, um zu beweisen, dass Koka kein Kokain ist«, sagt er bei einer Pressekonferenz.[27]

An sich ist das Kokablatt in der Tat nicht gesundheitsgefährdender als eine Banane. In den Andenländern wird es seit präkolumbischer Zeit als Heilmittel verwendet, ihm wird mythische Kraft zugeschrieben. Archäologen fanden Hinweise, dass Koka schon 1200 vor Christus konsumiert wurde, im ländlichen Bolivien kauen es heute neunzig Prozent der Menschen. Es hilft unter anderem gegen die Höhenkrankheit, weshalb auch den Touristen in den Luxushotels der Anden Kokatee gereicht wird. Man kann die Blätter auf jedem Markt kaufen, ich selbst habe nie eine irgendwie narkotisierende Wirkung feststellen können. Im kleinen Kokamuseum von Puno am Titicacasee werden der Pflanze vielerlei heilende Wirkungen zugeschrieben, angeblich wirke sie gegen Zahnfleischentzündung, Magenbeschwerden oder Halsschmerzen, sie verringere die Thrombosegefahr, bessere die Stimmung und rege die Atmung an, deshalb der wohltuende Effekt bei Höhenkrankheit.

Die Extraktion von Kokain aus den Kokablättern als Massengeschäft ist aus andiner Sicht ein typischer Ausdruck des Strebens der industrialisierten Welt nach extremen Reizen. Der bescheidene gesundheitsfördernde Effekt des Blattes reiche den Konsumenten nicht, die Wirkung müsse zum Äußersten getrieben werden. Dabei könnten der gelassene Umgang der andinen Völker mit Koka und der bewusste Verzicht auf die Maximierung des Effekts als Vorbild für eine Kultur der Mäßigung und Zurückhaltung beim – sicher nicht zu unterbindenden – Konsum von Rauschmitteln dienen. So in etwa der Standpunkt der bolivianischen Regierung.

In Bolivien sind 12 000 Hektar Anbaufläche legal, doch 30 000 soll es laut Satellitenaufnahmen geben. Neuerdings haben die Kontrollen nachgelassen. Präsident Morales hat die US-amerikanische DEA des Landes verwiesen, um die Souveränität zurückzuerlangen, wie er sagt. Dass diese 30 000 Hektar zu viel sind allein für den inländischen Konsum von Blättern, steht allerdings außer Frage. Ein Teil der Ernte landet in den Kokainküchen von Chiapare, neunhundert soll es dort geben; aber sie stehen auch zwischen den Bretterhütten von El Alto. Kokain wird aus Koka erst durch die aufwendige Extraktion des Alkaloids. Sie gelang erstmals 1860 dem deutschen Forscher Albert Niemann. Er setzte es zur Zahnbehandlung ein. Angeblich hatten das schon die Inkas getan. Anfang des 20. Jahrhunderts enthielt auch Coca-Cola rund 250 Milligramm Kokain pro Liter. Noch heute befinden sich in der Brause Inhaltsstoffe der Blätter, allerdings ohne das Alkaloid.

In den illegalen Kokainküchen werden die Blätter mit großen Mengen Kalk, Kerosin, Diesel, Schwefelsäure und Kalium vermengt und in Plastikwannen mit Gummistiefeln zu einer Masse getrampelt und zum Setzen liegengelassen. Aus 328 Kilogramm Koka kann man laut Kokamuseum in La Paz ein Kilogramm »Pasta basica« gewinnen. Die wiederum ergibt nach weiteren chemischen Eingriffen ein Viertelkilo Kokain-Hydrochlorid, das eigentliche Kokain. Ein Kilo Koka kostet auf dem Markt etwa fünf Dollar, ein Kilo Kokain je nach Marktlage und Verfolgungsdruck auf dem Schwarzmarkt in New York, Madrid oder München zwischen 10 000 und 70 000 Dollar. Der größte Gewinn entsteht durch die Illegalität.

Schnappt Shorty

So wie sich im Zweiten Weltkrieg die Kriegsmaschinerie Europas vom uruguayischen Corned Beef, chilenischen Salpeter und argentinischen Stiefelleder nährte, so versorgen kolumbianische und mexikanische Kartelle heute die europäische und nordamerikanische Finanzwelt mit dem Stoff, den sie zum Laufen braucht. Die grassierende Sucht nach dem weißen Pulver in den Lofts und Börsentoiletten bringt in Lateinamerika ganze Länder an den Rand des Zusammenbruchs: In den 1990er Jahren greift die Mafia in Kolumbien nach dem Staat, infiltriert Armee, Polizei und Parlament. Seit der Jahrtausendwende ist es vor allem Mexiko, das unter den Kartellen leidet.

Die Banden tun sich leicht, weil die Armut in Lateinamerika ihnen ständigen Nachwuchs zuführt. Jugendlichen in den Elendsvierteln erscheint es attraktiver, sich *pandillas*, Straßengangs, anzuschließen, als Wege zu kehren oder im Supermarkt den Reichen für ein paar Pesos Trinkgeld die Einkäufe in die Tüten zu packen. Die betroffenen Länder und die USA stecken Milliarden in die Bekämpfung des Kokainhandels, sie führen Krieg im Urwald und in den Städten, vernichten Kokaplantagen mit Pestiziden aus der Luft. In Bolivien ist der Kokaanbau legal, in Peru in manchen Gegenden. In Kolumbien hingegen wird Gift gesprüht. Um ihre Pflanzungen zu schützen, verminen die Kokabauern die Felder, weshalb Kolumbien die meisten Minenopfer der Welt zu beklagen hat.

Doch trotz aller Anstrengungen wächst die Anbaufläche stetig. Das bolivianische, peruanische und kolumbianische Kokain durchquert halb Amerika. Es wird über die Karibik verschifft und an den wilden und unkontrollierbaren Gestaden Zentralamerikas abgeladen und auf dem Landweg nach Mexiko weitertransportiert. Dort haben die Kartelle in manchen Gegenden die Herrschaft übernommen, sie morden, erpressen, entführen im großen Stil, stellen die Autorität der Behörden in Frage und ersetzen sogar den Staat, indem sie Schulen und Krankenstationen bauen, die unter ihrer Kontrolle stehen

2009 führt das Magazin *Forbes* den mexikanischen Drogenboss Joaquín Guzmán, genannt El Chapo (spanisch für »der Kurze«), auf der Liste der einflussreichsten Männer auf Platz 41 – vor dem Präsidenten Frankreichs und hinter Irans geistlichem Führer. Mexikos Präsident Felipe Calderón taucht in der Liste überhaupt nicht auf. Guzmáns Reichtum wird auf mehrere Milliarden Dollar geschätzt – und er ist nur einer von Dutzenden

Bossen seines Kalibers. Das FBI nennt den 1,67 Meter kleinen ehemaligen Orangenverkäufer »Shorty«. Für seine Anhänger hingegen ist er das »Ass der Sierra«, der den in Mexiko wenig beliebten staatlichen Behörden immer wieder ein Schnippchen schlägt. So wird er in Liedern, sogenannten Narcocorridos, verherrlicht. Guzmán kontrolliert fast die Hälfte des Drogentransports aus Kolumbien in die USA, er nutzt dafür eine Flotte eigener Kleinflugzeuge und Schiffe.

45 000 Soldaten hat Präsident Calderón zur Bekämpfung des Drogenhandels aufgeboten, doch weder haben sie den »Kurzen« fassen, noch das Drogenproblem sonst in irgendeiner Weise lösen können. Auf Fotos posiert Guzmán gern mit riesigen Gewehren oder mit Baseballkappen, die nach oben hin ausgebeult sind, möglicherweise, um größer zu wirken. Ein einziges Bild gibt es von ihm in Gefangenenkleidung. Da bekamen sie Guzmán 1993 im Nachbarland Guatemala zu fassen. Er wurde in ein Hochsicherheitsgefängnis in Mexiko verlegt – und entkam 2001, angeblich in einem Wäschereiwagen. Bei der Flucht sollen achtzig Leute geholfen haben – ein Zeichen, dass El Chapo mit den Behörden im Bunde stehen könnte. Dass es dabei keine Toten gab, wird in Narcocorridos ausdrücklich gewürdigt. Dabei hat Guzmán Hunderte, wenn nicht Tausende Menschen auf dem Gewissen – und auch selber teuer bezahlt. Sein Sohn Edgar starb im Kugelhagel von Rivalen. Er ist einer von mehr als 35 000 Menschen, die zwischen 2006 und 2010 im Drogenkrieg in Mexiko ums Leben gekommen sind.

In der Bevölkerung Mexikos regt sich zunehmender Widerstand gegen den Drogenhandel und die ausufernde Begleitkriminalität. Eine neue Form von Bürgersinn entsteht – genährt von der Hilflosigkeit des Staates. Komitees werden gegründet. »Wir müssen Mexiko zurückerobern«, fordert Alejandro Martí, Vater eines von Gangstern ermordeten Jugendlichen.

Doch es nützt alles nichts. In den nördlichen Bundesstaaten Sonora, Tamaulipas und Sinaloa herrschen die Kartelle, die Kokain in die USA schmuggeln, sich mal blutig bekämpfen, mal verbünden. »Komantschen-Territorium« nennt die Presse die Zonen der Gesetzlosigkeit. Die schlecht bezahlte Polizei ist von Verbrechern unterwandert. In Tijuana patrouilliert das Militär auf den Straßen, ganze Polizeigarnisonen werden entwaffnet, weil sie mit Mördern, Drogenhändlern und Entführern kollaboriert haben sollen. Die wenigen ehrlichen Polizeichefs werden bedroht und ermordet, zum Teil von eigenen Leuten. Ciudad Juárez ist gefährlicher als Bagdad.

In den USA hält man das Nachbarland für eine Art zweites Kolumbien, weshalb der Senat in Washington zur Amtszeit von George W. Bush im Juni 2008 den Plan Mérida verabschiedet, der Mexiko Millionen Dollar Hilfe für die Drogenbekämpfung gewährt. Tatsächlich wurden in Kolumbien in den 1990er Jahren mit einem ähnlichen Plan die Kartelle von Medellín und Calí zerschlagen. Es bewährte sich die Praxis, gefangengenommene Drogenbosse in die Vereinigten Staaten auszuliefern, wo sie im Gefängnis keinerlei Protektion und Privilegien genießen und ihre Banden nicht mehr von der Zelle aus lenken können. Doch nun sind die zu Drogenhändlern gewendeten früheren Rebellen der »Revolutionären Streitkräfte Kolumbiens« (FARC)[28] und die blutrünstigen Paramilitärs die Profiteure des Kokaanbaus – und die mexikanischen Kartelle, die den Transport organisieren.

Den mexikanischen Behörden gelingen immer wieder spektakuläre Festnahmen. Aufsehen erregt etwa 2007 die Verhaftung der mexikanischen Clanchefin Sandra Ávila Beltrán, genannt »Königin des Pazifik«. Sie führte durch eine Liaison mit dem kolumbianischen Drogenboss Juan Diego Espinoza Ramírez alias El Tigre zwei Kartelle zusammen wie bei einer mittelalterlichen Fürstenhochzeit.

Der konservative Präsident Calderón spricht bei seinem Amtsantritt 2006 von einem »Krebsgeschwür, das sich ausbreitet«. Er stellt einen Achtzig-Punkte-Plan auf, der verspricht, die Polizei besser auszurüsten und zu überwachen, Verbrecher einerseits härter zu bestrafen, sie andererseits auch in die Gesellschaft einzugliedern und die Justiz neu zu strukturieren.

Doch 2010 sind die Fortschritte gering. Bei einem Staatsbesuch im September in Berlin antwortet Mexikos Außenministerin Patricia Espinosa auf meine Frage, wie lange dieser Krieg noch dauern solle: »Wir wissen es nicht. Was wir versuchen, ist, unsere juristischen und polizeilichen Strukturen zu verbessern. Aber alles muss erst durch das Parlament. Seit acht Jahren arbeiten wir daran, fünf Jahre brauchen wir noch. Wir haben die Ausbildung unserer Sicherheitskräfte verbessert und ultramoderne Datenbanken angelegt. Es gibt Opferschutz und schnellere Prozesse. Eine Schwäche ist die Unterteilung der Polizei in so viele Einheiten. Das kann man nicht von heute auf morgen ändern.«

Immerhin hat die Regierung Sozialprogramme verabschiedet, um das Problem an der Wurzel zu packen: der Armut. Espinosa sagt: »Diese Regierung hat eine soziale Agenda, die größer ist denn je. Wir haben überall gekürzt, nur die Sozialprogramme wachsen. 34 Millionen Mexikaner bekommen Unterstützung. Bald soll das Gesundheitssystem gratis für alle offenstehen. Wir investieren in Erziehung. Der Mittelstand in Mexiko ist stark gewachsen in den letzten Jahren.« Doch alles helfe nichts, wenn die internationale Gemeinschaft nicht mitmache. Solange mit Drogen in den Industrieländern solche Gewinne zu erzielen seien, könne Mexiko tun, was es wolle.

Das Undenkbare denken

Die Forderung nach einer neuen internationalen Drogenpolitik wird seit langem in Lateinamerika erhoben. 2009 erklärt die »Comisión Latinoamericana sobre Drogas y Democracia«, die lateinamerikanische Kommission über Drogen und Demokratie, unter Vorsitz der drei Expräsidenten César Gaviria aus Kolumbien, Ernesto Zedillo aus Mexiko und Fernando Henrique Cardoso aus Brasilien den von den USA ausgerufenen »Krieg gegen die Drogen« für verloren. Trotz aller Anstrengungen und Opfer wachse der Anbau und Handel stetig. Das habe zu »unannehmbaren Auswüchsen der Gewalt, einer Korrumpierung der Behörden und einer Kriminalisierung der Politik« geführt. Das gängige Repressionsmodell beruhe auf »Vorurteilen, Befürchtungen und ideologischen Standpunkten«. Drogen seien ein »Tabuthema«, weshalb jede öffentliche Debatte über eine alternative Politik unterdrückt werde. Konsumenten würden in geschlossene Zirkel abgedrängt, wo sie empfänglich seien für das organisierte Verbrechen. Dieses Tabu müsse gebrochen werden. Vor allem die »prohibitionistische Strategie« der USA weise Defizite auf. Es sei an der Zeit, sich einem »Paradigmenwechsel« zu stellen.

Explizit nennt die ehrenamtliche Kommission, der unter anderem die Schriftsteller Mario Vargas Llosa aus Peru, Sergio Ramírez aus Nicaragua und Paulo Coelho aus Brasilien angehören, eine Entkriminalisierung der Konsumenten und eine bessere Behandlung ihrer Sucht. Gelöst werden könne das Problem nur durch eine Senkung der Nachfrage in den Konsumentenländern. Dazu sei mehr Aufklärung nötig, wie sie bei der Tabaksucht längst erfolge und wo große Fortschritte erzielt worden seien. Die Länder müssten Drogenkonsumenten wie Kranke und nicht wie Kriminelle behandeln. Drogenabhängigkeit sei keine Angelegenheit der Polizei, sondern der öffentlichen Gesundheitsvorsorge. Die Staaten müssten die Voraussetzung schaffen, dass Süchtige ihre Rauschmittel nicht auf dem illegalen Markt kauften, sondern als Patienten angesehen würden. Nur so könnten dem Handel die enormen Einnahmen entzogen werden. Es ergebe keinen Sinn, die Gefängnisse mit Marihuanakonsumenten zu füllen, wie es die USA täten. Außerdem müssten Bauern, die Drogen anbauten, Alternativen aufgezeigt werden, die seriös finanziert seien, fordert die Kommission in ihrer vielbeachteten Studie.[29] All das koste Geld – aber weniger als die vielen hundert Milliarden, die in den gescheiterten Drogen-krieg investiert würden.

Längst haben Forscher und Politiker die Anregungen der Kommission weiterentwickelt, sie als Aufforderung interpretiert, »das Undenkbare zu denken«: nämlich Drogen kontrolliert unter medizinischer Aufsicht freizugeben. Dies propagiert unter anderen der frühere spanische Ministerpräsident Felipe Gonzá-lez, der im Ruhestand die Lateinamerikapolitik zu einem seiner Schwerpunkte gemacht hat und Regierungen berät. Eine Freigabe des Konsums illegaler Rauschmittel sei der einzige Weg, um der Drogenkriminalität in Lateinamerika Herr zu werden, sagt González 2010 bei einer Veranstaltung der mexikanischen Botschaft in Madrid. Das Drogenproblem sei nicht auf Mexiko zu reduzieren.»Mexiko stellt die Toten«, während die Milliardengewinne »auf der anderen Seite« der Grenze, nämlich in den USA, eingesackt würden. »Von dort kommen auch die Waffen.«[30] González betont, eine Legalisierung sei aber nur sinnvoll, wenn sie multilateral erfolge.

In einem Interview mit der spanischen Zeitung *El País* vergleicht Brasiliens Expräsident Fernando Henrique Cardoso die momentane Drogenpolitik mit der Alkoholprohibition in den USA in den 1920er Jahren, die zu nichts geführt habe.[31] Damals beherrschten durch Alkoholschmuggel stark gewordene Gangsterbanden ganze Städte wie Chicago. Mit der Aufhebung der Prohibition kam ihnen die wichtigste Einnahmequelle abhanden. Der Spuk verschwand, wie er gekommen war.

Kinder einer Vergewaltigung

»Wir betrachten alles gleichzeitig vom Standpunkt der Logik
und der Natur aus, von der Vernunft und dem Mythos,
vom logischen Denken und vom magischen Denken.«
William Ospina, *América mestiza. El país del futuro*

Es kam der Tag, da hatte Luís Castañeda den Anblick satt. Jeden Morgen, wenn er das Fenster seines Büros aufmache, klagte der Bürgermeister von Lima, müsse er in dieses »drohende und aggressive Antlitz« sehen. Also entschied Castañeda: Der Pizarro muss weg.

Dass die Jirón de la Unión, die zentrale Einkaufsstraße der peruanischen Hauptstadt, 2003 gerade zur Fußgängerzone umgebaut wurde, kam Castañeda zupass. Das Reiterstandbild des Eroberers von Peru stehe da ohnehin im Weg, befand er. Der bronzene Francisco Pizarro wurde also auf einen Pritschenwagen verfrachtet. Der vorerst letzte Ritt des Hidalgo-Sohns, Schweinehirten aus Extremadura und Vernichters des Inkareiches, führte in eine städtische Lagerhalle. Die Nachkommen der Inkas klatschten Beifall. Für sie begann die Geschichte Perus nicht mit Pizarro, sie endete mit ihm. Der Eroberer sei ein Völkermörder und kein Volksheld, hieß es im indigenen Internetforum Quechua Network. Castañeda habe richtig gehandelt. Für die Völker der Quechua und Aymara war die Beseitigung der Pizarro-Statue der symbolische Beginn der »Entpizarrisierung«, sprich der Beseitigung eines noch immer andauernden Herrschaftssystems, das der Eroberer begründet hatte.

Dieses System fußt auf der absoluten Vorherrschaft der Nachkommen europäischer Einwanderer. Einer ihrer prominentesten Vertreter ist der Schriftsteller Mario Vargas Llosa. Er hatte für Luís Castañedas Denkmalsturz nur Spott übrig. Der Bürgermeister solle sich doch mal seinen eigenen Namen anschauen, empfahl der Schriftsteller ihm in einem Essay mit dem Titel »Die

Spaniermörder«.[32] Spanischer als Castañeda gehe es ja kaum. Die koloniale Vergangenheit zu verneinen, komme einer Selbstverleugnung gleich, die der Grund für die Minderwertigkeitskomplexe vieler Lateinamerikaner sei, schrieb Vargas Llosa. Castañeda wäre gar nicht da ohne die Konquistadoren, seine Vorfahren. Pizarro in dieser Weise zu behandeln sei letztlich ein Akt von Selbsthass.

Der Bürgermeister blieb unbeeindruckt. Er ließ die Statue in einer städtischen Grünanlage am Rande der Altstadt Limas aufstellen, wo sie nicht so leicht zu finden ist, weil sie halb von einer Fußgängerrampe verdeckt wird und keinen Sockel mehr hat. An der Stelle im Zentrum, wo der Eroberer früher gestanden hatte, ließ Castañeda die vielfarbige Flagge aufpflanzen, die für Tahuantinsuyo steht, das untergegangene Reich der Inkas in den Anden.

Laptop statt Speer

Der Streit um die Pizarro-Statue reflektiert die Probleme, die die Völker Lateinamerikas stets bei der Beantwortung der Frage geplagt hat, wer sie eigentlich sind. Klar für sich beantwortet haben dies nur zwei Gruppen: zum einen die, die sich dem europäischen Erbe zuordnen, also die Mehrzahl der Argentinier und Uruguayer oder die Angehörigen kleiner Eliten in Ländern wie Peru oder Kolumbien. Zum anderen die direkten Nachkommen der präkolumbischen Völker, also etwa die Quechua und Aymara in den Anden, die Guaraní in Paraguay, die Ashaninka in Peru, die Yanomani in Brasilien oder die Maya in Guatemala. Sie sprechen ihre indigenen Sprachen und bekennen sich zu ihrer jahrhundertealten Kultur, deren Elemente sie durch die Zeit zu retten versucht haben. Das hispanische Erbe empfinden sie als kulturelle Deckschicht, als Vehikel zur Bewältigung des Alltags in einem fremdbestimmten System. Ein Ausdruck dieser Haltung ist der Synkretismus, also die Aufrechterhaltung alter religiöser Praktiken unter dem Kleid des Katholizismus.

Seit Evo Morales Staatschef von Bolivien ist, hat der Indigenismus international eine Stärkung erfahren. Den Nachkommen der Ureinwohner von Peru, Ecuador, Paraguay oder Brasilien verschaffte seine Karriere die Gewissheit: »Einer von uns kann Präsident werden.« Der kolumbianische Indioführer Ramiro Manquillo Cotacio sagt auf einer Europareise, Morales habe seiner Bewegung »Jovenes Indigenas« viel Mut gemacht.[33] Manquillo Cotacio gehört zu einem neuen Typus junger, gut ausgebildeter Indigener, die mit Laptop und nicht mehr mit Speer für ihre Rechte kämpfen. Sie sprechen vor Parlamenten und internationalen Organisationen und führen traditionelle und moderne Denkweisen zusammen. Sie sind für ihre Völker wertvolle Mittler zwischen den Kulturen und streben nach politischer Macht.

Auch in Peru findet Morales Nachahmer, doch ist es für die Indigenen dort schwerer, sich politisch Gehör zu verschaffen. Das liegt zum einen daran, dass die Klassengesellschaft noch festgefügter ist als in Bolivien, die kreolische Elite ist mächtiger, der Rassismus ausgeprägter. Der erste Mestizen-Präsident von Peru, Alejandro Toledo (2001 bis 2006), hat trotz seiner Leistungen bei der Stabilisierung des Landes nach dem Krieg gegen die Terrororganisation Leuchtender Pfad[34] mit dem unverhohlenen Rassismus der Führungsschicht zu kämpfen. Von dieser wird er herablassend »Cholo Toledo« genannt, *cholo* ist in Peru ein Schimpfwort für Indigene.

Zum anderen lösen linke und indigenistische Ansätze in Peru Aversionen aus, weil sie mit der Terrorgruppe Leuchtender Pfad assoziiert werden. In den 1980er und 1990er Jahren verbreitete die Gruppe Angst und Schrecken. Die Terroristen verkündeten, sie würden den Inkastaat wieder aufbauen – mit maoistischem Antlitz. Um das durchzusetzen, töteten und folterten sie mit barbarischer Brutalität und dogmatischer Konsequenz, oft wurden sie mit den Roten Khmer in Kambodscha verglichen. An diese Zeiten will in Peru niemand anknüpfen.

Auch in einem weiteren Land Lateinamerikas mit indigener Mehrheit, in Guatemala, scheint der Weg zu einer Gleichberechtigung noch weit zu sein. Zwar gibt es dort auch eine Führungsfigur, die Friedensnobelpreisträgerin Rigoberta Menchú. Doch scheint man ihr nicht allzu viel politische Durchsetzungskraft zuzutrauen. Sie verlor die Präsidentenwahl 2007 mit nur drei Prozent der Stimmen. Andererseits haben die Maya, deren Verfolgung unter den Militärregimen der 1960er, 1970er und 1989er Jahre besonders grausam ausfiel, nie zu der Form politischer Mobilisierung gefunden wie die andinen Völker. Sie üben sich im öffentlichen Leben in einer passiven Rolle, fast wirkt es, als hätten sie ihre Diskriminierung hingenommen.

In Brasilien sind es unter den Ethnien, die am Amazonas leben, vor allem die Yanomani, die Geschick entwickeln, die Welt auf die Bedrohung ihres Lebensraums aufmerksam zu machen. Davi Kopenawa, ihr Sprecher, sagt der spanischen Zeitung *El País*: »Der Weiße hat ein Problem damit, glücklich zu sein. Er ist verrückt nach der Erde, er will ihr immer mehr entreißen, damit seine Städte wachsen.«[35] Kopenawa fürchtet, dass es in Brasilien zu ähnlichen Ausschreitungen kommen könnte wie im Nachbarland Peru, vor allem seit die Regierung auf ungezügelten Fortschritt zur Armutsbekämpfung setzt.

Doch Brasiliens Indigene haben schon viel erreicht. Vor dem Verfassungsgericht etwa erkämpften sie, dass eingewanderte weiße Siedler, Holzfäller und Viehzüchter ihren Lebensraum in Roraima verlassen müssen. Roraima ist einer der am dünnsten besiedelten Bundesstaaten Brasiliens im wilden Grenzland zu Venezuela und Guyana. Das Oberste Gericht Brasiliens entschied 2009, dass das Reservat Raposa/Serra do Sol den dort lebenden Völkern gehöre. Zwar habe Präsident Lula den Indigenen das Reservat 2005 per Dekret zugesprochen, um die Durchsetzung habe er sich jedoch nie gekümmert, kritisierte der Oberste Richter Gilmar Mendes.[36] Die Folge waren Kämpfe zwischen Farmern und Indigenen, bei denen es Tote und Verletzte gab. In den Anwesen weißer Grundbesitzer wurden Waffenarsenale sichergestellt. Die Regierung habe die Indigenen sich selbst überlassen, kritisierte Richter Mendes in der BBC. Nur einer von zehn Richtern argumentierte anders. Marco Aurelio Mello sagte, Reservate wie Raposa würden eine Art Apartheid zwischen Weißen und Indigenen schaffen. Damit verschaffte Mello dem staatlichen Grundkonsens Gehör, wonach es in Brasilien keine Rassen gibt, sondern nur Brasilianer.

In einer Analyse der Situation der indigenen Völker konstatiert das Hamburger Institut für Lateinamerika-Studien, dass es seit den 1980er Jahren »zu einer vermehrten Anerkennung von Rechten indigener Völker und der Stärkung indigener Organisationen gekommen« sei.[37] Die neuen Verfassungen Ecuadors (2008) und Boliviens (2009) zeichneten sich »durch die umfassende Anerkennung von Menschenrechten sowie die Suche nach neuen Staats- und Entwicklungsmodellen aus«. Dennoch gestalte sich die Umsetzung der Verfassungstexte schwierig. »In Bolivien stößt die Schaffung eines plurinationalen Staates wegen historisch gewachsener Asymmetrien, fehlender Vorbilder und zahlreicher Interessenkonflikte an ihre Grenzen.« Auch in Ecuador klagten indigene Organisationen über die Verletzung des Verfassungskonzeptes vom »guten Leben«, das der Entwicklung des Landes Schranken setzen soll. Die Grenzlinie des Konflikts zwischen den Befürwortern und den Gegnern der Ausbeutung von Rohstoffen verläuft in weiten Teilen parallel zu den ethnischen Gegensätzen zwischen Indigenen und Nachkommen europäischer Einwanderer.

Der erste Lateinamerikaner

Alle, die sich weder auf eine präkolumbische Tradition noch auf das europäische Erbe berufen konnten – also weitaus die Mehrzahl der Einwohner Lateinamerikas –, mussten sich nach der Unabhängigkeit auf die Suche nach einer Identität begeben, die auch zweihundert Jahre später noch keineswegs abgeschlossen ist. Vor allem die Mexikaner litten lange unter dem gefühlten Makel, Kinder einer Vergewaltigung zu sein, »hijos de la chingada«, wie der mexikanische Literaturnobelpreisträger Octavio Paz es ausdrückte.

Die Azteken waren die erste Hochkultur der Neuen Welt, die von den spanischen Eroberern unterworfen wurde. Der Überlieferung nach war demnach der erste Lateinamerikaner das Kind aus der unfreiwilligen Beziehung zwischen einer Indio-Prinzessin und Hernán Cortés. Der Konquistador landete mit seiner Truppe 1519 im heutigen Mexiko. Die Ureinwohner merkten bald, dass den Feuerwaffen der Eindringlinge nicht leicht beizukommen war, also versuchten sie, die Spanier mit Gold zu besänftigen. Doch das stachelte deren Gier nur noch mehr an.

Eines Tages schickte ein Kazike – ein Anführer der Ureinwohner – zwanzig Sklavinnen in ihr Lager. Cortés wählt eine Konkubine. Ein Chronist beschrieb sie als »wohl anzusehen, von frecher Klugheit und ungezwungen«. Die Spanier nannten sie Doña Marina, doch bei ihrem Volk ist sie fortan als »La Malinche« bekannt: die Verräterin. Sie wurde Cortés »Zunge«, denn sie lernte seine Sprache und führte ihn durch das Imperium der Azteken – was Cortés nicht davon abhielt, sie später zu verstoßen und einem seiner Soldaten zu überlassen. Immerhin legalisierte er vor seinem Tod ihren gemeinsamen Sohn vor dem Papst in Rom.

So wie der Malinche erging es den meisten Indio-Frauen. Die Eroberung kam einer Massenvergewaltigung enormen Ausmaßes gleich. Europäerinnen waren in den Kolonien anfangs eine Seltenheit. Während Briten und Franzosen später in ihrer Kolonialpolitik in bigotter Strenge zumindest äußerlich auf eine Form von »Rassentrennung« achteten, hinterließen die spanischen und portugiesischen Eindringlinge ein Völkergemisch, das Lateinamerika zum einzigen Mestizenkontinent der Welt gemacht hat, wie der kolumbianische Schriftsteller William Ospina in *América Mestiza* feststellt: »Wir sind die Erben der Henker und der Gehenkten zugleich. Wir sind weder Indios noch Europäer, sondern eine Art Mittelspezies zwischen den legitimen Eigentümern des Landes und den europäischen Eroberern.«[38]

Das iberische Element wird in der Kolonialzeit zur Leitkultur, alles Indigene gilt als minderwertig, die Ureinwohner müssen nach Überzeugung der Eroberer zum Christentum und zur Anerkennung der Werte der alten Welt bekehrt werden. »Wir haben es gelernt, uns zu schämen für die Muße, die wir von unseren naiven Vorfahren gelernt haben, die Vögel und Frösche aus dem Gold formten, das deutsche Bankiers, englische Piraten und spanische Könige später in Macht verwandelten«, schreibt Ospina.[39]

Doch es gelingt den Eroberern nicht, die Gedankenwelt der Eroberten auszuschalten. Dieser Gegensatz habe die Haltung der Lateinamerikaner zum Leben nachhaltig geprägt, so Ospina. Auf politischer Ebene kreiert das eine in sich gegensätzliche Weltsicht: Lateinamerika habe beides geerbt, die europäische Nationalstaatlichkeit, die etwa sein Zusammenwachsen zu einer staatlichen Einheit verhinderte; und auf der anderen Seite die indigene Kosmovision, in der organisierte Staatlichkeit überhaupt keinen Platz hat, führt Ospina weiter aus. »Von Europa haben wir die Suche nach Wohlstand, nach Individualismus und nach Schönheit. Von Amerika empfingen wir die Suche nach der Einfachheit, den Respekt vor der Natur und die Suche nach einem Wissen, das Zusammenleben ermöglicht – mehr als Macht.«[40]

Nach der Unabhängigkeit gilt alles Hispanische, mit der Kolonialzeit Verbundene vorläufig als politisch und kulturell anrüchig. Man grenzt sich bewusst vom Erbe ab, weiß aber nicht recht, was man an dessen Stelle setzen soll. In Mexiko ist die Mischung aus Kreolen und Indigenen besonders stark, die europäische Einwanderung im 19. Jahrhundert fällt vergleichsweise gering aus. Doch das präkolumbische Substrat wird zunächst negiert. Die Oberschicht orientiert sich kulturell an französischen Vorbildern, man versucht, das Leben der Pariser Salons zu imitieren, und erzeugt eine postkoloniale, operettenhafte Nachahmungskultur, die sich etwa in der schwermütigen Blechmusik der »Mariachis« äußert, die ihren Namen vom französischen »Marriage« ableiten.

Es dauert bis zur Revolution von 1910, bis Mexiko seine ersten »hundert Jahren Einsamkeit« überwindet. Die Hinwendung zu sozialistischen Prinzipien erleichtert eine Selbsteinordnung nach den egalitären Idealen der Internationale. Es ist der Philosoph und Minister José Vasconcelos (1881 bis 1959), der in den 1920er Jahren die *mestizaje,* die Mischung der Rassen, erstmals nicht als Problem, sondern als Chance definiert. Vasconcelos deutet die Mischung indianischen und europäischen Blutes zum Vorteil um. Sie habe einen neuen Menschen geschaffen, der den Herausforderungen der Zukunft besser gewachsen sei, weil er Elemente mehrerer Kulturen in sich trage. In seinem Werk *La raza cosmica* (Die kosmische Rasse) entwirft Vasconcelos das Bild einer »raza iberoamericana«, von der ein Friedenszeitalter für die Menschheit ausgehen solle. Der »kreolische Odysseus« sollte ein Vorbild für die Welt sein. Vasconcelos wird damit zum Psychotherapeuten Mexikos. Er lehrt das Land, seine Stärken anzuerkennen, die seiner Meinung nach im Geistigen liegen. Auf ihn geht das Wappen der Nationaluniversität Mexikos zurück, das das Motto trägt: »Por mi raza hablará el espíritu« (Der Geist wird durch meine Rasse sprechen). Die Berufung auf die spanische und aztekische Herkunft zu gleichen Teilen bildet seit der Revolution die Basis des Selbstverständnisses der Mexikaner.

Moderne Autoren haben Vasconcelos' Ideen und die seiner Zeitgenossen weitergedacht. Sie preisen die Menschenmischung Lateinamerikas und ihr relativ friedliches Zusammenleben als Modell für die Welt in Zeiten der Globalisierung. William Ospina schreibt: »Die Welt mag das Amerika der Mestizen sehen als eine Region der Unordnung, verglichen mit den eigenen homogenen Kulturen, aber niemand darf vergessen, dass die wahren Probleme der Welt hier schon angegangen wurden. Woanders hat man Großes erreicht im Sinne der Produktivität und des technischen Fortschritts, aber die größten Fortschritte in der Geschichte der Humanität kann man erwarten von den Völkern, die den Zusammenstoß der Zivilisationen bereits erlebt haben und die Herausforderung der mestizaje angegangen sind, die Jahrhundert für Jahrhundert lernen mussten, zusammenzuleben, sich zu vermengen, ihre Traditionen auszutauschen und mit ihrer Umarmung eine Pluralität der Ausdrucksformen zu schaffen, die den Samen trägt für die Zukunft.«[41] Auch wenn William Ospina ein wenig idealistisch klingt, so hat sein Verweis auf eine sich verändernde Welt doch seine Berechtigung. Es läuft auf die Anerkennung einer Realität hinaus, die in den abgrenzenden, xenophoben Diskursen in Deutschland oder Frankreich oft verleugnet wird. Ospina bemerkt nicht zu Unrecht: »Die Wahrheit ist, dass die zu stark disziplinierten Völker am Ende leichte Beute für faschistische Ideologien sind.«[42]

Constantin von Barloewen, ein auf Lateinamerika spezialisierter Ethnologe und Kulturwissenschaftler, bezeichnet Lateinamerikas kulturellen und ethnischen Reichtum als »Überlebensressource«. In der *Zeit* schreibt er: »Insofern könnte Lateinamerika durchaus die Weltzivilisation des 21. Jahrhunderts bereichern; auch mit jener Kreolisierung, der kulturellen Durchmischung, die ja nicht mehr nur für Lateinamerika bezeichnend ist, sondern für die Weltgesellschaft überhaupt. Der Treibsatz der Kreolisierung steckt in den ethnisch-religiösen Konflikten Indiens, Chinas, Afrikas und der islamischen Welt. Das heißt: Während der Westen sich bei seinem Blick auf den Globus noch von einem anachronistischen kontinentalen Denken leiten lässt, verwandelt sich die Weltgesellschaft immer stärker in Archipele, in ein Multiversum, in dem die Kulturen ihre Identität nicht mehr aus einer Wurzel beziehen, sondern aus einem Wurzelgeflecht.«[43]

Die Erfahrungen aus der »kulturellen Durchmischung« könnten nach Barloewens Ansicht auch für die Industrienationen hilfreich sein bei dem Versuch, sich der verändernden globalen Realität zu stellen: »Der Westen macht gerade die Erfahrung, wie der Universalitätsanspruch seiner Kultur in Frage gestellt wird. Sein monolithisches Denken wird den Entwicklungen der Weltgesellschaft nicht mehr gerecht, auch wenn es mit Panzern durchgesetzt werden soll. Stattdessen wird immer deutlicher, dass das Universale ohne das kulturell Besondere nicht zu existieren vermag, keine Einheit ohne Vielfalt.«

Der westliche Anspruch auf ein Monopol der Vernunft und des Weltgewissens sei nicht mehr aufrechtzuerhalten. »Der Westen wird multiple Modernitäten zulassen müssen, auch konkurrierende Begriffe des Fortschritts, entsprechend den konkurrierenden kultur- und religionsgeschichtlichen Voraussetzungen der Moderne. Hier verfügt Lateinamerika über reiche Erfahrungen seiner Geschichte, auch über ein beträchtliches Reservoir an Einfühlungsvermögen.« Barloewen meint, angesichts der bislang rein auf wirtschaftlichem Gebiet verlaufenden Globalisierung, »könnte Lateinamerika eine kompensatorische Rolle als Werkstatt der Welt durchaus spielen«.

Der Uruguayer Eduardo Galeano sieht Lateinamerika an einer Schwelle zu einer neuen Zeit stehen, nach seiner Ansicht bedarf es jedoch noch eines Schrittes, um sich der eigenen kulturellen Vorteile bewusst zu werden. »Die wahre Unabhängigkeit muss erst noch erreicht werden. Wir tragen an einem sehr schweren kolonialen Erbe, und das äußert sich in der Kultur der Impotenz. Es kostet uns immer noch viel Kraft, mit unseren eigenen Köpfen zu denken, mit unseren eigenen Herzen zu fühlen und auf unseren eigenen Beinen zu gehen. Wir sind dazu erzogen, die Fähigkeiten von Affe und Papagei zu bewundern.«[44] Doch sei es spürbar, dass der Wille zur Veränderung stärker werde. Dem eigenen Gefühl für Würde werde mehr Bedeutung zugemessen. »Das ist bewundernswert nach so vielen Demütigungen. Es gibt eine sehr schöne kreative Kraft, die sich in den verschiedensten Bereichen ausdrückt. Das Beste, was wir haben, ist ja diese Vielzahl verschiedener Welten, die es bei uns gibt. Lateinamerika ist die facettenreichste Region des Planeten, und das ist der Kern für unsere Hoffnung.«[45]

Wer kein Inka ist, ist Mandinga

Der Fernsehjournalist Peter Scholl-Latour hat sich in einem 2009 erschienenen Buch der Erforschung der »Angst des weißen Mannes« verschrieben, die Vorherrschaft über die Welt zu verlieren. Im Zuge seiner Recherchen gelangt Scholl-Latour unter anderem nach Brasilien und stellt, beeindruckt von der »negroiden Fröhlichkeit« von Salvador de Bahia, fest: »Mit seiner vielfältigen Harmonie der Rassen nimmt Brasilien eine ethnische Vermengung vorweg, die für den ganzen Globus Gültigkeit gewinnen könnte.«[46]

Man mag sich an Scholl-Latours Kolonialdeutsch stoßen, Tatsache ist, dass er mit seiner Beobachtung nicht Unrecht hat. Er knüpft damit bei Stefan Zweig an, der nach seiner Auswanderung nach Brasilien auf der Flucht vor den Nazis ähnliche Feststellungen machte. Zweig schrieb Anfang der 1940er Jahre: »Denn seiner ethnologischen Struktur gemäß müsste, sofern es den europäischen Nationalitäten- und Rassenwahn übernommen hätte, Brasilien das zerspaltenste, das unfriedlichste und unruhigste Land der Welt sein. Noch sind mit freiem Blick schon auf Straße und Markt die verschiedenen Rassen deutlich erkennbar. (...) Da sind die Abkömmlinge der Portugiesen (...), da ist die indianische Urbevölkerung (...), da sind die Millionen Neger, die man in der Sklavenzeit aus Afrika herüberholte, und seitdem die Millionen Italiener, Deutsche und sogar Japaner, die als Kolonisten herüberkamen. (...) Zum größten Erstaunen wird man nun gewahr, dass alle diese schon durch die Farbe sichtbar voneinander abgezeichneten Rassen in vollster Eintracht miteinander leben und trotz ihrer individuellen Herkunft einzig in der Ambition wetteifern, die einstigen Sonderheiten abzutun und möglichst rasch und möglichst vollkommen Brasilianer, eine neue und einheitliche Nation zu werden. Brasilien hat – und die Bedeutung dieses großartigen Experiments scheint mir vorbildlich – das Rassenproblem, das unsere europäische Welt verstört, auf die einfachste Weise ad absurdum geführt: indem es seine angebliche Gültigkeit einfach ignorierte.«[47]

Natürlich sind beide Beschreibungen Vereinfachungen eines komplexen Zustandes. Bei seinen idealistischen Worten führt Zweig das Trauma des aus Europa Verstoßenen die Feder, zudem wollte der Schriftsteller sich mit seinem Buch *Brasilien – Ein Land der Zukunft* für die freundliche Aufnahme durch den Diktator Getulio Vargas bedanken. Ähnlich wie später Scholl-Latour wagte auch Zweig keinen zweiten Blick hinter die Kulissen. Beide betrachten Brasilien im Grunde als wohltuend unernsten Ort, als eine exotische Komödie im düsteren Welttheater.

Und tatsächlich offenbaren sich bei näherem Hinsehen in Brasilien und ganz Lateinamerika Defizite. Natürlich existiert in Peru oder Guatemala Rassismus gegen die indigene Bevölkerungsmehrheit, die Schwarzen haben in Brasiliens Gesellschaft nie die Rolle gespielt, die ihnen als größter Bevölkerungsgruppe zustehen würde. Etwa die Hälfte der Brasilianer hat afrikanische Wurzeln. Die Portugiesen waren als Kolonialherren besonders eifrige und brutale Sklavenhändler gewesen, die relative Nähe ihrer afrikanischen zu den südamerikanischen Besitzungen erleichterte den Menschenhandel über den Ozean. Die Afrikaner wurden in Plantagen und Bergwerken eingesetzt, nachdem die indigene Urbevölkerung sich aus Sicht der Sklaventreiber für die mörderische Fronarbeit als zu schwach erwiesen hatte.

Angesichts dieser Vergangenheit ist es bemerkenswert, wie viel relative ethnische Harmonie im brasilianischen Alltagsleben zu beobachten ist, rassistische Äußerungen in Medien und Öffentlichkeit werden geahndet, offene Diskriminierung erlebt man eher nicht, sofern sie vorhanden ist, erreicht sie nicht die Ausmaße, die für die USA lange prägend waren. Doch an den Schaltstellen sind Nachkommen der Schwarzen in Brasilien die Ausnahme. Die erste dunkelhäutige Politikerin, die auf nationaler Ebene eine wirklich gewichtige Rolle spielen kann, ist Marina Silva. Sie wird Umweltministerin im Kabinett Lulas und verlässt es 2008 aus Protest gegen den Raubbau an der Natur in Amazonien. Bei der Präsidentenwahl im Oktober 2010 holt sie für die Grünen respektable zwanzig Prozent der Stimmen. Sie setzt dabei allerdings wohlweislich nicht auf die ethnische Karte, sondern preist sich als ökologische Alternative. Die Hautfarbe ist kein Thema im Wahlkampf – und genau genommen ist man in Brasilien genau darauf stolz.

Von solchen Verhältnissen können die Nachkommen afrikanischer Sklaven in vielen anderen Ländern Lateinamerikas nur träumen, allerdings sind sie dort zahlenmäßig auch nicht so stark. Außer in Brasilien leben die meisten Schwarzen in der Karibik, vor allem in Haiti, Kuba oder an der Küste Kolumbiens. Aber es gibt sie auch in Peru, Ecuador und in entlegenen Andentälern Boliviens, wo die schwarzen Frauen die Tracht der andinen Völker tragen. Doch nicht mal im revolutionären Kuba, das so viel auf seine egalitären Prinzipien hält, hat ein Schwarzer je eine bedeutende Rolle in der Politik spielen können, nicht in der Revolution und auch nicht danach. Kreolen wie Fidel Castro, Che Guevara oder Camilo Cienfuegos waren die maßgeblichen Protagonisten.

Bei einer Kubareise im Jahr 2000 gelangte ich in den abgelegenen Küstenort Puerto Esperanza im äußersten Westen der Insel. Wir aßen in einem *paladar*, einem kleinen privaten Familienrestaurant, wie sie auf Kuba im Zuge der Ausweitung und der Liberalisierung des touristischen Angebots allerorten entstanden. Die Familie war arm, das Restaurant glich eher einem Bretterverschlag, den Fisch fing der Großvater am Strand. Jedoch reichten die Einnahmen aus dem Tourismus der Familie, um eine Haushaltshilfe zu halten, und die war schwarz. Sie kochte und putzte, und nach dem Essen bat sie uns, sie im Wagen mit in ihr Dorf zu nehmen. Auf dem Weg berichtet sie, dass alle Bewohner des Dorfes afrikanischer Herkunft seien. Es stehe zu Puerto Esperanza in einem apartheidsähnlichen Abhängigkeitsverhältnis. Fast alle Einwohner arbeiteten als Dienstboten bei den Kreolen, abends kehrten sie nach Hause zurück. Ob wir wohl etwas Seife für sie hätten?

In den letzten Jahren ist in Kuba jedoch eine Stärkung des Selbstbewusstseins der schwarzen Bevölkerung zu erkennen. Die Naturreligion Santería, in den Anfangsjahren der Revolution verfolgt und geächtet, gewinnt Anhänger, nicht mehr nur in den ländlichen Gebieten des Ostens der Insel, sondern auch unter der gebildeten Bevölkerung der Hauptstadt Havanna. Doch noch immer müssen es sich Afrokubaner gefallen lassen, von ihren hellhäutigeren Landsleuten als *negritos* bezeichnet zu werden, als »kleine Neger«. Von politischer Gleichberechtigung sind sie weit entfernt.

Einzig in der Musik haben sich die Schwarzen kontinentweit Gehör verschafft. William Ospina schreibt: »Von Afrika haben wir den Rhythmus, der uns glauben macht, nicht Herrscher der Welt zu sein, sondern ein tiefer Teil von ihr.«[48] In der Tat hat das afrikanische Element die lateinamerikanische Musik erst zu dem gemacht, was sie ist. Wo es wenig schwarze Sklaven gab wie etwa in Mexiko, fehlt der Rhythmus. Auch die Kreolen in Peru wiegen sich im europäischen Dreivierteltakt, allerdings existiert dort parallel die afroperuanische Musik, die durch Susana Baca weltbekannt wurde. In einem ihrer Stücke heißt es: »El que no tiene de Inga tiene de mandinga« – wer hier kein Inka ist, der ist Mandinga. Die Mandinga sind eine westafrikanische Ethnie, von der besonders viele Sklaven abstammen.

In Brasilien brachte es Gilberto Gil über den Umweg seiner Musikerkarriere zeitweise zum Kultusminister, allerdings eher als Vorzeigeobjekt der Regierung Lula, der sich mit einem Weltstar schmücken wollte. Außerhalb kultureller Betätigungsfelder haben es viele Schwarze in Lateinamerika weiterhin schwer. Barack Obama gilt trotzdem nur bedingt als Vorbild, der Macht im Norden stehen die Nachkommen der Afrikaner so skeptisch gegenüber wie alle andere Ethnien des Subkontinents auch.

Sieger, die nicht tanzen können

> *»Armes Mexiko, so fern von Gott und so nah*
> *an den Vereinigten Staaten von Amerika.«*
> Porfirio Díaz, mexikanischer Präsident von 1876 bis 1880
> und von 1884 bis 1911

Um die schwierigen Beziehungen zwischen den USA und seinen Nachbarn zu verstehen, muss man vielleicht die traurige Geschichte des Jacobo Arbenz kennen. Arbenz wird 1913 als Sohn eines nach Guatemala ausgewanderten Schweizer Apothekers geboren. Ihm ist die Rolle des Revolutionärs sicher nicht in die Wiege gelegt. Er studiert an der Militärakademie des mittelamerikanischen Landes, dient als Leutnant und bildet dann selbst Kadetten aus. Alles scheint auf die typische Karriere eines Mitglieds der kreolischen Eliten hinauszulaufen. Bis Arbenz 1939 in die schwarzen Mandelaugen der Maria Cristina Vilanova blickt. Die Schöne stammt aus dem Nachbarland El Salvador und ist Tochter eines Großgrundbesitzers. Anders als in diesen Kreisen üblich, gibt sie sich jedoch nicht dem Prinzessinnenleben einer privilegierten Oligarchentochter hin, sondern hinterfragt den Ursprung des Reichtums. Die Behandlung der Landarbeiter, die wie Leibeigene gehalten werden, empört sie. Maria Cristina liest revolutionäre Schriften, und als ihr Vater sie mit einem Señorito aus besseren Kreisen verheiraten will, brennt sie durch nach Guatemala. Dort lernt sie Jacobo Arbenz kennen.

Der junge Offizier ist begeistert von der hübschen Klassenkämpferin und lässt sich von ihren Ideen anstecken. Sie heiraten, Arbenz geht in die Politik. 1951 kandidiert er bei der ersten freien Präsidentschaftswahl Guatemalas mit dem Versprechen, eine Landreform durchzuführen und die oligarchischen Verhältnisse aufzubrechen. Guatemala hat eine indigene Bevölkerungsmehrheit, die damals – wie heute – in bitterer Armut lebt. Gleichzeitig gibt es Besitzer riesiger Latifundien, die fruchtbaren Boden brachliegen lassen. Zwei Prozent der Bevölkerung kontrollieren damals drei Viertel des Grundbesitzes. Arbenz bekommt sechzig Prozent der Stimmen. Sein Plan ist, Brachland gegen Entschädigung zu enteignen und an arme Indios zu verteilen. Das soll den Lebensstandard und die Produktivität des Landes heben.

Pech für Arbenz, dass unter den von der Enteignung Betroffenen auch Firmen aus den Vereinigten Staaten sind, die in US-amerikanischen Medien eine Kampagne entfachen, die den guatemaltekischen Präsidenten als verlängerten Arm der Sowjetunion darstellt, dabei hatte Arbenz sich klar zu Demokratie und Marktwirtschaft bekannt. In einer von US-Präsident Dwight D. Eisenhower gebilligten Mission rüstet die CIA in den Nachbarländern ein Contra-Heer aus, das 1954 in Guatemala einmarschiert. Arbenz wird gestürzt.

Es folgen vierzig Jahre Bürgerkrieg, die Guatemala in einen Vorhof der Hölle verwandeln und mehr als 200 000 Tote zurücklassen. In seiner letzte Ansprache im Radio 1953, bevor die Invasionstruppen ihn und seine schöne Frau ins Exil vertreiben, sagt Arbenz: »Die Wahrheit ist, dass der Mensch niemals ein souveränes Wesen sein kann, wenn man ihm nicht die eigenen materiellen Mittel gibt, seine Souveränität zu verteidigen.«

Aus den Erfahrungen des Jacobo Arbenz lernen Fidel Castro und Che Guevara bei ihrer Revolution in Kuba 1959. Che Guevara lebte in den 1950er Jahren in Guatemala, in der feucht-tropischen karibischen Tiefebene, wo Arbeiter in der Gluthitze das

Zuckerrohr ernten, aus dem der weltberühmte guatemaltekische Rum Zacapa gewonnen wird. Castro und Guevara wissen
seit der Tragödie Guatemalas, dass eine Verständigung mit den
USA nicht zu erreichen ist, dass die Lobbys dort zu stark sind,
die ihre wirtschaftlichen Interessen auf Kuba bedroht sehen –
inklusive der Mafia, die in Havanna Kasinos und Hotels unterhält. Deshalb suchen die Revolutionäre sich andere Bundesgenossen, die Sowjetunion, was zu dem jahrzehntelangen
Embargo Washingtons gegen Kuba führt. Dieses wird in Lateinamerika auch von Kreisen kritisiert, die dem sozialistischen Modell der Insel sonst kritisch gegenüberstehen. Antiamerikanis-
mus ist eines der wenigen Konsensthemen in Lateinamerika.
Das hat eine lange Vorgeschichte.

Als US-Präsident James Monroe 1823 seine panamerikani-
schen Grundsätze formulierte, in denen er jede weitere europäische Einmischung auf dem ganzen Kontinent zurückwies, so
war das nicht etwa als Schutzversprechen gegen Invasionen gemeint. Die Monroe-Doktrin war die klare Formulierung einer
politischen Hegemonie. Mexiko sollte dies als erstes zu spüren
bekommen: Nach einem Krieg und einer Invasion nahmen die
USA dem Nachbarn 1848 die Hälfte seines Territoriums ab.

Wie gestört die Beziehungen noch sind, das zeigt sich 2010,
als die USA die Führung für die Hilfsaktionen nach der Erdbe-
benkatastrophe in Haiti übernehmen wollen. Es steht zwar außer Zweifel, dass die Vereinigten Staaten aufgrund der geogra-
phischen Nähe und ihrer logistischen Überlegenheit am besten
gerüstet sind, den Hunger zu bekämpfen. Präsident Barack Obama schickt Truppen und Hilfskräfte, die Solidaritätsbekundun-
gen des schwarzen Präsidenten an das schwarze Haiti wirken
glaubwürdig. Es sei die größte Hilfsaktion in der Geschichte des
Landes, sagt er.

Doch trotzdem regt sich Kritik. In Venezuela mokiert sich
Präsident Hugo Chávez, es handele sich um eine Invasion, die
USA wollten ihr Einflussgebiet ausdehnen. Selbst die ansonsten

US-freundliche konservative Regierung Mexikos äußert sich ablehnend. Auch in Haiti werden Stimmen laut, die einer »lateinamerikanischen Lösung«, nämlich einer Einbindung der Inselrepublik in die entstehenden politischen Strukturen des Subkontinents, den Vorzug geben, nachdem Hilfsteams aus Chile, Brasilien und Mexiko hervorragende Arbeit bei der Bergung der Verletzten geleistet hatten.

Doch die USA lassen sich nicht aufhalten. In Haiti sind die amerikanischen Soldaten als Helfer willkommen. Doch deswegen dürfen sie noch lange nicht erwarten, geliebt zu werden. Aus der Sicht Haitis, ja ganz Lateinamerikas beheben die USA mit ihrem Einsatz nur ein Problem, das sie selbst mitverursacht haben.

Haiti wurde 1804 als zweites Land auf dem Kontinent unabhängig. Der Aufstand schwarzer Sklaven gegen die französische Kolonialmacht gab ein Beispiel für die Unabhängigkeitsbestrebungen in den Ländern, die zum spanischen und portugiesischen Kolonialreich gehörten. Die USA jedoch begannen sofort, die Inselrepublik als Teil ihrer Einflusssphäre zu betrachten. Mehrmals besetzten sie Haiti, um Machthaber zu vertreiben oder zu installieren, je nach Vorliebe der jeweiligen Washingtoner Regierung. Ein Beispiel ist Jean-Bertrand Aristide. Nachdem der gewählte Präsident 1994 vom Militär abgesetzt worden war und der Mob in Haiti tobte, schickte Bill Clinton Soldaten, um ihn wieder einzusetzen. Zehn Jahre später waren es wiederum die USA, die zum Sturz Aristides beitrugen. Wieder lautete die Begründung, in Port-au-Prince regiere aggressiver Pöbel.

Das Problem ist, dass die USA die Kriterien für ihre Einflussnahme stets allein festlegen. Diese Gründe sind mal imperialistische, mal patriarchalische, mal humanitäre. Doch fast immer wird die Begründung mitgeliefert, amerikanische Interessen müssten geschützt werden. In Haiti, Ecuador oder Mexiko werden die USA deshalb mit Furcht betrachtet, selbst wenn sie Geschenke bringen, Essen liefern, Brunnen bauen oder den Regenwald schützen.

Dem Argwohn liegt nicht nur eine lange Interventionsgeschichte, sondern auch ein grundsätzliches gegenseitiges Unverständnis zugrunde. Nordamerika funktioniert nach dem Prinzip des Handelns: Wo Probleme entstehen, müssen sie behoben werden, und zwar sofort. Im südlichen Teil des Kontinents, wo die Natur zügelloser herrscht, fügt man sich leichter in das scheinbar Unabwendbare mit Fatalismus und Verdrängung.

Octavio Paz schrieb im *Labyrinth der Einsamkeit*: »Die Wirklichkeit, das heißt die Welt, die uns in Mexiko umgibt, besteht aus sich selbst heraus, hat Eigenleben. Sie ist nicht, wie in den Vereinigten Staaten, eine von Menschen geschaffene. (…) Sie wollen begreifen, wir betrachten; sie sind aktiv, wir passiv. Wir genießen unsere Wunden, sie ihre Erfindungen. (…) Für die Nordamerikaner scheint die Welt etwas zu sein, das man vervollkommnen, für uns aber ist sie etwas, das man erlösen kann.«[49] Ein Dialog mit den USA sei von Anfang an schwierig gewesen, es sei unmöglich, einen Giganten zu ertragen. Der Puritaner spreche nur mit Gott und sich selbst, nie mit den anderen.[50] Der Sieg der USA, so Octavio Paz, sei ein Sieg der Prinzipien über die Instinkte. Mit Prinzipien jedoch kann man alles erobern – außer den Herzen. Das merkten etwa die GIs, die in den 60er Jahren die Dominikanische Republik besetzten und durchaus segensreich einen Bürgerkrieg beendeten. Sie wurden von den Einheimischen »Pariguachos« genannt, Partywatcher. So bezeichnet man Leute, die beim Feiern nur am Rand stehen und zugucken, die siegen, aber nicht tanzen können.

Eigentlich hätten die Staaten südlich des Rio Grande die besseren Voraussetzungen gehabt, reich zu werden. Sie verfügen über mehr Bodenschätze, die präkolumbischen Kulturen Süd- und Mittelamerikas, die Maya, Inkas und Azteken waren höher entwickelt als die indianischen Völker des Nordens. Doch während der Süden einer hispanischen, agrarisch-feudal-klerikalen Struktur verhaftet blieb, entstand im Norden ein auf puritanisches Arbeitsethos gegründetes, fortschrittsgläubiges Gesell-

schaftsmodell, das sich als überlegen erwiesen hat, was die Anhäufung von Reichtümern und Macht angeht.

Constantin von Barloewen schreibt: »Und in der Tat ist Lateinamerika die Moderne künstlich auferlegt, es fehlt schon der Begriff des Fortschritts, der zur Moderne gehört, und erst recht das
Fortschrittsvertrauen, die Gewissheit einer Bestimmung, der
manifest destiny, wie sie Nordamerika bereits im 19. Jahrhundert kannte. Es fehlt vor allem der spezifisch puritanische Pro-
testantismus mit seiner Idee der Auserwähltheit, aber auch mit
seinem Matter-of-fact-Pragmatismus.«[51]

Die aztekische, die olmekische, die Inka-Kultur: Sie alle wi-
dersprechen laut Barloewen »in ihrer transzendentalen Kosmo-
logie der modernen westlichen Technologie. Allein schon das
säkulare Geschichtsverständnis, das sich in Europa seit der Renaissance herausbildete, mit seinem physikalisch-naturwissen-
schaftlichen Weltbild im Zentrum fand in der kolonial-katholi-
schen Kultur Lateinamerikas wie in seinem präkolumbianischen
Erbe keine Entsprechung.« Aus iberoamerikanischer Sicht rufe
»die westliche Monopolisierung des Rationalitätsbegriffes Protest hervor und erscheint den Menschen als Bedrohung ihrer
Identität«.[52]

Der Übermacht des Nordens hatte der Süden lange nichts ent-
gegenzusetzen. Auf die zahlreichen Einmischungen in der Karibik und in Mittelamerika folgte im Kalten Krieg eine weiterge-
hende Einflusspraxis der USA, die sich auf ganz Lateinamerika
ausdehnte. In den 1960er Jahren begann Washington, in fast allen Ländern Militärregime zu stützen, die als Bollwerk gegen
kommunistische Umtriebe dienen sollten. Träume wie die von
Jacobo Arbenz sollten nie mehr Wirklichkeit werden.

Schule der Folterer

Das Hotel Sol Meliá am Gatúnsee ist eine der besten Adressen
Panamas. Am Spätnachmittag ist das Blau des Wassers von
blendender Intensität. Gigantische Kapokbäume und andere

Urwaldriesen spiegeln sich darin. Am Ufer steht ein kleiner Pavillon, von dem aus man das Funkeln der Wasserfläche in der untergehenden Sonne genießen kann. Nur schwach dringt das Geschrei der planschenden Kinder vom Swimmingpool herüber. Bei Einbruch der Dämmerung, wenn die Moskitos kommen, kann man zu einem der Cafés hinüberschlendern und sich Rum mit Cola bestellen, der von weißgekleideten Kellnern serviert wird, oder im Spielkasino ein paar Dollars riskieren, die in Panama Landeswährung sind. Wenn man lange genug aushält und etwas Glück hat, kann man in den frühen Morgenstunden Affen und Gürteltiere beobachten, die über den gepflegten Rasen flitzen.

Die Speisekarte wartet mit landestypischen Spezialitäten auf, Fisch aus dem See in scharfer Soße zum Beispiel. Dreht man die Speisekarte um, findet man auf der Rückseite eine in geschwungener Schrift verfasste Liste früherer – so wörtlich – »notabler« Gäste: Hugo Banzer, Diktator Boliviens; Vladimiro Montesinos, Geheimdienstchef in Peru; Roberto D'Aubuisson, Anführer der salvadorianischen Todesschwadronen; Roberto Viola, Mitglied der Militärjunta Argentiniens; Manuel Contreras, oberster Folterknecht Chiles. Es ist eine Horrorliste der lateinamerikanischen Diktatoren des 20. Jahrhunderts und ihrer Helfershelfer. Sie alle wohnten im Gebäude des heutigen Sol Meliá, allerdings nicht als Touristen.

In der Zeit, in der die USA über die Kanalzone Panamas herrschten, diente das Anwesen als Ausbildungslager. Die 1946 gegründete »Escuela de las Américas« oder »School of the Americas« ist für viele Lateinamerikaner seitdem ein Symbol der Unterdrückung. Dort lernten Offiziere aus dem ganzen Subkontinent während des Kalten Krieges ihr schmutziges Handwerk: wie man »Subversive« jagte, also Guerilleros und linke Oppositionelle. Gemäß der nationalen Sicherheitsdoktrin Washingtons wurden Zehntausende Soldaten in Verhörtechniken und Aufstandsbekämpfung unterwiesen.

Panama war im 20. Jahrhundert Brückenkopf der USA in Lateinamerika. Tatsächlich verdankt das ganze Land seine Existenz Washington – und dessen Interesse am Bau eines interozeanischen Kanals zwischen Karibik und Pazifik, der US-amerikanischen Schiffen den Weg von der Ost- an die Westküste verkürzen und den Umweg über Kap Hoorn ersparen sollte. Das Projekt geht zurück auf eine Idee des Franzosen Ferdinand de Lesseps, der auch den Suezkanal geplant hatte. Die Franzosen begannen 1881 zu graben, mussten aber bald feststellen, dass es ein Unterschied war, ob man einen Kanal durch die Wüste oder durch Malariasümpfe trieb. 22 000 Arbeiter starben am Fieber und den katastrophalen hygienischen Bedingungen. 1888 ging die französische Société Civile Internationale du Canal Interocéanique bankrott. 1902 verkaufte eine Liquidationsgesellschaft das angefangene Bauwerk für vierzig Millionen Dollar an die USA. Damals gehörte das Gebiet des heutigen Panamas zu Kolumbien, das aber als unsicherer Partner galt. Bevor die Amerikaner weitergruben, ließ Präsident Theodore Roosevelt in Kolumbien eine Revolution anzetteln, die 1903 einer panamaischen Unabhängigkeitsbewegung zum Erfolg verhalf. Die neue Regierung Panamas verpflichtete sich, die Kanalzone an Washington abzutreten. Bis 1999 blieb sie faktisch US-Eigentum. Den Kanal zu überqueren und von dem einen in den anderen Teil des Landes zu gelangen, war jahrzehntelang mit beträchtlichem bürokratischem Aufwand verbunden.

Erst 1977 nutzte Panamas Präsident Omar Torrijos, ein schillernder Diktator mit linken Sympathien, einen günstigen Moment der Geschichte. In Washington regierte der milde Demokrat Jimmy Carter, Torrijos forderte ihn zu Verhandlungen über die schrittweise Übereignung des Kanals auf. Auch die berüchtigte Militärschule müsse verschwinden. Carter lenkte ein. Die School of the Americas wurde an die Militärbasis Fort Benning in Georgia verlegt und in »U. S. Army Training and Doctrine Command« umbenannt. Unter Präsident Ronald Reagan kam der Betrieb in den 1980er Jahren noch einmal richtig in Gang. Nur ließ sich der Lehrinhalt nicht mehr so leicht geheim halten wie in der abgeschirmten Kanalzone. Fort Benning wurde ständiges Ziel von Demonstranten, die der US-Armee vorwarfen, Folterer auszubilden. Einer der Anführer der Proteste war der frühere katholische Priester Roy Bourgeois, der in den 1980er Jahren in Bolivien und El Salvador erlebt hatte, wie Absolventen von Fort Benning Oppositionelle ermordeten. 2005 erhielt Bourgeois für seine Verdienste um die Menschenrechte den Aachener Friedenspreis.

Unter öffentlichem Druck räumte Bill Clintons Geheimdienst-Überwachungsbehörde 1996 ein, der Ausbildungsstoff in Fort Benning lasse Exekutionen, Erpressung, Misshandlung und Nötigung zu. Die *Washington Post* veröffentlichte Handbücher über verschärfte Verhörtechniken wie das Überstülpen einer Kapuze, erzwungene Nacktheit, Erniedrigung, Stresspositionen, extreme Temperaturen. Die Schule wurde 1996 dichtgemacht – und kurz darauf unter dem Namen »Western Hemisphere Institute for Security Cooporation« (WHINSEC) wiedereröffnet. Neu ist nun, dass auch Menschenrechtskunde auf dem Lehrplan steht.

Roy Bourgeois gab sich damit jedoch nicht zufrieden. 2006 überzeugte er die linksgerichteten Regierungen Boliviens, Argentiniens und Uruguays davon, die Kooperation mit WHINSEC einzustellen. Venezuelas Präsident Hugo Chávez hatte dies bereits getan. Mit gutem Grund: Die Offiziere, die 2002 gegen ihn putschten, waren dort ausgebildet worden. Die Schriftstellerin Naomi Klein resümiert, in Fort Benning hätten die Absolventen all das gelernt, was die Öffentlichkeit später aus Abu Ghraib und Guantánamo erfahren habe. Der Einsatz von Folter durch US-Behörden habe lange vor der Regierung von George W. Bush begonnen.

Wende am Panamakanal

Auf der Absolventenliste der School of the Americas findet sich auch ein Name, dessen Träger als Inbegriff des US-amerikanischen Statthalters in Lateinamerika gelten kann, eine Art Ge-

genmodell zu sozialreformerischen Störenfrieden wie Jacobo Arbenz. Manuel Noriega diente zuerst den USA, wandte sich dann gegen sie, machte schmutzige Geschäfte, mit denen er reich wurde, und fiel in Ungnade. Sein politisches Ende markierte den Anfang vom Ende dieser Form der Einflussnahme.

Noriega macht als junger Offizier unter Omar Torrijos Militärkarriere und fällt bei seinen US-amerikanischen Ausbildern durch seine Entschlossenheit auf. Der linksgerichtete Omar Torrijos ist ein wenig verlässlicher Partner für die USA, er unterstützt heimlich Guerilleros in Nicaragua und wagt sich an zaghafte Sozialreformen in seinem Land, unterdrückt jedoch die Opposition. Er liebt Brillanten und schöne Frauen und ist ein Freund des britischen Schriftstellers Graham Greene, der dieser ambivalenten Figur in dem Roman *Mein Freund, der General* ein literarisches Denkmal gesetzt hat. Als Omar Torrijos 1981 unter mysteriösen Umständen mit dem Flugzeug abstürzt, wird der drahtige, narbengesichtige Noriega der starke Mann Panamas. Er ist ein Anführer ganz nach dem Geschmack Ronald Reagans: ein strammer Antikommunist und Hardliner im Kampf gegen linke Guerilleros in den Nachbarländern.

Mit der Zeit müssen die USA jedoch feststellen, dass sie einen Gangster gepäppelt haben. Noriega nutzt seine Position zum Deal mit dem Medellín-Kartell im Nachbarland Kolumbien, lässt durch sein Territorium Kokain in die USA schmuggeln. Er ist zwar nicht der erste Übeltäter dieser Art, doch lassen sich solche Formen des Machtmissbrauchs Ende der 1980er Jahre schwerer verheimlichen als etwa zu Zeiten des Generals Fulgencio Battista in den 1950er Jahren in Kuba, der ein Mann von ähnlichem Zuschnitt war. Der unbeherrschte, zwielichtige Noriega wird den USA peinlich.

1988 wird er in den USA in Abwesenheit erstmals wegen Drogenhandels angeklagt, weigert sich aber, vor Gericht zu erscheinen. 1989 unterliegt Noriegas Marionettenkandidat bei der Präsidentenwahl in Panama. Doch Noriega denkt gar nicht daran, die Macht abzugeben, er annulliert nicht nur die Abstimmung, seine Schläger verprügeln vor Kameras den Wahlsieger. Als Noriegas Büttel dann noch einen US-amerikanischen Soldaten töten, ist das Maß voll. US-Präsident George Bush senior ordnet die Invasion an. Panama-Stadt wird bombardiert, Noriega flieht in die Vertretung des Vatikans. Um ihn da herauszubekommen, erprobt eine Einheit für psychologische Kriegsführung eine spezielle Folter: Die Nuntiatur wird Tag und Nacht mit Heavy-Metal-Musik beschallt, bis Noriega aufgibt.

In den USA wird Noriega 1992 wegen Drogenhandels und Verschwörung zu vierzig Jahren Haft verurteilt. Siebzehn Jahre später soll er wegen guter Führung freikommen. Doch der Exdiktator sitzt weiter, weil nun Frankreich seine Auslieferung fordert. Die Begründung: Als er noch über Panama herrschte, hatte Noriega drei Appartements in Paris erworben: ein schönes altes an der Rue de l'Université im siebten Arrondissement, ein modernes in der Tour Grenelle mit Blick auf den Eiffelturm, ein drittes am Quai d'Orsay, wenige Schritte vom Außenministerium entfernt. Die französische Justiz wirft Noriega vor, die Appartements mit Geld aus dem Drogenhandel gekauft zu haben. Er selbst behauptet, die Millionen habe er von der CIA erhalten als Lohn für seine Statthalterdienste. Alle Eingaben bei US-Gerichten, ihn als Kriegsgefangenen zu behandeln und nach verbüßter Strafe nach Panama zurückzuschicken, nützen nichts. Mit Air-France-Flug 695 aus Miami kommt der 76-Jährige am 27. April 2010 in Paris an, ein dicker, hinkender Mann, den ein Begleiter stützt.

In Panama wurde Noriega bereits 1995 in Abwesenheit wegen Mordes an Oppositionellen verurteilt. Doch dort dürfen alte Leute ihre Strafe als Hausarrest absitzen. Washington fürchtet, Noriega könnte selbst als Greis am wichtigen Panamakanal Unruhe stiften. Auch die panamaische Regierung zeigt wenig Interesse an einer Rückkehr des früheren Machthabers, der noch viele Anhänger im Land hat. So kommt das Auslieferungsersuchen aus Frankreich gerade recht. Angesichts der massiven internationalen Interessen überrascht nicht, dass ein Pariser Gericht Noriega 2010 zu weiteren sieben Jahren Gefängnis verurteilt. Noriega wirft den USA beim Prozess vor, einen Feldzug gegen ihn zu führen. Er fühlt sich als Bauernopfer. In der Tat gibt es keinen aus der Riege der von den USA unterstützten Diktatoren Lateinamerikas, der so teuer für seine Taten bezahlt hat.

Der große Paradigmenwechsel im Verhältnis der USA zu Lateinamerika erfolgt 1999, als Präsident Bill Clinton den unter Jimmy Carter unterzeichneten Vertrag erfüllt und den interozeanischen Kanal an Panama übergibt. Die Kanalzone wird geräumt. Doch groß sind die Befürchtungen in Lateinamerika, als nach dem konzilianten Demokraten Clinton 2001 der Republikaner George W. Bush in Washington an die Macht kommt. Ist von ihm eine Fortführung der Politik der Offenheit zu erwarten?

Aber Bush hat gar keine Zeit, sich Lateinamerika zuzuwenden. Nach den Anschlägen vom 11. September 2001 richtet sich der Fokus der USA auf den Nahen und Mittleren Osten. Lateinamerika kann im Windschatten der Geschichte erstmals unbeeinflusst an sich selbst wachsen. Und aus den Trümmern eines zerrütteten Verhältnisses beginnen zarte Triebe eines Neuanfangs zu sprießen.

Der kleine Tigerstaat

Von Panama-Stadt aus führt eine schmale Landzunge auf vier vorgelagerte tropische Inselchen. »Causeway« nennen die Panameños diese künstliche Verbindung, die mit dem Aushub des Panamakanals gebaut wurde. Vor dem Zweiten Weltkrieg hatten die USA hier gewaltige Geschütze auf Schienen stehen, die den Zugang zum Kanal schützen sollten. Nach dessen Übergabe wurde der Causeway einer angenehmeren Nutzung zugeführt: An Wochenenden sitzen hier die reichen Panameños in Bars und Restaurants, verspeisen im warmen Tropenwind vor der Skyline von Panama-Stadt riesige Hummer und schauen den Schiffen zu, die auf Einfahrt in den Kanal warten.

Die Einnahmen, die aus den Durchfahrtsgebühren für die Schiffe in den Staatshaushalt fließen, haben das winzige Land reich gemacht, es hat sich vom US-Außenposten zum Tigerstaat Mittelamerikas entwickelt, eine Art Latino-Singapur. Laut einer Studie, die die Kanalverwaltung in Auftrag gegeben hat, erwirtschaftet die Wasserstraße fast zwanzig Prozent des panamaischen Bruttoinlandsproduktes, zwanzig Prozent aller Arbeitsplätze hängen davon ab und 42 Prozent der Exporte. Der Kanal ist eine Art flüssige Goldmine für das winzige Land am mittelamerikanischen Isthmus. Die frühere Kanalzone ist heute eine gesuchte Wohn- und Investitionsgegend.

Im Umkreis der alten spanischen Handelsmetropole ist eine Mega-City aus den Mangroven gewachsen, die eher nach Miami aussieht als nach Mittelamerika. Büros, Luxushotels, Finanzzentren, Banken, Apartmentblöcke für Superreiche, vierzig, fünfzig Stockwerke hoch, türmen sich zu einer funkelnden Skyline auf. Wo vergangenes Jahr noch ein Ecklokal kolumbianischer Einwanderer war, ragt nun ein Wolkenkratzer auf. Kritiker wenden ein, dass dies nur eine Kulisse für Reiche sei. Schließlich sei es für das Land nicht dasselbe, ob ein Ausländer ein Apartment für eine Million Dollar kaufe oder 50 000 Panamaer ein Zinkdach für je zwanzig Dollar, um vor dem Tropenregen geschützt zu sein. Doch vom Ausbau des Kanals hoffen auch die Armen zu profitieren. 2006 stimmt eine große Mehrheit in einem Referendum für die Erweiterung. Zunehmend befahren Frachter die Ozeane, die zu groß sind für den Kanal und wieder den Umweg um Kap Hoorn oder über den Suezkanal nehmen. Um den Forderungen von Umweltschützern gerecht zu werden, lässt Präsident Martín Torrijos – Sohn von Omar Torrijos – sich zu einer ökologisch vertretbaren Ausbauvariante überreden. Die Eingriffe sollen minimiert, das Wasser neben den Schleusen in Bassins gespeichert und wiederverwendet werden. Die Kanalzone ist ökologisch bedeutsam, die Tropenwälder an beiden Seiten und die Malariasümpfe dienen als natürlicher Schutz gegen mögliche Angreifer. Allein 950 Spezies von Vögeln leben in Panama, doppelt so viele wie in ganz Europa.

Panama-Stadt ist eine Drehscheibe für ganz Lateinamerika, aber auch die mutmaßlich größte Geldwäscherei der Welt. Wer den Zaster durch den Zoll gebracht hat, muss keine Fragen mehr fürchten. Mexikanische Drogenhändler, kolumbianische FARC-Rebellen und sogar die libanesische Hisbollah und al-Qaida sollen den panamaischen Schnellwaschgang nutzen, die beiden Letzeren stützen sich dabei auf eingewanderte Araber. Zahlreiche US-Amerikaner nutzen Panama als Ferienparadies oder Alterssitz, ganze Zweitwohnungskolonien sind entstanden, in denen meist eher breites Englisch als Spanisch gesprochen wird. Touristisch gesehen ist Panama eine Gringo-Welt, es gibt in Hotels Pancakes zum Frühstück, Rauchen ist absolut überall verboten, auch im Freien. In den Urwäldern stapfen schrullige Vogelbeobachter in Khakihosen herum, die große Alben durch das Dickicht schleppen, in die sie jede gehörte Vogelstimme eintragen.

Manche lästern, Panama sei der 51. Bundesstaat der USA, das Land entlateinamerikanisiere sich, was man im Straßenverkehr sehen kann. 2008 gibt es noch die knallbunten Busse, die die Touristen als Fotomotive lieben, doch die Gefährte sollen abgeschafft werden, sie sehen der Regierung zu lateinamerikanisch aus. Zu Südamerika will man Abstand halten. Sichtbarer Ausdruck dieser Haltung ist das riesige Urwaldgebiet Darién, das an der Grenze zu Kolumbien liegt und eine Art grünes Bollwerk gegen Drogenhändler und Guerilleros darstellt, von denen Panama seine Wachstumsidylle bedroht sieht. Der Urwald bleibt daher unangetastet, er unterbricht die Panamericana, die Traumstraße von Alaska nach Feuerland. »Darién Gap« nennen Reisende die grüne Hürde. Erst in Kolumbien geht es weiter, ein ordentlicher Grenzübertritt von Panama ist nur per Boot oder Flugzeug möglich.

Umweltschützer lieben den Darién Gap. Die Abgrenzung Panamas zu Kolumbien sei für die Natur ein Segen, denn jede Straße locke Holzfäller an, sagt Líder Sucre, ein panamaischer Naturschützer, der 2008 ein Projekt leitet, das die Ökologie in Panama noch stärker zur Geltung bringen soll. Er ist zu dieser Zeit Direktor des noch unfertigen Museums der Artenvielfalt, das der Stararchitekt Frank O. Gehry am Causeway errichtet. Es soll der Schnittstellenfunktion Panamas am Berührungspunkt Nord- und Südamerikas Rechnung tragen und liegt daher in Sichtweite der Puente de las Americas, die den Kanal überspannt.

Sucre hat ein Büro in einer der Baracken aus der Zeit der US-Verwaltung. Es riecht nach Insektenvernichtungsmittel, eine altersschwache Klimaanlage rattert in der Ecke und kühlt den Raum auf Eisfachtemperatur. Als ich ihn 2008 besuche, ist es Nachmittag, dann beginnt Sucre zu erzählen, bis draußen in der Dämmerung die Tropenvögel ihr ohrenbetäubendes Konzert beginnen: »Es ist ungefähr drei Millionen Jahre her, also noch nicht furchtbar lange, erdgeschichtlich gesehen. Um diese Zeit sah die Gegend zwischen Nord- und Südamerika aus wie heute Indonesien: ein Haufen Inseln, viel Wasser. Darunter brodelte und köchelte es, Erdplatten rieben aneinander, Vulkane stießen zur Oberfläche vor, spien neue Inselchen aus, und eines Tages war sie komplett, die Landbrücke, die heute Mittelamerika heißt. Zu einem riesigen biologischen Mischmasch führte das, Lamas und anderes Getier wanderten von Norden nach Süden, Jaguare und Faultiere von Süden nach Norden. Und auch die Ozeane veränderten sich. Atlantik und Pazifik waren ja nun getrennt. Ein warmer Meeresstrom, der aus Afrika kam, stieß plötzlich an eine Barriere, wurde nach Nordosten umgeleitet und wärmt seitdem Europa. Man nennt ihn Golfstrom. Das brachte den Feuchtigkeitshaushalt der Welt in allergrößte Unordnung. Afrika trocknete aus, Savannen entstanden, der Vorgänger des Menschen musste runter vom

Baum. Panama-Effekt heißt das nach dem Land, das einer der Hauptprotagonisten in dieser erdgeschichtlichen Großinszenierung war. Diese Brückenfunktion will das Museum zum Ausdruck bringen.«

In einer Lagerhalle nebenan zeigt Sucre Besuchern ein Modell des Museums. Der Bau ist verspielt und knallbunt, in der Ausdehnung breit, flach, geduckt – wie eben die ländliche Architektur der Tropen, die Gehry aufgreift. Verschiedene pavillonartige Gebäudekomplexe verhaken sich zu einer amorphen Dachlandschaft voller Spitzen und Kanten, die an ein zusammengefallenes Dschungeldorf nach einem tropischen Wirbelsturm erinnert. »Brücke des Lebens« lautet der offizielle Titel des Projekts. Darin unterkommen soll eine dauerhafte Ausstellung über Artenvielfalt mit Gärten, Galerien und Aquarien und viel Multimediazauber. Es fällt schwer, aus all den verspielten Einzelteilen der Planungsphase, den Modellen und Zeichnungen zu schließen, ob das einmal funktionieren oder ob nur eine Art High-Tech-Öko-Budenzauber daraus werden wird. Und überhaupt: Warum in ein Museum gehen, wo doch alles vor der Tür zu sehen ist? Die Augen des Direktors funkeln, auf diese Frage hat er gewartet. »Genau das wollen wir: den Menschen sagen: Geht da raus, all das gibt es hier in Panama!«

Man hätte wohl niemand besseren finden können, dieses Projekt zu vermarkten als Sucre, der selbst in gewisser Weise ein Brückenmensch ist. Er ist geborener Panamaer, absolvierte jedoch an der Harvard-Universität in den USA seinen Master in Finanzwesen, bevor er Sprecher verschiedener Umweltverbände in Panama wurde. Sucre wechselt übergangslos von Spanisch in Yankee-Englisch, das er akzentfrei spricht. Die Verwunderung über seinen Vornamen kennt er. Líder, wie der Máximo Líder Fidel Castro auf Kuba? »Jaja.« Seine Mutter habe den Revolutionär bewundert. So ein Name prägt und taugt anscheinend auch im Kapitalismus. Manche handeln Sucre als künftigen Umweltminister.

Bei Panamaern wie Sucre fällt auf, dass sie mit der Sprache die Mentalität zu wechseln scheinen. Die Frau am Hoteltresen am Causeway führt sich zuerst wie eine böse Rezeptionsunteroffizierin auf, man fühlt sich fast wie bei der Grenzkontrolle am Flughafen in Miami. Doch ein paar Worte Spanisch genügen, und plötzlich leuchten ihre Augen freundlich, hinter der antrainierten Fassade der Yankee-Domina blitzt die Latina durch. Panamaer sind bei allem US-amerikanischen Einfluss Latinos geblieben, die Gringo-Deckschicht ist dünn. So können sie etwa nicht verhehlen, dass sie selbst für lateinamerikanische Verhältnisse ziemlich laut sind. Ihre Autos klingen wie fahrende Diskotheken, aus Panama-Stadt (und aus Puerto Rico) kommt der Reggaeton, die schmutzige, urbane Mischung aus Hip-Hop, Rap, Reggae und Salsa, in deren Rhythmus die Jugend des ganzen Kontinents tanzt.

Die kulturelle Vielfalt ist Ergebnis des Kanalbaus. Er brachte schwarze Arbeiter aus Barbados, Providence und anderen Karibikinseln nach Panama. An der Karibikküste sprechen die Schwarzen eine Art Jamaika-Englisch. Daneben gibt es noch verhältnismäßig viele Ureinwohner wie die Kuna im Darién, die am Tourismus mitverdienen. Indigene und Afroamerikaner mischen sich mit den Nachkommen der Einwanderer aus Spanien, den USA, Indien, dem Libanon und Palästina.

Simón Bolívar hatte Panama einst zur Hauptstadt seiner vereinigten Staaten von Südamerika auserkoren. Es könnte sein, dass sein panamerikanischer Traum am Isthmus doch noch in Erfüllung geht, wenn auch in anderer Form. Es hat sich in Panama eine Art kontinentaler Symbiose ergeben zwischen Nord- und Südamerika, die nicht mehr wie in der Vergangenheit aus der Konfrontation, sondern vom Zusammenwachsen lebt und die unter anderem die Frage beantworten könnte, wie Amerika in hundert Jahren aussehen könnte. Vielleicht bringt es Panama-Stadt ja tatsächlich dereinst zu einer Art Hauptstadt einer – wie auch immer gearteten – kulturellen, wirtschaftlichen oder gar politischen Allianz Amerikas. Ob darin der Norden kulturell noch die beherrschende Rolle spielen wird, ist angesichts der jüngsten Umwälzungen durch die Migration allerdings fraglich.

Aufforderung zum Bleiben

Silvia Mercedes Rosa aus Nicaragua hat schon eine längere Reise durch ganz Mittelamerika und Mexiko hinter sich, als sie in der Wüste von Arizona vor dem Güterwaggon steht, mit dem sie die letzte Etappe zurücklegen soll. Sie blickt auf die Ladefläche. Sie ist bis oben hin voll mit Kisten, die zur Decke kaum eine Armlänge Platz lassen. »Steig endlich ein, passiert schon nichts«, herrscht sie der Coyote an. So werden die Fluchthelfer genannt, die Auswanderer über die Grenze von Mexiko in die USA schmuggeln. Menschenhandel dieser Art ist ein großes Geschäft. Die US-Regierung schätzt die Einnahmen der Schlepper auf eine Milliarde Dollar im Jahr.

Silvia Mercedes Rosa hat ihrem Coyoten 4 500 Dollar gezahlt, die Ersparnisse eines Lebens. »Was sollte ich machen, ich muss vier Kinder ernähren, mein Mann ist arbeitslos?« Die 40-Jährige hofft auf einen Job als Hausmädchen und will später ihre Familie nachholen. Als sie jedoch in der Wüste Arizonas in den Waggon klettert, denkt sie: »Ich werde meine Kinder nie wiedersehen.«

Silvia erinnert sich in diesem Moment an die Geschichten, die sie gehört hat über Emigranten, die in solchen Waggons erstickt sind. Doch sie denkt auch an den Weg, den sie zurückgelegt hat. Sie hat den Grenzfluss Rio Bravo auf einem schwimmenden Autoreifen überquert und ist zehn Tage durch die Wüste von Sonora in Arizona marschiert. Sie hat einen Honduraner verdursten sehen. Sie hat die Angriffe der Mara-Banden im Grenzgebiet zu Guatemala überlebt. Die Maras sind schwerbewaffnete Jugendgangs, die oft im Dienste der Drogenhändler arbeiten, aber auch gern auf eigene Rechnung Jagd auf Migranten machen. Nach all diesen Qualen – sollte Silvia jetzt aufgeben?

Also zwängt sie sich zwischen die Kisten. Sie hört das Stöhnen der Mitreisenden. Mit einem trockenen Knall fällt die Tür zu.

Sie erinnert sich nicht, wie viel Zeit sie in dem Waggon zuge-bracht hat, doch als die US-Migrationsbeamten bei einer Inspek-tion die Türen öffnen, ist sie dem Ersticken nahe.

Obwohl ihre Auswanderung damit gescheitert ist, sei sie dankbar gewesen, sagt sie später: »Die Posten haben mein Le-ben gerettet.« In Abschiebehaft in San Antonio stellt sie fest, dass sie sogar Glück gehabt hat. Die meisten Frauen, die mit ihr einsitzen, sind vergewaltigt worden – von Coyoten, mexikani-schen Grenzposten oder Mara-Banden. Ärzte nehmen Reihen-abtreibungen vor. Fünf Monate nach ihrem Aufbruch ist Silvia Mercedes Rosa wieder in Nicaragua und verkauft abends selbst-gemachte Teigtaschen auf den staubigen Straßen des Kolonial-städtchens León. Es ist alles wie vorher. »Nur die 4 500 Dollar sind weg«, sagt sie und weint bitterlich.

»Menschen sind unser wichtigstes Exportgut«, sagt Douglas Carcache, Journalist bei der Zeitung *La Prensa* in Managua, der ein Buch über die Auswanderung von Mittelamerikanern in die USA geschrieben hat. In *Los nicas exportados*[53] erzählt er die Ge-schichte von Menschen wie Silvia. Für Douglas Carcache sind solche Schicksale ein Grund, in Nicaragua zu bleiben, sagt er. Er sammelt die Geschichten nicht nur, um andere zu informieren, sondern um sich auch selbst immer wieder klarzumachen, dass er richtig handelt. Doch trotz der Gefahren erscheint vielen La-teinamerikanern die Auswanderung in die USA noch immer als Lebenstraum, vor allem seit Spanien wegen der Wirtschaftskrise kaum noch in Frage kommt.

Die Migration ist Folge der Armut, die in Lateinamerika durch jahrhundertelange Misswirtschaft entstanden ist und die auch durch mutige Reformen nicht von heute auf morgen abgebaut werden kann. Ein Viertel aller Lateinamerikaner lebt 2008 von weniger als zwei Dollar am Tag. In Nicaragua, dem ärmsten Land spanischer Sprache, sind es sogar achtzig Prozent. Im ver-gleichsweise reichen Costa Rica verdient eine Hausangestellte etwa 1 700 Dollar im Jahr. Würde sie in die USA auswandern, könnte sie im Jahr 12 000 Dollar verdienen, so viel wie ein Rechtsanwalt in Chile und das Doppelte wie ein Taxifahrer in Uruguay. Selbst wenn sie keine Papiere hätte, könnten ihre Kinder in den USA zur Schule gehen, denn der staatliche Bildungsauftrag gilt dort auch für illegal Eingewanderte. Und sie könnte ihrer Familie Geld schicken. An die 50 bis 60 Milliarden Dollar im Jahr überweisen Auswanderer nach Lateinamerika.

Diese Überweisungen – Remesas familiares – sind in armen Ländern wie Nicaragua, Guatemala oder Ecuador ein riesiger Wirtschaftsfaktor. Doch sie bergen eine Gefahr: Als die Überweisungen 2008 wegen der Wirtschaftskrise in den USA zurückgehen, meldet Guatemalas Präsident Álvaro Colom, sein Land befinde sich am Rande einer Hungerkrise. Immer mehr Familien hängen am Tropf der Remesas und können sich keine Lebensmittel mehr kaufen, wenn die Überweisungen ausbleiben.

Von Zeit zu Zeit richten die Außenminister der lateinamerikanischen Emigrationsländer Appelle an die USA, sie sollten Einwanderer nicht wie Kriminelle behandeln, es seien Menschen, die Familien hätten und nach einer besseren Zukunft suchten. Sie seien keine Bedrohung, sondern eine Chance. Doch stattdessen wird die 3 200 Kilometer lange Grenze von den USA von Jahr zu Jahr stärker befestigt, die Armee patrouilliert. Es haben sich im Grenzgebiet bewaffnete Bürgerwehren formiert, die die Regierung in Washington der Untätigkeit bezichtigen. Dabei haben die USA die massenhafte Einwanderung selbst mit verursacht. Seit es das Nordamerikanische Freihandelsabkommen NAFTA (North American Free Trade Agreement) gibt und der mexikanische Markt mit US-amerikanischen Gütern überschwemmt wird, steigt dort die Arbeitslosigkeit. Jährlich drängt eine Million junger Mexikaner auf den Arbeitsmarkt, der diese Menschenmenge nicht aufnehmen kann.

Also versuchen sie ihr Glück in den USA. Dort bilden sie ein Arbeitskräftereservoir, auf das die US-amerikanische Wirtschaft kaum noch verzichten kann. 2004 führt der Film *Ein Tag ohne*

Mexikaner vor, was in Kalifornien passieren würde, wenn alle Einwanderer über Nacht verschwänden. Niemand bedient die Kaffeemaschine, kocht das Essen, hütet die Kinder, erntet die Felder ab und fegt die Straßen. Binnen kurzem versinkt der Sonnenstaat im Chaos.

Vielen Hispanics gelingt aufgrund ihres Fleißes der Aufstieg, die große Zunahme spanischer Namen an Schaltstellen der US-amerikanischen Wirtschaft und Politik belegt das. Fast fünfzig Millionen Menschen mit lateinamerikanischer Abstammung leben 2008 in den USA. Ihre Kaufkraft wird auf 700 Milliarden Dollar geschätzt. Die hispanische Handelskammer in den USA meldet, zwei Millionen Betriebe hätten Einwanderer in den Jahren zuvor gegründet, die 300 Milliarden Dollar netto im Jahr verdienten und anderthalb Millionen Jobs geschaffen hätten. Spanisch ist längst inoffizielle Zweitsprache in den USA, nach den Berechnungen des Madrider Instituto Cervantes von 2010 werden 2050 in keinem Land so viele Spanischsprechende leben wie in den Vereinigten Staaten. Die Schwerpunkte beginnen sich zu verlagern.

Dazu kommt, dass die Hispanics politisch interessiert sind. Bei der Präsidentenwahl 2008 gehen 85 Prozent der Wahlberechtigten unter ihnen zur Urne, 67 Prozent stimmen für den Demokraten Barack Obama. Da mag es nicht überraschen, dass vor allem die Republikaner Stimmung gegen Einwanderung machen. Wie sehr das die Immigrationsgeschichte der USA auf den Kopf stellt, hat der US-amerikanische Komiker Steve Colbert 2010 auf dem Höhepunkt der Immigrationsdebatte dargestellt. Er parodierte im Fernsehen einen Republikaner, der sagt: »Mein Urgroßvater ist nicht viertausend Meilen über den Atlantik gekommen, um nun dieses Land von Überfremdung bedroht zu sehen.«

Menschen wie Silvia Mercedes Rosa haben längst ihre Konsequenzen aus diesen Absurditäten gezogen: Sie bleiben, wo sie sind.

5 Der lateinamerikanische Weg

Von Macondo nach McOndo

»Es mussten die Schriftsteller sein,
weniger gefährlich als die Historiker,
um den Kern unserer Tyrannen und Caudillos bloßzulegen«,
Jorge Volpi, El Insomnio de Bolívar

Félix Bruzzone fühlt sich überfahren. »Es ist, als würde ein Zug über mich hinwegdonnern«, sagt er, als er unter einem riesigen Porträt von Jorge Luis Borges im argentinischen Pavillon der Frankfurter Buchmesse steht. Argentinien ist 2010 Gastland dieser weltgrößten Bücherschau, und die Autoren stoßen auf eine Aufmerksamkeit, mit der sie nicht gerechnet haben. »Selbst kleine Lokalzeitungen in Deutschlands Südwesten bringen Sonderseiten über Argentinien«, freut sich Buchmessenchef Jürgen Boos.

Félix Bruzzone ist der Liebling der Kritiker. Gerade hat die Fotografin einer großen deutschen Tageszeitung den jungen Mann mit dem schütteren Backenbart unter das überlebensgroße Bild des Großmeisters Borges bugsiert, um ein Motiv zu erhalten, das die ganze Bandbreite der argentinischen Literatur einfangen soll. Borges war die Leitfigur des 20. Jahrhunderts. Zu Beginn des 21. Jahrhunderts sind es Schriftsteller wie Félix Bruzzone, die ihr Land in den Fokus rücken. Er hetzt durch die riesigen Messehallen von einem Interviewtermin zum anderen und versucht, gelassen zu bleiben.

Bruzzone ist ein zarter, eher schüchterner Mensch, der viel reflektiert und aufmerksam zuhört, wenn man ihm Fragen stellt.

Für Antworten nimmt er sich Zeit, spricht bedächtig und leise. Es war nicht die Suche nach literarischem Ruhm, die ihn zum Schreiben gebracht hat, sondern die seelische Not, die ein Ventil brauchte.

»Ich war so etwa zwölf Jahre alt, da wachte ich morgens auf und wusste: Ich muss schreiben, um Dinge zu verstehen, die ich nicht verstand. Was ich am meisten lernen musste zu verstehen, war mich selbst«, sagt er bei der Buchmesse.[1] Seine Geschichte eines »Sohnes von Verschwundenen« sei letztlich die Geschichte des Landes. »In dem Moment, in dem wir begannen zu verstehen, mussten wir Verantwortung übernehmen für unsere dunkelste Seite, für unsere Albträume.«[2] Die Literatur sei dafür der geeignete Weg, denn sie appelliere an das Unterbewusstsein, mache Vorgänge bewusst, an denen die von politischen und wirtschaftlichen Machtstrukturen beherrschte Informationsindustrie scheitern müsse.

76 heißt Bruzzones gefeiertes Buch auf der Buchmesse. Es ist ein eher schmales Bändchen mit Erzählungen. Sie handeln von Menschen, denen etwas abhandengekommen ist und die nun versuchen, mit dieser Lücke zu leben. Félix Bruzzone wurde 1976 geboren, in dem Jahr, in dem in Argentinien das Militär die Macht ergriff, Menschen folterte und ermordete. Beide Eltern von Félix Bruzzone wurden noch im selben Jahr von der Geheimpolizei verschleppt, sein Vater kurz vor der Geburt, seine Mutter kurz danach. Sie sind nie wieder aufgetaucht. Er wuchs bei seiner Großmutter auf, in der Familie wurde über das Thema irgendwann nicht mehr geredet. Er blieb mit seinen Fragen allein – wie so viele junge Argentinier, die ohne Eltern leben mussten oder die Kollaborateuren der Diktatur zur Adoption übergeben worden waren und von ihrer wahren Identität erst als Erwachsene erfuhren.

»Manche suchen ewig nach dem einen und finden etwas ganz anderes«, sagt Bruzzone. Seine Darstellungen, welche Verstörungen ein solches Schicksal in Menschen auslöst, sind eher zart als anklagend. Sie handeln davon, wie diese Menschen ihren Weg aus der Vergangenheit in die Zukunft suchen. Dass die Deutschen so aufmerksam für das Thema sind, überrascht Bruzzone nicht: »Die argentinischen Militärs hatten von den Nazis gelernt, vielleicht ähneln sich deshalb die Formen der Aufarbeitung.«[3]

Der literarische Ruhm auf der Buchmesse hat Bruzzone ein eigenartiges Doppelleben eingetragen. Zu Hause in Buenos Aires hat er sein Buch selbst herausgegeben, er gehört zu den Kleinstverlegern, die einen Neuanfang wagten, nachdem das argentinische Verlagswesens während der Menem-Regierung in den 1990er Jahren zusammengebrochen war. In Kellern, Kneipen und Lagerhallen entstand mit Schere, Kleber, Altpapier und Laserdrucker ein kreativer literarischer Untergrund. Zusammen mit anderen Vertretern der Szene hat Bruzzone in Frankfurt einen winzigen, leerstehenden Stand in der Halle der lateinamerikanischen Verlage okkupiert, weil sie sich die hohen Mieten nicht leisten können – eine sehr argentinische Vorgehensweise. Als das Land nach dem Bankrott 2002 am Boden lag, war Eigeninitiative dieser Art gefragt, pleitegegangene Fabriken, Lokale, Hallen und Werkstätten wurden besetzt und in Eigenregie weitergeführt. Wer ums Überleben kämpft, kümmert sich weniger um Legalität.

An dem okkupierten Stand liegt nun die Originalversion von 76 als bescheidene Broschüre aus. Bruzzone erzählt: »Als wir das Buch damals aus der Druckmaschine holten, fragten wir uns: Ob wir wohl mehr als fünfzehn davon verkaufen?« Sie haben. In der stets gut besuchten Halle 4.2 nebenan ist die schön gestaltete deutsche Ausgabe von 76 am – offiziellen – Stand des Berenberg-Verlags zu besichtigen, ausgezeichnet mit dem Anna-Seghers-Preis. Mit der deutschen Übersetzung von 76 steht Bruzzone wie kaum ein anderer für das Hauptthema der argentinischen Präsenz. Drei von neun Büchern, die für die Messe übersetzt wurden, hätten mit Diktatur zu tun, sagte Buchmessenchef Boos auf einer Pressekonferenz.

Reich gemacht hat Bruzzone der Ruhm nicht. In Buenos Aires ernährt er Frau und zwei Kinder noch immer als Poolreiniger. Er will es auch gar nicht anders. »Ich muss von Zeit zu Zeit raus aus der Welt der Bücher, an die Luft, etwas Konkretes tun.« Es hat auch damit zu tun, dass er nicht zur »Ware« werden will, zum Handelsobjekt der Agenten und Verlage.

Die jungen argentinischen Autoren wie Bruzzone knüpfen an eine große Generation von Schriftstellern, Journalisten, Verlegern an, die vor dem Putsch 1976 eine gesellschaftliche Veränderung in Argentinien erreichen wollten – und von denen viele in den Kerkern endeten. Dieser Bezug auf die traumatische Vergangenheit bedeutet auch den Abschied von einem großen Idol. Es erklärt das Unbehagen Bruzzones unter dem Borges-Porträt: Die moralische Autorität des literarischen Übervaters ist durch seine Parteinahme für den Putsch von 1976 dahin.

»Der Drang zur Aufarbeitung ist in Argentinien besonders stark. Menschen systematisch verschwinden zu lassen, war ja eine Erfindung der argentinischen Diktatur. Das kommt jetzt nach dreißig Jahren hoch, die Kinder der Verschwundenen erheben die Stimme«, sagt die Literaturagentin Michi Strausfeld, die deutsche Ausgaben von mehr als hundert spanisch- und portugiesischsprachigen Autoren für große Verlage betreut hat. Ob die Literatur etwas bewirken kann? »Die vielen literarischen und filmischen Auseinandersetzungen, die Frage nach Schuldigen, Mitläufern, Opportunisten prägen heute das soziale Miteinander. Literatur und Justiz arbeiten komplementär.«[4]

Der befreiende Effekt stelle sich jedoch nur allmählich ein. Man könne eben nicht so leicht aus seiner Haut heraus, sagt Félix Bruzzone. Nicht das Vergessen und auch nicht die geteilte Erinnerung retten die Menschen, sondern die konstante Aktualisierung des Gedenkens. Und ja, er will etwas bewirken: »Wenn ein Buch sich dieser Probleme annimmt, dann ist es nur normal, dass jemand mal die Hand mit dem Stein hebt.« Was er denkt, wenn er diejenigen vor Gericht sieht, die seine Eltern ermorden ließen? »Die haben sich längst selbst bestraft. Es sind hinfällige Alte, die mit der Verdammnis ihrer Unfähigkeit zum Mitleid leben.«

Metapher der modernen Welt

Claudia Piñeiro gehört zu den international erfolgreichsten unter den argentinischen Autoren, die sich im Oktober 2010 auf der Frankfurter Buchmesse präsentieren. Ihr Roman *Die Donnerstagswitwen* war Vorlage für einen Spielfilm. Piñeiro beschreibt darin das abgeschirmte Leben in einem »Country Club«, einer Luxuswohnsiedlung vor den Toren von Buenos Aires, wo die Reichen sich vor der Realität einmauern – bis sie zu ihnen kommt. Das Buch ist eine ätzende Satire auf die Menem-Jahre in Argentinien.

Manchmal liest sich Ihr Buch wie eine Metapher auf die moderne Welt. Die Reichen mauern sich in einer Scheinwelt ein, weil sie meinen, das Elend damit fernhalten zu können.
Piñeiro: Ich hatte es nicht so gedacht, als ich es schrieb. Aber dann war ich in Europa und sah, wie es sich abzuschotten versucht von Afrika. Das Gleiche gilt für Grenze der USA zu Mexiko. Ja, vielleicht ist es eine Metapher.
Sie leben selbst in einem Country Club?
Piñeiro: Ja, wir sind vor 15 Jahren aus Buenos Aires weggezogen, weil wir wollten, dass unsere drei Kinder im Grünen aufwachsen, das ist etwas, das Eltern auf der ganzen Welt tun. Am Anfang war das eine ganz normale Siedlung, dann kam der Zaun, dann der Stacheldraht – wie im Krieg. Manche haben sogar Elektrozäune.
Ist das Leben in Buenos Aires wirklich so gefährlich?

Piñeiro: Es gibt natürlich Gefahren. Aber sie werden auch übertrieben, weil die Sicherheit ein Geschäft ist. Manche dieser Sicherheitsfirmen stellen sogar Diebe an, damit die in Nachbarsiedlungen klauen, wo eine andere Firma arbeitet. Sie hoffen dann, bei der nächsten Ausschreibung den Auftrag zu bekommen.

Wie läuft das Leben innerhalb der Mauern ab?

Piñeiro: Man versteckt sich vor der Realität. Manche Nachbarn wollen nicht, dass ihrer Kinder die Siedlung verlassen, Busse nehmen, tanzen gehen. Das erzeugt einen Trend zur Inzucht. Ein hoher Preis für Sicherheit.

Hat man Ihnen Ihre Satire in der Siedlung nachgetragen?

Piñeiro: Nein, aber das liegt daran, dass ich Erfolg hatte. Der Erfolg schützt einen in dieser Welt.

Wie steht Argentinien da?

Piñeiro: Wir sind vorangekommen seit dem Crash von 2002. Alle wirtschaftlichen Indikatoren zeigen nach oben, es gibt mehr Arbeit, weniger Armut, und es gibt nicht mehr den generellen Hass auf alle Politiker. Aber die Gesellschaft ist polarisiert. Es ist sehr schwer, sehr ermüdend, zwischen den Lagern zu stehen. Das meiste, was der Regierung der Präsidentin Kirchner vorgeworfen wird, ist banal, Äußerlichkeiten. Aber sie legt sich mit den Reichen an, das schafft Probleme.

Sie schreiben – anders als viele andere – nicht über die Diktatur von 1976 bis 1983.

Piñeiro: Doch, das tue ich, aber man sieht es nicht gleich. Dieses Land ist so, wie es ist, wegen der Diktatur. Manche haben von ihr profitiert und sind in ihr mit krummen Geschäften reich geworden. Diese Strukturen herrschen noch immer vor. Es gibt viel Missbrauch von Macht. Es gibt Leute, die sagen: Über die Armen müsse man mit einem

Panzer drüberfahren. Und es gibt diese Tendenz, den Mitmenschen zu übersehen, nicht wahrzunehmen.

Woher kommt die Polarisierung?

Piñeiro: In den 1990er Jahren bekamen wir diese Katastrophenrezepte des Internationalen Währungsfonds. Alles musste privatisiert werden, die Sicherheit, die Schulen, sogar Friedhöfe. Auf die öffentlichen Schulen gehen seitdem nur noch die Armen. Dieses System trennt die Menschen.

Die Rezepte ähneln den Vorschriften, die heute Spanien oder Griechenland gemacht werden. Kann Europa von den Erfahrungen Argentiniens lernen?

Piñeiro: Es sieht ganz danach aus.[5]

Die wahren Helden Argentiniens seien nicht Diego Maradona oder Eva Perón, sondern Autoren wie José Hernández, Ernesto Sábato und Jorge Luis Borges, titelt die *Frankfurter Allgemeine Zeitung* vor der Buchmesse am 2. Oktober 2010. Ihre Literatur habe Geschichte geschrieben. Argentiniens Regierung weiß um die Bedeutung der Literaten als Botschafter einer neuen politischen Kultur. Deshalb hat sie sich das Übersetzungsprogramm »Sur« einiges kosten lassen. Dreihundert Titel wurden zur Messe in 33 Sprachen übersetzt.

Der Auftritt führt eine große lateinamerikanische Tradition fort. Schriftsteller sind seit jeher das Gewissen Lateinamerikas, sie sind seine Interpreten und seine Vordenker – und mitunter sogar seine Politiker. Mario Vargas Llosa war 1990 Präsidentschaftskandidat in Peru. Als auf der Buchmesse 2010 die Nachricht hereinplatzt, er erhalte den Nobelpreis für Literatur, bricht am Stand des Suhrkamp Verlags beträchtliches Chaos aus. Suhrkamp verlegt die deutschen Ausgaben, doch niemand ist dort auf diese Nachricht vorbereitet, keiner hat ein Buch des in Europa ein wenig aus der Mode gekommenen Autors zur Hand. Eilig stammelt ein stellvertretender Verlagsleiter ein paar Sätze in die Mikrophone der Journalisten. Er würdigt die – unbestrittene – erzählerische Kraft des Autors. Außerdem habe Vargas Llosa sich um die politische Kultur seines Landes und Lateinamerikas verdient gemacht. »So jemanden haben wir in Deutschland nicht.«

Zwar verlor Vargas Llosa 1990 die Wahl gegen Alberto Fujimori. Doch im politischen Leben ist er präsent geblieben, einerseits durch seine Essays, in denen er liberale – manche sagen: reaktionäre – Positionen vertritt. Zum anderen mischt er sich immer wieder aktiv ins politische Tagesgeschehen ein. Als Perus Präsident Alan García sich 2009 weigerte, Entwicklungshilfegelder für den Bau eines Museums anzunehmen, das der Erinnerung an die Greueltaten des schmutzigen Krieges gegen die Terrorgruppe Leuchtender Pfad dienen sollte – wohl um nicht an seine eigene Verwicklung in den Krieg während seiner ersten Amtszeit (1985 bis 1990) erinnert zu werden –, intervenierte der Schriftsteller. Vargas Llosa geißelte Garcías Weigerung, sich der geschichtlichen Auseinandersetzung zu stellen, als Kleingeistigkeit. Der Präsident lenkte ein.

Die Macht der Worte

Politische Verantwortung zu übernehmen hat in Lateinamerika bei Schriftstellern Tradition. Domingo Faustino Sarmiento analysierte im 19. Jahrhundert in seinem Werk *Facundo* die Situation Argentiniens auf halbem Wege zwischen »Zivilisation und Barbarei«. Später, 1868 bis 1874, wurde er Präsident und versuchte, den Weg zu dem von ihm erträumten Fortschrittsmodell durch einen Rückgriff auf den liberalen Positivismus und europäische und nordamerikanische Vorbilder zu finden. Sarmiento machte Argentinien zum Einwanderungsland.

In Mexiko leitete der Philosoph José Vasconcelos in den 1920er Jahren einen Gegentrend ein, indem er die Abkehr vom Positivismus und die Hinwendung zum Geistigen postulierte. Er wurde Minister für Bildung, gab die monumentalen Wandgemälde im Nationalpalast in Auftrag, die Mexiko künstlerisch auf die Weltkarte brachten, und erfand das moderne Erziehungssystem Mexikos.

In Nicaragua schaffte es der Autor Sergio Ramírez zum Vizepräsidenten in der Revolutionsregierung von 1979. In Chile vertrat der Dichter Pablo Neruda sein Land als Konsul und Senator, der linksgerichtete Präsident Salvador Allende schickte den Poeten als Botschafter seines Landes 1970 nach Frankreich. Nach Nerudas Tod 1973 wurde seine Beerdigung in Chile zu einem ersten Massenprotest gegen die Putschisten, die Allende kurz zuvor gestürzt hatten. Seine Dichtung gehört in Chile noch heute zum Allgemeinbesitz des Volkes. Fast jeder Lastwagenfahrer kann ein Gedicht von Neruda aufsagen. Sein Haus in Valparaíso ist eines der wichtigsten Touristenziele der Stadt am Pazifik.

Eine tragende gesellschaftliche Rolle übernahmen Schriftsteller in den dunklen Jahren der Diktaturen. Während viele Journalisten und Politiker kollaborierten, oblag es den Dichtern, Werte wie Anstand, Freiheit, Hoffnung und Stolz aufrechtzuerhalten und die unterdrückten Völker daran zu erinnern, wer sie einmal gewesen waren. Als 1973 in Uruguay das Militär die Macht übernahm und die einstige »Schweiz Lateinamerikas« in einen Folterkeller verwandelte, blieb der Dichter Mario Benedetti für viele Menschen Stimme einer über den düsteren Alltag hinausreichenden gültigen Botschaft der Menschlichkeit. Benedetti, eigentlich ein bescheidener und schüchterner Mensch, wusste, dass er diese Rolle übernehmen musste. Der lateinamerikanische Schriftsteller könne die Türen zur Wirklichkeit nicht verschließen, sagte er: »Wenn er sie naiverweise zu schließen versucht, wird es ihm wenig helfen, denn die Wirklichkeit wird wieder zum Fenster hereinkommen.«[6] Seine eigene Rolle definierte Benedetti im Kontrast zu den Herrschenden: »Dichter haben nicht die Möglichkeit, Regierungen zu beeinflussen«, sagte er. »Das Einzige, was sie tun können, ist, den Bürgern auf der Straße die eine oder andere Sache zu erklären, um eine schüchterne Antwort auf Fragen zu geben, die sie stellen könnten.«[7] 1983 kehrte Benedetti aus dem Exil zurück und half beim Wiederaufbau der Demokratie.

In Argentinien wurde der kritische Dichter Ernesto Sabato 1983 Leiter der Wahrheitskommission, die die Verbrechen der Diktatur aufzuarbeiten begann.

Durch ihre Analysen kam Schriftstellern in Lateinamerika stets eine besondere Rolle bei der Gestaltung des Fortschritts zu. »Die Literatur hat mir den Kontinent erklärt, mehr als alles andere«, sagt Michi Strausfeld.[8] Im Kontrast zu den egoistischen, kleingeistigen, selbstsüchtigen, machtbesessenen und kurzsichtigen Caudillos erschien das Urteil der Literaten lange Zeit als die einzige Form moralisch übergeordneter, ja metaphysischer Deutung. Sie fassten Dinge klar in Worte, wo ansonsten nur schwülstige Rhetorik herrschte. Die klarsten Analysen der sozialen Realität Lateinamerikas seien aus der Feder von Schriftstellern geflossen, meint der Mexikaner Jorge Volpi.

Die Berufung auf das Geistige ermöglichte schon früh eine Standortbestimmung gegenüber den USA. In Uruguay formulierte José Enrique Rodó an der Schwelle des 20. Jahrhunderts in seinem *Ariel* eine »ästhetisierende, idealistisch beflügelte Anklage gegen den nordamerikanischen Utilitarismus«, die »schließlich zum Credo des Hispanoamerikanertums wurde«, wie Carl Heupel feststellte.[9] Das allerdings koppelte Lateinamerika auch vom Fortschrittsbegriff der westlichen Welt ab. Octavio Paz verwendete 1950 bei der Beschreibung des lateinamerikanischen Selbstverständnisses den Begriff der »Einsamkeit« und wurde damit zum Stichwortgeber für nachfolgende Generationen. Der Nobelpreisträger war es auch, der die besondere Rolle der Kultur für das Selbstbewusstsein Lateinamerikas hervorhob – vor allem in den Zeiten des politischen und wirtschaftlichen Chaos. »Die philosophische Betrachtung wurde zur heilsamen, dringenden Aufgabe, die (...) das Finden einer konkreten Lösung, die unserem Dasein Sinn zu geben vermöchte, zum Ziel hatte«, schrieb er als Reaktion auf den Rückstand in Technik und Forschung.[10]

Der Kolumbianer Gabriel García Márquez setzte 1967 der gefühlten lateinamerikanischen Einsamkeit ein literarisches Denkmal, das nun auch außerhalb des Subkontinents verstanden wurde. Zusammen mit Mario Vargas Llosa, dem Argentinier Julio Cortázar und Mario Benedetti begründete García Márquez den literarischen »Boom« Lateinamerikas der 1960er Jahre. Jorge Volpi meint, die Autoren des Booms hätten das Schreiben zur Waffe gemacht.

In seinem Roman *Hundert Jahre Einsamkeit* schildert García Márquez die kolumbianische Geschichte anhand einer Familiensaga. Er schafft mit dem Phantasiedorf Macondo eine Metapher auf Lateinamerika als eine Welt, in der die Magie tiefgreifenden Einfluss auf die Wahrnehmung und Gestaltung der Realität durch die Menschen besitzt. García Márquez weist den Lateinamerikanern damit den Weg nicht nur zum Verständnis ihrer selbst, er ermöglicht ihnen auch eine Besinnung auf die Qualität, die in ebendiesem Anderssein liegt.

Sein britischer Biograph Gerald Martin nennt *Hundert Jahre Einsamkeit* die lateinamerikanische Entsprechung zum spanischen *Don Quijote*.[11] Der Roman habe die wichtigsten und widersprüchlichen Charakteristika des Kontinents zusammengefügt. »Jenseits der dunklen Geschichte von Eroberung und Gewalt, von Tragödie und Scheitern, zeigte er das andere Gesicht Lateinamerikas, den karnevalistischen Geist, die Musik und die Kunst der Völker, (...) diese Fähigkeit, das Leben zu ehren auch in den schwärzesten Winkeln und Freude zu finden an einfachen Dingen, eine Freude, die für viele Lateinamerikaner nicht nur ein Trost in der Unterdrückung gewesen ist, sondern die Verheißung einer bessere Welt, die stets so nah liegt. Sie feiern nicht nur ihre Revolutionen, sondern ihre alltäglichen Siege.«[12]

Mit »Gabo«, wie der Schriftsteller von seinen Freunden genannt wird, sei die Literatur der Dritten Welt auf die Bühne der ganzen Welt getreten. Vor allem der Nobelpreis von 1982 für García Márquez sei für Lateinamerika ein Meilenstein hin zur Entwicklung einer gemeinsamen Identität und eines kulturellen Selbstbewusstseins gewesen, fährt Gerald Martin fort. Gerade Latinos seien bis dahin ja eher »Opfer der Geschichte« als ihre Gestalter gewesen. Jetzt hatte Lateinamerika, »historisch gesehen nicht gerade ein Kontinent der Gewinner«, endlich »einen Weltmeister«.[13] Nichts sei danach mehr so wie vorher gewesen.[14]

Auf der Preisverleihung in Stockholm geht Garcia Márquez hart mit der industrialisierten Welt ins Gericht. Sie gestehe Lateinamerika nicht die Zeit zu, die etwa Europa gehabt habe, um sich zu entwickeln, kritisiert der Schriftsteller. Er wird damit zum Botschafter des gesamten Subkontinents, was ihn nicht davon abhält, politisch klar links Position zu beziehen. Eine lebenslange Freundschaft verbindet ihn mit Fidel Castro. Die prononcierte Hinwendung »Gabos« zu Kuba ist auch der Grund für sein Zerwürfnis mit Vargas Llosa, der sich aus Enttäuschung über das Castro-Regime von der Linken abwandte.

Anders als Vargas Llosa greift García Márquez nicht aktiv in die Politik ein, obwohl der Wunsch danach immer wieder an ihn herangetragen wird. Mehrmals wird er gebeten, für die Präsidentschaft zu kandidieren und das Bürgerkriegsland Kolumbien durch die Kraft seiner moralischen Autorität zu befrieden. Warum er das nicht tut, erklärt er dem kolumbianischen Journalisten Juan Gossaín in einem Interview: »Weißt du, Alter, das Streben nach politischer Macht ist doch nur das Ergebnis der Unfähigkeit zu lieben.«[15] Im Präsidentschaftswahlkampf 2010 setzt der Kandidat Antanas Mockus, der frühere Bürgermeister von Bogotá und Liebling der jungen urbanen Bildungseliten, auf einen »Guiño«, auf ein Zwinkern von »Gabo«, von dem er hofft, es könnte seine Chancen gegen den übermächtigen früheren

Verteidigungsminister Juan Manuel Santos erhöhen. Doch »Gabo« schweigt. Er verliere die Erinnerung, entschuldigt der 83-Jährige sich. Santos gewinnt die Wahl.

Im Dickicht der Städte

Der magische Realismus hat allerdings auch Widerspruch provoziert, Kritiker taten ihn als Versuch ab, skandalöse politische und soziale Zustände schönzureden. Zweifellos hat sich die Omnipräsenz dieser literarischen Ausdrucksform für die nachfolgende Autorengeneration als Klotz am Bein erwiesen. Alles musste fortan nach dem Willen der Verlage in diesem Stil geschrieben sein, was zu drittklassigen Nachahmungen wie etwa bei der Chilenin Isabel Allende führte, die das Klischeebild des Kontinents als Hort kantiger Caudillos, schöner Dienstmädchen, wagemutiger Krieger und träumerischer Damen mit übersinnlichen Fähigkeiten beim Leser im Ausland, wo ihre Romane mehr Erfolg hatten als in Chile, auf ewig zementiert hat. Was als literarische Befreiung begonnen hatte, wandelte sich zur Obsession.

Erst die Enkelgeneration besitzt die Kraft zur Erneuerung. Es haben sich Strömungen gebildet, die eine radikale Abkehr vom magischen Realismus propagieren und nach zeitgemäßen Ausdrucksformen suchen, die die lateinamerikanische Realität abbilden. In Mexiko ist das die Gruppe »Crack« um Jorge Volpi, in Chile eine Szene um Alberto Fuguet, die Macondo zu McOndo verballhornt. Michi Strausfeld sagt über Lateinamerika: »Es ist ein junger Kontinent mit junger Bevölkerung. Das Durchschnittsalter der Argentinier ist etwa 28 Jahre, in Deutschland ist es 44. Die jungen Autoren sind in Megacities aufgewachsen, sie konsumieren Literatur aus aller Welt, Fernsehen, Internet, sie reisen, sie tauschen sich aus. Es gibt eine erstaunliche Kreativität. Das schafft ein eigenes Klima, neue Ästhetik, neue Themen. Es findet eine intensive Auseinandersetzung mit der heutigen urbanen Gesellschaft statt.«[16]

Ein Vertreter dieser Generation ist der mexikanische Schriftsteller Guillermo J. Fadanelli. Er schildert Lateinamerika nicht als Schauplatz magischer Üppigkeiten. Seine Romane und Erzählungen beschreiben die Städte, die von Busabgasen geschwärzten Straßenschluchten, flankiert von billigem Beton oder zerfressenen Kolonialfassaden, verhängt mit kreischend bunten Schildern, die den neuesten Plastiktand aus Taiwan anpreisen. Aus den Höhlen der Eingänge kriechen die Gerüche von Fett und Armut und der Lärm der Ballermaschinen in den Spielhöllen, in denen die Jugend den jederzeit möglichen Ernstfall probt. Fadanelli ist einer der auffälligsten Chronisten der lateinamerikanischen Stadt und ihres Lebensgefühls zwischen Rausch und Abgrund. Gut und Böse werden dort nicht bestimmt von moralischen Grundsätzen, sondern resultieren aus dem Wissen, dass jeder für sich selbst verantwortlich ist, dass jeder überleben muss – die Lektion, die Lateinamerika vom Neoliberalismus gelernt hat.

»Das Gefühl, mitten im Trubel ein Bürger mit Rechten zu sein, der von den Behörden geschützt wird, existiert nicht«, schreibt Fadanelli über Mexikos Metropole.[17] Doch auch Städte wie Mexiko-Stadt, das wird bei Fadanelli deutlich, haben in all ihrer Brutalität ihren Zauber, sie erwecken eine ungesunde Zärtlichkeit, ihre Gerüche ein Déjà-vu an rauschartigen Zuständen, die zu einer Sucht werden können, von der man schwer loskommt.

Drei Fragen an Guillermo Fadanelli

Sie haben mal gesagt, Mexiko-Stadt sei ein »Witz Gottes«. Was ist das Komische an solchen Megacities?

Fadanelli: Die Stadt sieht aus wie ein Produkt schwarzen Humors. Eine Zusammenballung von Menschen und Häusern dieser Dimension, in der Gerechtigkeit abwesend ist und die Gewalt regiert, kann nur von einer missgünstigen, höheren Macht ersonnen worden sein.

Trotzdem sagen Sie, dass Mexiko-Stadt ein Gefühl der Zärtlichkeit hervorrufen kann.

Fadanelli: Ich meinte eher Mitgefühl als Zärtlichkeit. Trotz ihrer Abnormität überlebt die Stadt. Sie kollabiert jede Nacht erschöpft, um sich am nächsten Morgen erneut zu erheben. Das liegt an den gutmeinenden und freundlichen Menschen, die ihren Alltag mit Würde und Ehrgefühl zu meistern versuchen. Das ruft in mir enormes Mitgefühl hervor.

Gibt es eine Lösung für die lateinamerikanischen Megastädte unserer Zeit? Oder muss man einfach hinnehmen, dass sie sind, wie sie sind, und seinen Ort in ihnen suchen?

Fadanelli: Die Probleme von Metropolen wie Mexiko-Stadt ließen sich lösen, wenn sie nicht auf allen Ebenen von Korruption zerfressen wären. Die Justiz, die Politiker, die Bürokraten haben keinerlei Respekt vor dem Gemeinwohl. Die Demokratie hat keinen Sinn, wenn es kein wirtschaftliches Gleichgewicht gibt. Der Reichtum konzentriert sich in wenigen Händen, und die Medienmonopole verwandeln die Menschen in Pawlowsche Hunde, in Wesen, die nicht fähig sind, für sich selber zu denken. Ohne Respekt für den anderen muss ein soziales Geflecht reißen. An den Nächsten zu denken ist das fundamentale Prinzip jeder Gemeinschaft.[18]

Fadanelli erweckt – anders als frühere Autorengenerationen – nicht die Illusion, er habe eine politische Lösung für die sozialen Probleme, die diesen scharfen Kontrast erzeugen. Doch anstatt die sozialrevolutionären Ansätze seiner Vorgänger aufzugreifen, appelliert er an die Menschlichkeit. Sein Werk ist die Aufforderung, Gefühl zu entwickeln für die harte Poesie, die in der Misere wohnt, und in ihr den Trost zu finden für etwas, das in Wahrheit keinen Ausweg kennt.

Fadanellis Landsmann Jorge Volpi geht noch einen Schritt weiter. Er fordert nicht nur eine neue Sicht auf den eigenen Kontinent, sondern auch eine radikale Abkehr von dem Zwang, dass Lateinamerikaner über Lateinamerika schreiben müssten. Der magische Realismus habe 2008 aufgehört, eine obligatorische Marke zu sein. Es gebe keine lateinamerikanische Literatur mehr, sagt Volpi. Sie habe in Zeiten der Globalisierung einen »postnationalen Charakter« angenommen. Die heutigen Stilformen von Metaliteratur, Science-Fiction, historischer Novelle, Realismus und Phantasie seien ein »Spiegel unseres demokratischen Chaos«, fährt Volpi fort. »Unsere moderne Literaturrepublik ist genauso ungeordnet wie die Republiken der Region.«[19] Die Schriftsteller Lateinamerikas trügen keine langen Mähnen und keine Lederjacken mehr, sondern kurze Haare und Blackberry. Sie stünden auch nicht zwingend links. Ihre Freunde seien keine lateinamerikanischen Diktatoren, sondern »Gringo-Akademiker« und Kinoregisseure. Sie hörten weder Tango noch kritische Liedermacher, sondern Elektronik und Independent-Rock. Sie liebten Quentin Tarantino statt Rainer Werner Fassbinder, Paul Auster statt William Faulkner. In ihrer Freizeit schrieben sie keine Zeitungsartikel, sondern Blogs. Ihre Welt sei ohne jede Romantik.

Volpi schildert diese Generation lateinamerikanischer Schriftsteller als das, was sie ist: Kinder ihrer Zeit, weltoffen und reiselustig, international erfahren und gebildet, gewandt im Umgang mit Sprachen, eifrigere Nutzer von Facebook oder Twitter als manch andere Bewohner des Weltdorfes, vielleicht weil sie nach der langen Zeit der Einsamkeit Nachholbedarf haben. Ihre Schriften sind nachvollziehbar, man braucht kein Lateinamerikakenner mehr zu sein, um Leute wie Fadanelli zu lesen. Was Lateinamerikaner Schriftstellern anderer Weltgegenden möglicherweise voraushaben, ist die Fülle an Inspiration. Der argentinische Schriftsteller Marcelo Figueras sagt: »Argentinien produziert in seiner Widersprüchlichkeit, seinen Konflikten und auch seinem Modernisierungsprozess 365 Tage im Jahre Stoffe für einen Roman, es bringt jeden Tag wundervolle, unglaubliche, tragische Geschichten hervor. Es wäre eine Sünde, diese nicht aufzugreifen. Autoren in anderen Ländern würden töten, um so viel Stimulanzen zu haben.«[20]

Und natürlich haben die jungen Schriftsteller Interesse an der Politik, wenn sie sich auch nicht mehr bestimmten Weltanschauungen unterordnen. Die Peruaner Santiago Roncagliolo und Daniel Alarcón beschreiben eindringlich das Grauen des Krieges gegen den Leuchtenden Pfad. Der Bolivianer Edmundo Paz Soldán protokolliert in *Palacio Quemado* den Fall des Präsidenten Sánchez de Lozada. Der Kolumbianer Fernando Vallejo seziert den Drogenkrieg in seinem Land. Jorge Volpi sagt, die jungen Autoren Lateinamerikas hätten sich zwar »vom System entfernt«, das wirke auf den ersten Blick unpolitisch. Doch ihre Schilderungen seien noch immer geeignet, das politische Ambiente zu beschreiben, in denen die Autoren aufgewachsen seien. Sie drückten den Ekel aus gegen jede Form institutioneller Ordnung.[21] Und dies ist ja ohne Zweifel eine politische Äußerung.

Der Heckenschütze

Als der Peruaner Jaime Bayly 2009 ankündigt, er wolle in die Fußstapfen Mario Vargas Llosas treten und bei der nächsten Präsidentschaftswahl in seinem Land antreten, wird der Schriftsteller zunächst nicht ernst genommen. Kann ein Mann Präsident eines lateinamerikanischen Landes werden, der von sich behauptet, schlecht im Bett, übergewichtig und bisexuell zu sein, Antidepressiva zu nehmen und nie vor elf Uhr aufzustehen? Wahrscheinlich wäre so jemand auch in Europa schwer vermittelbar.

Baylys Kandidatur wirkt von Anfang an nicht recht ernst. Doch zumindest tut er das, was ein Autor im modernen politischen Leben tun kann: Er hält den Peruanern durch seinen knalligen, absurden Clownswahlkampf ein paar Realitäten vor, nimmt keine Rücksicht auf Empfindlichkeiten des Establishments und beweist dabei – anders als der zu Pathos neigende Vargas Llosa – Sinn für Satire und Ironie.

Ob alles stimmt, was Bayly über sich behauptet, ist ohnehin die Frage. Als Schriftsteller liebt er das Spiel mit der Wirklichkeit, die meisten seiner Romane werden von konstruierten Protagonisten bevölkert, die ihm selbst ähneln. »Man klaut Teile der Realität und fügt sie zusammen wie ein Puzzle«, sagt der Autor.[22] Als Präsidentschaftskandidat hat er einen neuen Bayly gebastelt, dessen Aufgabe vor allem darin zu bestehen scheint, seinen Landsleuten einen Spiegel vorzuhalten – indem er sich lauthals zu Eigenschaften und Gewohnheiten bekennt, die viele Peruaner für furchtbar halten oder unterdrücken, demaskiert Bayly ihre Einstellung zur Sexualität und ihren Machismo.

Manche sehen in ihm mit seinem direkten, ironischen Stil einen Erneuerer der lateinamerikanischen Literatur, dazu einen wichtigen Provokateur und Propheten des Umbruchs in einer Gesellschaft, die sich nur allmählich von den aus der Kolonialzeit ererbten Tabus zu lösen beginnt. Für andere ist er schlicht ein eitler Dandy und Snob, eine gestörte Persönlichkeit. Zweifellos ist Bayly einer der bekanntesten und umstrittensten Journalisten des Kontinents, der in mehreren Ländern Fernsehsendungen hat. In Peru war sein »Francotirador« (Heckenschütze) lange Jahre eine Art südamerikanische Harald-Schmidt-Show, nur schriller. Er kommentierte darin aktuelle Ereignisse ohne Rücksicht auf tradierte moralische Empfindlichkeiten. »Es geht nicht darum, fair und neutral zu sein, ich beziehe Position und sage unangenehme und gemeine Sachen«, betonte Bayly in einem Interview mit der Madrider Zeitung *El País*.[23] Die Sendung präsentierte Musiker, Boxerinnen, Politiker und »Frauen, die dafür leben, Bein zu zeigen«, wie die spanische Zeitung *El País* spottete. Bayly führte sie in halb ernsten, halb absurden Interviews vor. Den späteren Präsidenten Alan García fragte er im Wahlkampf, ob er Lithium nehme, um seine Stimmungsschwankungen zu kontrollieren, und löste vor allem deshalb einen Skandal aus, weil das wahrscheinlich stimmte. Viele Prominente überlegten sich dreimal, ob sie bei ihm auftreten sollten.

»Ich greife in meinen Programmen auf, was der Zirkus Lateinamerika so hergibt«, sagte der 45-Jährige mit der John-Lennon-Frisur.[24] Im Fernsehen macht er gern den Clown. Im erzreaktionären spanischen Bischofsfunk Cope trat Bayly mit einem lächerlichen beigen Hütchen auf und berichtete mit ernster Miene, wie es zu seiner Präsidentenkandidatur gekommen sei: »Meine Mutter sagte: Du musst Kardinal oder Präsident werden. Kardinal fällt offensichtlich aus.« Dafür habe er alles getan: »Meine Karriere zielte nur darauf ab, mich selbst zu demontieren.«[25] Das, so schloss Bayly, habe den Vorteil, dass er mit nichts erpressbar sei. Ideale Voraussetzung für ein Präsidentenamt also auf einem Kontinent, wo es sonst keine Seltenheit ist, dass Staatschefs nach ihrer Amtszeit vor dem Richter landen.

Jaime Bayly wuchs im gehobenen Bürgertum von Lima auf. Er ging auf eine kirchliche Schule, flog raus und wurde als 15-Jähriger Journalist. Schon drei Jahre später interviewte er Polit-Größen. Diese Zeit reflektierte er in dem Roman *Die letzten Tage von La Prensa*, der beschreibt, wie eine Traditionszeitung im politischen Taumel der 1970er Jahre zugrunde geht. 1994 veröffentlichte er den halb-biographischen Roman *Sag es keinem*, in dem er nicht nur explizit das Leben mit Sex und Drogen in Limas Oberschicht schildert, sondern mit dem er auch selber »aus dem Schrank kam«, wie man das Outen der eigenen Homosexualität nennt. Seine Verwandtschaft bot ihm angeblich Geld an, damit er die Veröffentlichung unterlässt. Vergebens. Im schicken Stadtteil Miraflores nannte man ihn fortan »Joaquín« – wie seinen schwulen Protagonisten.

Andere aus ihrem Schrankversteck herauszuzerren gehört seither zu Baylys Lieblingsbeschäftigungen. Als ein peruanischer Schauspieler die Ernsthaftigkeit von Baylys Polit-Ambitionen bezweifelte, sagte der in seiner Show: »Wie kannst du so etwas sagen nach allem, was wir miteinander hatten?«[26] Gern greift Bayly das in Lateinamerika weitverbreitete Gerücht auf, dass Kubas Machthaber Raúl Castro schwul sei und sich »viel lieber mit der Schwimmmannschaft« seines Landes treffen würde als mit Typen wie dem finsteren Kollegen Daniel Ortega aus Nicaragua. Mit dem offensiven Bekenntnis seiner homosexuellen Seite tut Bayly etwas, wofür man noch kurz vorher in den meisten lateinamerikanischen Ländern Morddrohungen bekommen hätte. 2007 erhält er für seine Verdienste um die »Sichtbarmachung« homosexuellen Lebens den Visibility Award der US-amerikanischen Schwulenvereinigung GLAAD (Gay & Lesbian Alliance Against Defamation). Drei Jahre später wird in Argentinien die Homo-Ehe eingeführt, die sexuelle Befreiung in Lateinamerika schreitet voran.

Bayly ist jedoch kein typischer Aktivist der Schwulenbewegung, er besteht vielmehr darauf, bisexuell zu sein. Er war mit einer Frau verheiratet und hat mit ihr drei Töchter. Im Grunde steht er für eine neue, urbane, libertinäre, postmoderne, metrosexuelle lateinamerikanische Elite, die einen globalisierten, ideologiefreien Lebensstil pflegt und zwischen Miami, Lima und Rio herumreist.

Politisch ist Bayly nach den gängigen Mustern kaum einzuordnen. Sein Lieblingshassobjekt ist Venezuelas linkspopulistischer Präsident Hugo Chávez, den er »präpotent und faschistisch« nennt. Chávez sei eine »Art Ölquelle, immer wenn er den Mund aufmacht, kommt schwarze Brühe heraus«, sagte er in einem seiner Fernsehbeiträge. Die europäische Linke greift Bayly an, weil sie »vor tropischen Diktatoren auf die Knie geht«, gemeint ist natürlich Fidel Castro. »Uns Lateinamerikaner hält man für einen Haufen Indios, denen man den Umgang mit der Freiheit nicht zutraut.«[27]

Doch der Rechten ist Bayly deshalb noch lange nicht zuzu-
ordnen. Seine Sendung in Miami hat er eingestellt, weil die Eig-
ner des Kanals, zwei stramm rechte Exilkubaner, nicht viel von
Meinungsfreiheit hielten. Er ist für Abtreibung und Schwulen-
ehe. »Die größte Ungerechtigkeit von Peru« nennt er die Mili-
tärausgaben. Man solle die Armee abschaffen und das Geld in
die Bildung armer Kinder stecken. Ein ungeheuerlicher Vorschlag in einem Land, das gern martialischen Ritualen huldigt.
Über Präsident Alan García sagt Bayly, er gehöre vor ein Gericht
wegen seiner Schuld an den Massakern während des schmutzigen Krieges in den 1980er Jahren. Immer wieder greift Bayly
die Kirche an.

Die traditionelle, intolerante und katholische Gesellschaft Limas, der Bayly entstammt, ist mit so etwas noch zu schocken.
Eine Gesellschaft, so Bayly, »in der sie einen Sohn, der ihnen behindert oder schwul geboren wird, im Dienstbotenzimmer ver-
stecken«.[28] In seinem Roman *El cojo y el loco* (Der Hinkende und
der Irre) schildert Bayly zwei Verlierer dieser Gesellschaft, die
von ihren Eltern verstoßen wurden und die »deswegen charak-
terliche Monstrositäten aufweisen«. Bayly sagt: »Lima kotzt vom
Schicksal verfluchte Personen vor mich hin.«[29]

Mit der Tradition des Booms und »Gabo« hat Bayly eigentlich
nur eines gemein: den »Mamagallismo«, die Art zu spotten, das
Leben in Anekdoten zu erzählen und es dabei mit der Wahrheit
nicht so genau zu nehmen. In der Sendung »Francotirador« präsentierte er seine vermeintliche Kandidatin für die Primera
Dama, seine künftige First Lady, eine 21-jährige Blondine, angeblich Studentin und zweifellos Heldin der Tagträume eines
jeden peruanischen Macho. Sie habe ihn von seiner Homosexualität und seiner Impotenz »geheilt«. Mit gespieltem Ernst flehte
er sie an: »Ich will ein Kind von dir, was willst du noch hören?«
Sie: »Ich denke noch nicht daran, Mutter zu sein.«[30]

Die bierernsten Kommentare in Internetforen, auf Youtube
und auf Baylys Facebookseite nach der Sendung zeigten, dass

Peru noch nicht wirklich reif war für solche Inszenierungen: »Mein Gott, er ist mit einem Kind zusammen.« »Du hast Geschmack, Bayly, Respekt.« »Die macht sich doch nie die Füße in einem Andendorf schmutzig!« »Unser Land geht unter!«[31]

Bayly ist als Politiker ein selbsterfundener Witz, aber fraglos ist er auch Wegbereiter für einen Wandel. Federico Salazar, politischer Kolumnist und Freund Baylys, schreibt nach einem der schrillen Fernsehauftritte des Autors: »Bayly führt uns eine Realität vor, die in Wahrheit gestellt ist. Aber gilt das nicht für die ganze Wahlkampagne? Ich stimme politisch in nichts mit Bayly überein. Aber allein die Tatsache, dass nun über die Legalisierung von Drogen und Abtreibung gesprochen wird, ist schon ein frischer Wind.«[32]

Am Ende beschließt Bayly jedoch, dass er genug Wind gemacht hat und beendet die Inszenierung. Er zieht sich ganz auf die Rolle des Politclowns zurück. Die Auseinandersetzung zwischen dem Linksnationalisten Ollanta Humala und Keiko Fujimori, Tochter des inhaftierten Expräsidenten Alberto Fujimori, im Wahlkampf des Jahres 2011 verfolgt er gemütlich von Miami Beach aus und kommentiert sie in Kolumnen für die peruanische Presse, in denen er mit großem gespielten Ernst jedes Mal eine andere Wahlempfehlung abgibt. Im Recht fühlen darf sich Diego Bertie, der von Bayly geoutete Schauspieler, der schon während der Debatte über Baylys vermeintliche Präsidentenpläne sagte: »Es bringt mich zum Lachen, dass die Peruaner das ernst nehmen.«[33]

Sprache der Menschen

Es war in Salamanca 1989. Ich hatte mich im Sprachkurs zwei Monate lang mit den Unterschieden zwischen »ser« und »estar« sowie dem von den meisten Studenten als tückisch empfundenen *Subjuntivo* abgeplagt, da hatte ich in einer der vielen Kneipen der spanischen Universitätsstadt eine aufschlussreiche Begegnung. Eine Kommilitonin brachte ihren neuen Freund mit, einen Chilenen. Lateinamerikaner waren in diesen Jahren – lange vor dem Immobilienboom – in Spanien durchaus eine Seltenheit. Ich plauderte am Tresen eine Zeitlang mit dem Chilenen in meinem rudimentären Spanisch, bis mir nach dem vierten Bier klar wurde: Wenn ich diese Sprache richtig lernen würde, würde sich mir ein ganzer Kontinent erschließen.

Im Jahr 2010 sprechen 329 Millionen Menschen auf der Welt Spanisch, es ist nach Chinesisch die zweitgrößte Muttersprache. Dazu kommen 120 Millionen, die Spanisch gelernt haben oder lernen. Spanisch ist zu diesem Zeitpunkt die zweite Kommunikationssprache der Welt nach Englisch. Das Interesse an der Sprache sei enorm und wachse ständig, sagt der Leiter des Münchner Instituto Cervantes, Ibon Zubiaur.[34] Französisch habe man in Deutschland als zweitwichtigste Fremdsprache längst abgehängt. »Auf dem freien Markt der Sprachen hat Spanisch bessere Karten.« Es gelte bei jungen Leuten als sexy, Spanisch zu lernen. Die enormen Vorteile einer auf einem ganzen Kontinent anwendbaren Sprache nicht nur für kulturelle und touristische, sondern auch für wirtschaftliche Zwecke wirke offensichtlich anziehend auf junge Menschen.

Dass Spanisch als Handels- und Wissenschaftssprache nie mit dem Englischen konkurrieren konnte, erklärt Zubiaur mit der unterschiedlichen Tradition der Gesellschaften: »Das ökonomische Gewicht der angloamerikanischen Welt ist größer. Das Problem des Spanischen war lange der Trend zur erhabenen Rhetorik – auch in der Presse. Dazu kommt eine gewisse Ungeduld. Das hat Spanisch den Ruf eingebracht, unkonkret zu sein. Englisch hingegen ist konkret, es kommt sofort zum Punkt. Auf Spanisch erzählt man das Märchen von der Erschaffung der Welt.«[35]

Doch die Schwäche birgt auch eine Stärke. Auf der Frankfurter Buchmesse 2010 erklärt die Präsidentin der argentinischen Delegation, Magdalena Faillace, das folgendermaßen: Spanisch sei die »Sprache der Menschen, nicht die Sprache der Macht«. Ibon Zubiaur verweist auf das wachsende Selbstbewusstsein der

Sprecher: »Wir haben wenig Anglizismen.« In Spanien sage man »vale« statt »okay«, in Lateinamerika »chevere« statt »cool«. Spanisch sei eine flexible Sprache, man finde schnell Lösungen, um ausländische Begriffe zu hispanisieren. Es sei auch eine gute Popsprache, »in den USA hat man das vor langer Zeit erkannt. Nat King Cole sang spanische Boleros mit Gringo-Akzent, er verstand selber nicht, was er sang.«[36]

Tatsache ist allerdings auch, dass das Selbstbewusstsein des Spanischen sich vor allem im Mutterland Spanien manifestiert und im südlichen Teil Südamerikas. Im karibischen Raum und den USA ist seit längerem eine Verschmelzung zu beobachten, die auf Dauer eine neue Sprache schaffen könnte: Spanglish. Allerdings weiß man noch nicht recht, wer da wen erobert. Laut einer Reportage, die der Fernsehsender Arte im Dezember 2010 ausstrahlte, leben derzeit 37 Millionen Spanischsprechende in den USA. Die kulturelle Grenze zwischen dem englisch- und dem spanischsprachigen Amerika sei längst nicht mehr mit der Landesgrenze am Rio Grande identisch. Samuel Huntington thematisierte in seinem Buch *Kampf der Kulturen* schon 1998 die Furcht der USA, die Mexikaner könnten das Territorium, das sie 1848 verloren, durch die Migration auf leise Weise zurückerobern.

In den Latino-Communities und Barrios der US-amerikanischen Städte hat sich eine Melange der verschiedenen lateinamerikanischen Ausdrucksformen des Spanischen gebildet und mit Englisch vermischt. Literarische Weihen hat das Spanglish durch den Roman *Das kurze wundersame Leben des Osar Wao* von Junot Díaz erhalten, der das Leben dominikanischer Auswanderer in New Jersey beschreibt. 2008 erhält er dafür den Pulitzer-Preis. Beim Hay-Literaturfestival im kolumbianischen Cartagena im Januar 2009 wird Díaz von einem einheimischen Zuschauer gefragt, ob seine anglisierte Mischung eine selbsterfundene Kunstsprache sei. Díaz antwortet, er spreche die Sprache, mit der er aufgewachsen sei, er könne nicht anders. Vieles deutet darauf hin, dass Spanglish, das zuerst von Rappern künstlerisch verarbeitet wurde, auf Dauer eine Art Lingua franca werden könnte, ein neues Universalspanisch, das in New Jersey oder Kalifornien entstand und sich durch Rückwanderung in ganz Mittelamerika und der Karibik ausbreitet. In Mexiko sagt man »troca« für Lastwagen nach dem nordamerikanischen »Truck« oder »concreto« für Beton analog zum englischen »concrete«.

Im Internet wird der Erfolg des Spanischen bislang noch von den eingeschränkten technischen Möglichkeiten der Nutzer behindert. Zu diesem Ergebnis kommen die Wirtschaftswissenschaftler José Luis García, José Antonio Alonso und Juan Carlos Jimenez in ihrer Studie »Die spanische Sprache, eine globale Sprache«.[37] Doch sobald der technische Rückstand aufgeholt sei, könne die englische Sprache ihre Hegemonie im Netz schnell verlieren. Der Anteil der Menschen, die im Internet auf Englisch kommunizierten, sei seit 2000 um ein Drittel gesunken. »Das Spanische gewinnt an Gewicht«, schreiben die Forscher und erwarten, dass ihre Sprache demnächst von Platz vier auf Platz eins der Netzsprachen rückt. Spanisch beginnt, die weltweite Hegemonie des Englischen zu erschüttern, sein Siegeszug kann als Ausdruck einer Welt gewertet werden, die zunehmend multipolar wird.

Abrechnung mit der Vergangenheit

> »Das wird dazu beitragen,
> dass solche Dinge nie mehr geschehen.«
> Gonzalo Conte von der Menschenrechtsorganisation
> Memoria abierta nach dem Urteil gegen
> den argentinischen Folteroffizier Reynaldo Bignone.
> (BBC Mundo, 21. April 2010)

Der argentinische Bundesstaat Tucumán gilt als Gemüsegarten der Republik. Von der Hauptstadt San Miguel führt eine Landstraße nach Norden, die endlos anmutende Zitrusplantagen,

Kartoffeläcker und Tomaten- und Zuckerrohrfelder durchquert. Je näher man auf die Berge zukommt, umso dichter und wilder wird das Grün, das schließlich in urwaldartiges Dickicht übergeht. Die Straße schlängelt sich schließlich in genau 1 244 Serpentinen Richtung Tafi del Valle empor. Man kommt durch einen Nebelwald, die Yungas Tucumanas. Lorbeerbäume wachsen dort, Jacaranda und Lapacho, wilde Pfirsiche und Bäume mit dunkelroten Früchten, die man hier »Blaubeeren« nennt, auch wenn es keine sind. In den Wäldern leben Pumas und wilde Bergschweine. Auf zweitausend Meter Höhe öffnet sich ein weites, karges Hochtal, es ist trocken hier oben, stets schwebt »Alpa Puyo«, eine weiße Wolke, über den Bergriesen, die hier bis zu viertausend Meter hoch sind.

Zwischen 1976 und 1983, als in Argentinien die Militärjunta an der Macht war, zogen sich viele Widerstandskämpfer in diese wilde Gegend zurück in der Hoffnung, von dort aus die Diktatur stürzen oder sich ihr wenigstens entziehen zu können. In Tucumán fühlten sie sich am richtigen Ort, denn dort gärte es schon lange. In den 1960er Jahren waren die Zuckerraffinerien des Bundesstaates geschlossen worden, unter den Arbeitslosen machte sich revolutionäre Gesinnung breit.

»Wir glitten ab von diesem idyllischen Leben, das von der Raffinerie bestimmt wurde, die uns alles gab, plötzlich waren wir Herren unseres Lebens. Wir wollten das Volk zur Unabhängigkeit erziehen«, heißt es in einem lokalhistorischen Bändchen, das in örtlichen Buchhandlungen verkauft wird und die Geschichte des Revolutionären Volksheeres (ERP) erzählt, das zusammen mit den linksperonistischen Montoneros Mitte der 1970er Jahre für Anschläge und Übergriffe in ganz Argentinien verantwortlich war. Die Armee errichtete bereits Anfang der 1970er Jahre in Santa Lucia in den Yungas eine größere Basis, von der aus sie die Guerilla bekämpfte. Nach dem Putsch von 1976 verschärfte das Militär, nun jeder demokratischen Kontrolle enthoben, seine Methoden. Die ganze Bevölkerung wurde als Geisel genommen, jeder war im Prinzip verdächtig, mit den Rebellen zusammenzuarbeiten. Menschen verschwanden, wurden ermordet. Aus dem Obstgarten der Republik wurde das Folterlager Argentiniens.

Carolina Ventura arbeitet heute in einem kleinen Laden in Tafi del Valle, der Volkskunst verkauft. Eine Frauenkooperative stellt die Stoffe und Stickereien her. Manche der Teilnehmerinnen kennen ihre Eltern nicht, berichtet Carolina Ventura,[38] sie wurden während der Diktatur verschleppt. Die ganze Bevölkerung leide noch immer unter dem Trauma der Vergangenheit.

Im August 2008 fahren Carolina Ventura und ihre Freundinnen deshalb in die Hauptstadt San Miguel de Tucumán, um vor dem Gerichtssaal zu demonstrieren. Drinnen wird gegen die verhandelt, die für die Folter und die Morde verantwortlich sind: die früheren Generäle Luciano Benjamín Menéndez und Domingo Antonio Bussi. Der 81-jährige Menéndez war Militärkommandeur im Nordwesten Argentiniens, der 82-jährige Bussi sein Untergebener. Bei dem Teil der Bevölkerung, der sich vor der Guerilla fürchtete, erlangte Bussi in dieser Zeit sogar eine schaurige Popularität. Noch in den 1990er Jahren brachte er es damit zum demokratisch gewählten Gouverneur. Er unterstützte den Präsidenten Carlos Menem und wurde 1999 als Abgeordneter in die Nationalversammlung gewählt – doch die Zeiten begannen sich zu ändern. Die Kammer verweigerte ihm die Ernennung, weil er an »Verbrechen gegen die Menschlichkeit« beteiligt gewesen sei. 2007 wird Bussi vor Gericht gestellt, ein langes Verfahren beginnt.

Zur Urteilsverkündung 2008 erscheint er im Rollstuhl und mit einer Sonde in der Nase, die ihn mit Sauerstoff versorgt. Er und sein Exkommandeur Menéndez zeigen keine Zeichen von Reue. Der in Fort Leavenworth in den USA ausgebildete Bussi wiederholt die bei Angehörigen der Diktatur gängige Einlassung, man habe damals einen Krieg gegen Subversive geführt, die Republik habe sich gegen diese mit Waffen verteidigen müssen. »Ich danke den Soldaten, die Argentinien vor der kommunistischen Aggression gerettet haben«, sagt Bussi und bricht in Tränen aus. Vor dem Gerichtssaal kommt es daraufhin zu Tumulten. Die Angehörigen Ermordeter und Verschwundener kritisieren, dass »man diese Völkermörder immer noch so reden lässt«.[39] Bussi und Menéndez werden schließlich zu lebenslanger Haft verurteilt.

Die Tür zur Abrechnung mit der Diktatur in Argentinien öffnet sich ausgerechnet 2001, als das Land wirtschaftlich am Boden liegt. Es sind engagierte Juristen, die das Prinzip der Straffreiheit aus der Regierungszeit von Carlos Menem in Frage zu stellen beginnen. Sie stoßen auf ein Verbrechen, das bislang nicht in die Regeln für die Amnestierung der Militärs eingeschlossen war: Kindesentführung. Hunderte Babys und Kleinkinder von Verschwundenen wurden während der Diktatur als Beute an Militärs und Günstlinge weitergereicht. Die Verfolgung dieser Vergehen bringt auch den ersten Präsidenten der Junta, den berüchtigten Jorge Videla, zurück ins Gefängnis.

2003 zieht der Kongress in Buenos Aires die Schlusspunkt-Gesetze zurück, die Entscheidung muss jedoch vom Obersten Gericht bestätigt werden. Um dessen Billigung zu erhalten, ist eine Revision der Personalentscheidungen nötig, die Menem gefällt hatte. Das gelingt: Präsident Néstor Kirchner, selbst jener Generation zugehörig, welche die meisten Opfer zu beklagen hat, setzt Amtsenthebungsverfahren gegen die Richter in Gang, die Menems korruptes System der Straffreiheit passieren ließen. Kirchner darf sich dabei der Unterstützung des größten Teils der Bevölkerung sicher sein.[40]

Am 14. Juni 2005 erklärt der Oberste Gerichtshof Argentiniens eine Reihe von Gesetzen für verfassungswidrig, die zwanzig Jahre lang Hunderte Folterer und Mörder vor Strafe schützten. Nun kann endlich gegen mehr als tausend ehemalige Offiziere und Schergen ermittelt werden. Es geht Schlag auf Schlag. 2006 wird der Expolizeichef Miguel Etchecolatz wegen Entführung,

Folter und Mord zu lebenslanger Haft verurteilt, 2007 der frühere Militärkaplan Christian von Wernich. Im April 2008 erhält der letzte Junta-Chef Reynaldo Bignone 25 Jahre Gefängnis. Sechs weitere Junta-Angehörige bekommen im gleichen Prozess Strafen von 17 bis 25 Jahre. Bignone war Leiter des Folterzentrums auf dem Armeestützpunkt Campo de Mayo im Westen von Buenos Aires. Dort wurden viertausend Oppositionelle gequält, viele verschwanden. Gefangenen Frauen wurden ihre Kinder geraubt.

Besonders wichtig ist der Justiz aber das Verfahren gegen den ehemaligen Junta-Chef General Videla, der wegen 570 Entführungen, 270 Fällen von Folter und 29 Morden angeklagt ist. Da Videla jedoch einen Schlaganfall erlitten hat, kommt der Prozess zunächst nicht in Gang. Eine Auslieferung nach Deutschland, wo Videla wegen der Ermordung deutscher Staatsbürger gesucht wird, lehnen argentinische Gerichte ab. Man will ihn selbst aburteilen. Im Dezember 2010 ist es so weit: »Mit versteinerter Miene hörte sich Argentiniens früherer Diktator den Richterspruch an, der ihn bis ans Ende seiner Tage ins Gefängnis bringen soll. Ein Bundesgericht in Córdoba verurteilte Jorge Rafael Videla am Dienstag zu lebenslanger Haft. Es ist das zweite Mal, dass der Tyrann von einst für den Staatsterror zur Rechenschaft gezogen wird. Diesmal dürfte es, anders als beim ersten Mal, endgültig sein«, schreibt die *Süddeutsche Zeitung* in der Weihnachtsausgabe. »Zuschauer feierten das historische Urteil. Im Gerichtssaal saßen auch Mütter und Großmütter der Plaza de Mayo, deren Kinder und Enkel während des Regimes verschwanden.«

Die Zeitung zitiert eine Reihe von Prozessbeobachtern, darunter Friedensnobelpreisträger Adolfo Pérez Esquivel: »Wahrheit und Justiz sind der einzige Weg zu einer echten Demokratie.« »Jetzt kann meine Familie beginnen, das Leid all der Jahre verheilen zu lassen«, sagt die Schwester einer Toten. »Dies ist wichtiger als die Nürnberger Prozesse, weil das hier unsere

Richter und Gesetze sind«, findet Enzo Stivala, früher Präsident der Richtervereinigung. »Es sind sogar die Gesetze, die vor dreißig Jahren galten, als die Verbrechen begangen wurden. Das ist einzigartig auf der Welt.«

Lateinamerika befreit sich selbst

Erst zwanzig Jahre nach dem Ende der Diktaturen ist in Argentinien, Chile und Uruguay der Punkt erreicht, an dem eine echte Aufarbeitung der Vergangenheit beginnen kann. Dazu bedurfte es einer Reihe gesellschaftlicher und politischer Rahmenbedingungen: junger Menschen – die ähnlich wie in den 1960er Jahre in der Bundesrepublik Deutschland – den vorhergehenden Generation Fragen nach ihrer Haltung und ihrer möglichen – aktiven oder passiven – Mittäterschaft stellten; es bedurfte Politiker, die selbst mit der Verfolgung konfrontiert und die an einer Aburteilung der Täter wirklich interessiert waren – und den Menschenrechtsgruppen und Opferverbänden Gehör schenkten, die die dazu nötigen Daten liefern können; und es bedurfte engagierter Schriftsteller und Journalisten, die das Thema durch ihre Beiträge einer öffentlichen Wertung unterzogen.

Trotz der wachsenden Empörung über das Ausmaß der Verbrechen, das erst allmählich bekannt wird, findet in allen drei Ländern keine revanchistische Siegerjustiz statt. Gerade die penible Einhaltung von rechtsstaatlichen Mitteln führt dazu, dass sich die Folterer mit juristischen Tricks zunächst immer wieder der Verurteilung entziehen können.

Erschwert wird die Verfolgung der Verbrechen dadurch, dass das Ende der Diktaturen keinen vollständigen gesellschaftlichen Umbruch mit sich gebracht hat. In Bürokratie und Justiz herrschten Kontinuität, Täter und Opfer leben buchstäblich Tür an Tür. Detlef Nolte vom Hamburger Institut für Lateinamerikaforschung findet es bemerkenswert, dass die Aburteilung in Lateinamerika – anders als bei afrikanischen Potentaten oder in

Exjugoslawien – trotzdem gänzlich ohne Hilfe der sogenannten Weltjustiz vor sich geht. Nolte sieht das Engagement lateinamerikanischer Juristen in der langen Rechtstradition der Länder begründet, die auch die Diktaturen überstanden habe.[41] Und in ihrem Mut, mag man hinzufügen. Ja, Argentinien kann seine Erfahrung sogar in die Institutionen der Weltjustiz einbringen – in Gestalt des Juristen Luis Moreno Ocampo, der federführend an der Verfolgung der Junta-Verbrechen gearbeitet hat und im Sommer 2003 dem Ruf nach Den Haag folgt und Chefankläger des Internationalen Strafgerichtshofs wird.

Besonders in Chile verläuft die Aufarbeitung stockend. Dort steht auch nach dem Übergang zur Demokratie ein gewichtiger Teil der Bevölkerung zu dem früheren Diktator Augusto Pinochet, nämlich jener, der von den neoliberalen Wirtschaftsreformen profitiert hat und nicht von politischer Verfolgung betroffen war. Einmischungsversuche von außen erweisen sich als eher kontraproduktiv: 1998 erreicht der spanische Richter Baltasar Garzón durch ein Auslieferungsgesuch, dass Pinochet bei einem Aufenthalt in London festgenommen wird. Garzón will dem Exdiktator in Spanien den Prozess machen, weil auch Spanier von der Verfolgung durch dessen Schergen betroffen waren.

In Chile führt das jedoch zu einem Schulterschluss der reaktionären Kräfte. Präsident Eduardo Frei, sicher kein Pinochet-Anhänger, bleibt unter dem innenpolitischen Druck schier nichts anderes übrig, als die nationale Souveränität Chiles zu betonen und Pinochets Freilassung zu fordern. 2000 wird der greise Exdiktator von der britischen Justiz entlassen und auf Anordnung der Londoner Regierung nach Chile zurückgeschickt, wo ihn seine Anhänger jubelnd empfangen. Er wird zwar unter Hausarrest gestellt, der Prozess gegen ihn kommt jedoch nicht in Gang. Pinochet stirbt 2006 in Santiago, bevor er verurteilt werden kann. Immerhin gelingt es in Chile, zahlreiche seiner Helfershelfer ins Gefängnis zu schicken, so etwa

Geheimdienstchef Manuel Contreras, der für Morde und Folterungen verantwortlich war.

Noch schwerer tut sich Brasilien. Dort kam die Diktatur schon 1964 an die Macht – zu einem Zeitpunkt, als Brasilien sich auf der Höhe der Zeit zu befinden schien. Die Welt tanzte Bossa Nova; Brasiliens Rhythmen und Brasiliens Lebensgefühl begeisterten Musiker und Partygänger rund um den Globus. Und auch technisch ging es voran: Im Buschland des Planalto war gerade die neue Hauptstadt Brasilia fertiggestellt worden, das visionäre Werk des Architekten Oscar Niemeyer. Das größte Land Lateinamerikas war eine Verheißung des Fortschritts und Ziel Hunderttausender Auswanderer. Doch Brasilien hatte sich durch seine Milliardenprojekte übernommen, die Wirtschaft schlitterte in eine schwere Krise. Das Militär fühlte sich berufen, Ordnung zu schaffen, es übernahm die Macht und stürzte den Präsidenten João Goulart. Regimegegner verschwanden in Folterkellern und Massengräbern, Intellektuelle gingen ins Exil, so auch viele Mitglieder der Bossa-Nova-Generation. Erst 1985 danken die Generäle ab. Doch es dauert 25 Jahre, bis eine Aufarbeitung in Gang kommt.

Es ist der linksgerichtete Präsident Luiz Inácio Lula da Silva, der 2009 eine Wahrheitskommission ins Leben ruft, die die Verbrechen des Regimes aufarbeiten soll. Doch das ist umstritten. Aus seiner eigenen Regierung bekommt Lula heftigen Widerstand zu spüren. Verteidigungsminister Nelson Jobim etwa spricht sich gegen eine Strafverfolgung von Offizieren und ihren Schergen aus. Er warnt vor »Revanchismus«. Damit spricht er für einen nicht kleinen Teil der Gesellschaft, der dafür ist, den geltenden »Pakt des Schweigens« beizubehalten. Das Militär ist in Brasilien noch sehr mächtig, kontrolliert etwa den Flugverkehr. Lulas Projekt einer Aufarbeitung der Vergangenheit kommt bis heute nicht voran.

Wie in vielen Ländern, so wurde auch in Brasilien der Übergang zur Demokratie in den 1980er Jahren zwischen Diktatoren und Demokraten behutsam ausgehandelt. Um keinen neuen Putsch zu provozieren, verzichteten die demokratischen Regierungen zunächst auf sogenannte Erinnerungsprozesse und Gerichtsverfahren. Die Generäle selbst hatten für sich vorsorglich eine Amnestie verfügt, bevor sie die Macht abgaben. Erst unter Lula gab es seit 2004 zaghafte Versuche der Aufarbeitung.

2007 legt seine Regierung ein Dokument vor, das die Militärregime der Menschenrechtsverletzungen beschuldigt. Eine offizielle Liste dokumentiert 479 Morde und 20 000 Fälle von Folter. Doch die wahre Zahl kann kaum ermittelt werden, weil in den Kasernen noch 2004 die letzten Papiere vernichtet werden.

Wie in Argentinien rechtfertigen sich auch in Brasilien die Generäle, sie hätten den Kommunismus von dem Land fernhalten wollen. Die USA unter Präsident Richard Nixon hatten sie nach Kräften mit Ausbildung und Logistik im Kampf gegen die Guerilla unterstützt, die vor allem im Amazonas operierte. 2004 werden dort Massengräber geöffnet. Verurteilt wird nie jemand. Immerhin macht sich der Oberste Gerichtshof an die Überprüfung der Amnestie. »In Brasilien gibt es eine Kultur der Straflosigkeit, und die Straflosigkeit ermöglicht die Wiederholung des Verbrechens«, warnt im Dezember 2009 der Sekretär für Menschenrechte der Regierung, Paulo de Tarso Vannuchi. Als positives Gegenbeispiel nennt er die Vergangenheitsbewältigung in Deutschland.[42] Die Offiziere rechtfertigen sich, ihre Diktatur habe eine kommunistische Gefahr abgewehrt und sei milde gewesen.

Die Opfer sehen das anders. Der Dichter Paulo César Fonteles de Lima hat in den Folterkellern gelitten. Er beschreibt die systematische Tortur in seinen Gedichten: »Wenn der Tod sich nähert, nur ein Atemzug, nur ein Atemzug, denn der Häftling darf nicht sterben, bevor er spricht.«[43] Leute wie er kämpfen weiter dafür, dass auch Brasiliens Generäle irgendwann nicht mehr darum herumkommen werden, sich für ihre Taten verantworten zu müssen.

Die gewählten Diktatoren

Die Aufarbeitung der Vergangenheit in Lateinamerika mag schleppend in Gang kommen, aber sie kommt in Gang. Und die Justiz beschränkt sich in ihrem Verfolgungseifer nicht mehr auf die Militärdiktatoren allein. Nach und nach widmet sie sich bereits dem nächsten Schritt, der Aburteilung der »gewählten Diktatoren« der 1990er Jahre. In Bolivien gerät Gonzalo Sánchez de Lozada ins Visier der Staatsanwälte. Bevor der Präsident das Land 2003 fluchtartig verlassen musste, hatte sein Militär Massaker unter Demonstranten angerichtet. 2009 eröffnet die bolivianische Justiz ein Verfahren wegen Völkermords gegen den früheren Präsidenten und ein Dutzend seiner einstigen Minister und erlässt Haftbefehle. Präsident Evo Morales teilt den USA mit, eine Auslieferung Sánchez de Lozadas sei Voraussetzung für eine Verbesserung der angeschlagenen Beziehungen. Doch die USA machen keine Anstalten, ihren früheren Günstling nach Bolivien zu überstellen.

Die bolivianischen Bemühungen stehen in einer Reihe von Versuchen lateinamerikanischer Richter und Staatsanwälte, demokratisch gewählte Expräsidenten wegen Korruption und schlimmerer Vergehen zur Rechenschaft zu ziehen – ein wichtiges Signal an die Nachfolger, dass die Methoden der Vergangenheit nicht mehr hingenommen werden. Oft arbeiten die Juristen Hand in Hand mit investigativ recherchierenden Journalisten – so etwa in Peru im Falle des früheren Präsidenten Alberto Fujimori.

Fujimori hatte in den 1990er Jahren eine Semidiktatur errichtet und das Parlament entmachtet. Seine Methoden im Kampf gegen maoistische Rebellen beschreibt der peruanische Journalist Ricardo Uceda, der in seinem Buch *Muerte en el Pentagonito*[44] zahlreiche belastende Details aufgearbeitet und interpretiert hat: »Das große Ziel des Staatsstreiches war es, eine langfristige Militärregierung einzurichten.«[45] Die Armee konnte ihren Gegnern im Antiterrorkampf nun signalisieren, dass sie bereit war, die Kämpfer des Leuchtenden Pfads auszurotten, egal wo und unter welchen Umständen. Die Botschaft lautete, so Uceda: »Ich weiß, wo du bist, mit wem du dich triffst, und um dich zu zerstören, kann ich schlimmer sein als du.«[46] Und die Armee machte von diesen fast unbegrenzten Kompetenzen umfassend Gebrauch.

Doch es sind Korruptionsvorwürfe, die Fujimori schließlich zu Fall bringen. Als die Beweise erdrückend werden, nutzt der umstrittene Präsident im Jahr 2000 eine Auslandsreise, um sich abzusetzen. »El Chino«, wie er wegen seiner asiatischen Herkunft genannt wird, sucht zunächst Unterschlupf in der Heimat seiner Vorfahren, in Japan. Danach lässt er sich in Chile nieder – in der Hoffnung, von dort aus ein politisches Comeback starten zu können. Trotz seiner Verbrechen hat Fujimori weiterhin viele Anhänger in Peru.

Peru verlangt trotzdem seine Auslieferung, doch Fujimori versucht allerlei Tricks, dieser zu entgehen. So bewirbt er sich sogar um einen Sitz als Senator im japanischen Oberhaus, scheitert jedoch, was nicht verwundert, denn den Wahlkampf führt er von Chile aus. Dort hat er Freunde in der Justiz, die seine Auslieferung immer wieder hinauszögern.

Doch am 21. September 2007 hat die Flucht ein Ende. Der Oberste Gerichtshof Chiles beschließt die Überstellung an Peru. Fujimori wird in Lima in das berüchtigte unterseeische Gefängnis gesperrt, das er selbst für die Anführer des Leuchtenden Pfads bauen ließ – in der Zelle neben ihm sitzt sein berüchtigter Geheimdienstchef, Vladimiro Montesinos. Vor Gericht zetert und tobt Fujimori, rechtfertigt sich, er habe einen Krieg führen müssen, da könne man nicht zimperlich sein. Am 7. April 2009 wird Fujimori trotz heftiger Proteste aus Bevölkerung und Politik wegen Verbrechen gegen die Menschenrechte zu 25 Jahren Gefängnis verurteilt. Das Gericht sieht es als erwiesen an, dass er als Präsident während des schmutzigen Krieges Einsatzbefehle für Todesschwadronen gab.

Mario Vargas Llosa sagt nach dem Urteil, man müsse mit Respekt sehen, dass Peru eine »zivilisierte Nation« sei, »die sich mit Würde und Mut ihrer Vergangenheit stellt und wo ein Zivilgericht die Verbrechen eines Diktators bestraft«. Das Urteil sei eine Warnung an alle Regierenden, die die »Verfassung und die Gesetze mit Füßen treten und foltern und morden lassen, dass ihre Taten nicht ungesühnt bleiben werden«. Es sei ein »historischer Präzedenzfall« für alle, die von einem emanzipierten Lateinamerika träumten, das für alle Zeiten »die autoritäre Pest« hinter sich lasse.[47]

Fujimori und Sánchez de Lozada hatten von den Diktatoren eingeschüchterte, ausgeplünderte Gesellschaftssysteme geerbt ohne funktionierende Institutionen und verantwortungsbewusste Parteien. Fehlende Kontrolle verführte sie zu Korruption, Gewalt und unüberlegten Wirtschaftsreformen. Nicht überall endeten ihre Sanierungsversuche so blutig wie in Bolivien oder Peru, doch die Korruption wucherte in den 1990er Jahren fast überall in Lateinamerika. Selbst im demokratischen Musterland Costa Rica widmete sich die Justiz 2005 und 2006 gleich dreier Expräsidenten, gegen die Vorwürfe der Misswirtschaft erhoben wurden.

Besonders schwer fällt die Aufarbeitung in den Bürgerkriegsländern Mittelamerikas. In Guatemala wird der frühere Diktator Efraín Ríos Montt zwar wegen Massaker während des schmutzigen Krieges der 1980er Jahre angeklagt, genießt aber als Abgeordneter einer Splitterpartei Immunität. Die Wahl des früheren Menschenrechtsaktivisten Álvaro Colom, des ersten Linkspolitikers seit Jacobo Arbenz, zum Präsidenten im Jahr 2007 setzt für viele ein Zeichen der Hoffnung, dass nun auch in dem von jahrzehntelangem Bürgerkrieg und schwerster Gewaltkriminalität gezeichneten Land ein Versöhnungsprozess beginnen kann. Doch Colom kämpft während seiner Amtszeit mit der anscheinend unüberwindlichen Spaltung des Landes in Besitzende und Arme, Täter und Opfer. Sein Aufstieg ist allenfalls ein Anfang.

Der guatemaltekische Sozialwissenschaftler und Journalist Martín Rodríguez hält das Vorgehen der Justiz in Lateinamerika trotz aller Probleme für ein Zeichen der Reife. Allein die Tatsache, dass Politiker mit Verfolgung rechnen müssten, sei ausschlaggebend für eine allmähliche Gesundung. Die US-Justiz jedenfalls habe bei der Verfolgung der Foltervorwürfe gegen die Bush-Regierung weniger Standhaftigkeit bewiesen.[48]

Neue Macht im Süden

»Die Europäische Union kann sich nicht mehr erlauben,
auf Lateinamerika zu verzichten.«
Gustavo Martín Prada, Direktor für Lateinamerika-Beziehungen
bei der EU-Kommission anlässlich des
Iberoamerika-Gipfels am 14. Mai 2010 in Madrid

Es ist ein kalter Tag im Mai 2010 in München, der Wind peitscht den Regen fast waagerecht über den Mittleren Ring. Frierende Brasilianer flüchten mit Regenschirmen unter das Vordach der BMW-Welt, des repräsentativen Ausstellungsgebäudes am Olympiagelände, mit dem der Münchner Autobauer seine Weltgeltung unter Beweis stellen will. Drinnen geht es an diesem Tag um die Zukunft Brasiliens, genauer gesagt, um die Planung der Fußballweltmeisterschaft 2014 und der Olympischen Spiele 2016. Brasilien möchte nicht nur beweisen, dass es in der Lage ist, solche Mammutveranstaltungen auf die Beine zu stellen, es möchte zeigen, dass es das glanzvoller hinkriegt als andere. Vierzig Milliarden Euro glaubt das Land in WM und Olympia investieren zu können. Die Einnahmen durch Tourismus und Binnennachfrage würden die Ausgaben mehr als wettmachen, sagt Sportminister Orlando Silva vor Hunderten deutscher Wirtschaftsvertreter, die an den Ereignissen mitverdienen wollen und deshalb zum Deutsch-Brasilianischen Wirtschaftstag nach München gereist sind.

Es gibt viele solcher Treffen für Unternehmer. Handelskammern und Industrieverbände wollen mit ihnen auf die Chancen einer Investition in Lateinamerika aufmerksam machen. Doch wenn es um Brasilien geht, fällt alles immer eine Spur größer, bombastischer, euphorischer aus. Das belegen die Wortmeldungen an diesem Maitag. Bundeswirtschaftsminister Rainer Brüderle wedelt zu Beginn seiner Rede mit einer Blume, die Kinder eines Armenviertels aus einem Plastikbecher beim letzten Staatsbesuch für ihn gebastelt haben. Er will verdeutlichen, was er in Rio de Janeiro gesehen hat: »Die Augen der Kinder sind voller Hoffnung, Lebensfreude und Dynamik«, sagt er bei der Veranstaltung.

In der Tat kann sich dieser Dynamik kaum entziehen, wer Brasilien dieser Tage besucht. Die Industriemetropole São Paulo wirkt vom Flugzeug aus wie ein Urwald aus Hochhäusern, bis zum Horizont erstrecken sich Großbaustellen in die sattgrüne Ebene. »Das ist längst kein Schwellenland mehr«, stellt Minister Brüderle fest. Brasilien hat die Finanzkrise 2009 bestens überstanden, das Wachstum 2010 wird zeitweise zehn Prozent erreichen. »Wir müssen uns schon langsam überlegen, wie wir es bändigen«, sagt Brüderles brasilianischer Kollege Miguel Jorge.

Carlos Mariani Bittencourt vom brasilianischen Industrieverband CNI[49] gibt das Ziel vor: »In dreißig Jahren wollen wir EU-Niveau erreichen.« Und schon in zwanzig Jahren will das fünftgrößte Land der Welt auch die fünftgrößte Industriemacht sein und Deutschland von diesem Platz verdrängen. Millionen Menschen seien seit 2003 durch eine Politik des sozialen Ausgleichs der Armut entkommen, lobt Minister Miguel Jorge seine eigene Regierung. Die öffentlichen Kassen seien gut gefüllt. Brasilien strotzt vor Selbstbewusstsein, das spürt man im direkten Gespräch mit Regierungsvertretern. Vizeaußenminister Antônio de Aguiar Patriota – der später, im Januar 2011, unter Dilma Rousseff zum Außenminister aufsteigen wird – lädt zum Interview in die Lounge, die die BMW-Welt für Gäste dieses Kalibers zur Verfügung stellt. In einer weißledernen Couchlandschaft wartet die Delegation. Patriota, früher Botschafter in den USA, trägt Maßanzug zum sauber gestutzten, graumelierten Kinnbart, seine silbrige Mähne glänzt in der dezenten, indirekten Beleuchtung. Nur hin und wieder beugt er seinen sportlich-schlanken Oberkörper vor, wenn er einer Antwort besonderes Gewicht verleihen will.

Mit der freundlichen Überheblichkeit des erfolgreichen Aufsteigers beantwortet er Fragen zu den Fortschritten und Plänen seines Landes.[50]

Interview mit Antônio de Aguiar Patriota

Ob Brasilien noch ein Schwellenland sei oder schon eine superpotencia, *will ich wissen.*

Patriota: Ich denke, man muss realistisch bleiben. Die Regierung Lula hat die Demokratie gefestigt. Er ist ein politischer Führer, der aus der Arbeiterklasse kommt, die Brasilien vorher nie geführt hatte. Er hat ein Wirtschaftswachstum neuen Typs geschaffen, eines, das Arbeit schafft, Investitionen anzieht, aber gleichzeitig die soziale Ungleichheit korrigiert. Man darf aber nicht vergessen, unser Pro-Kopf-Einkommen beträgt weniger als ein Drittel des europäischen. Es gibt noch sehr viel Ungleichheit in der Gesellschaft. Aber es stimmt, wir haben ein neues Selbstvertrauen.

Warum hat Brasilien die Finanzkrise besser überstanden als andere?

Patriota: Wir sind eine starke Marktwirtschaft mit großer Präsenz des Staates. Wir haben ein Bankengesetz, das weniger Risiken zulässt. Wir haben ein gutes Gleichgewicht zwischen Markt und Staat gefunden. Das half uns, die Turbulenzen zu überstehen. Wir sind als letzte in die Weltfinanzkrise hineingeschlittert und als erste wieder herausgekommen.

Kann die Welt von Brasilien lernen?

Patriota: Die Weltwirtschaftskrise hat eine neue Situation geschaffen: Das Monopol für Wirtschaftspolitik liegt nicht mehr in den reichen Ländern. Unser Krisenmanagement war vielleicht besser als in manchen europäischen Ländern. Und wir sind nicht so verantwortungslos wie die Wall Street. Wir waren immer skeptisch, wenn gesagt wurde, der Markt regelt alles. Es gibt bestimmte Dinge, die macht der Staat besser. Wenn man ihn zu sehr schwächt, wird man verwundbar.

Präsident Lula hat die WM und Olympia nach Brasilien geholt. Investoren und Touristen machen sich jedoch Sorgen, ob Sie die Kriminalität in den Griff bekommen.

Patriota: In Rio und São Paulo gibt es in der Tat einen starken Kontrast zwischen Reich und Arm. Das beginnt sich zu ändern, aber es dauert. Viele Menschen steigen in die Mittelschicht auf, heute gehören ihr mehr als die Hälfte der Brasilianer an. Vor wenigen Jahren lebten noch vierzig Millionen Menschen in extremer Armut. Es gibt jetzt eine positivere soziale Dynamik. Frustrierend ist, dass das die städtische Gewalt nicht schneller senkt. Aber man muss der Jugend Brasiliens und Lateinamerikas eine gesunde Perspektive bieten, einen Kontrast zu Verbrechen und Drogen. Deshalb der Sport.

Sind die Europäer ins Hintertreffen geraten? Man hat den Eindruck, China macht das Südamerika-Geschäft.

Patriota: Nach China exportieren wir Rohstoffe, sie liefern Fertigprodukte. Das ist ein altmodisches Geschäft.

Wir arbeiten auf eine Diversifizierung unserer Handelsbeziehungen hin, sowohl mit unseren alten Freunden in Europa und den USA, aber auch mit Indien oder Südafrika. Was uns Sorgen macht: 1980 erwirtschafteten wir 35 Prozent der Wertschöpfung Südamerikas, heute 55 Prozent. Das ist gut für uns, aber wir wollen keine Insel sein. Wir spüren unsere Verantwortung, den Schwächeren zu helfen.

Brasilien strebt nach einem ständigen Sitz im UN-Sicherheitsrat. Wollen Sie die Weltordnung verändern?

Patriota: Eine neue Ordnung ist nicht unser Ziel, sie ist eine Realität. Wir leben in einer Ära, in der wir uns nicht mehr darauf beschränken, Ratschläge entgegenzunehmen und Politik anzuwenden, die vermeintlich Klügere sich ausdenken. Ich rede von Emanzipation. In der G 20 haben wir neben Saudi-Arabien das geringste Staatsdefizit. Wir haben das Recht, an internationalen Debatten teilzunehmen.

Was kommt nach Präsident Luiz Inácio Lula da Silva, an dessen Namen Brasiliens Aufstieg schließlich geknüpft ist?

Patriota: Lula ist heute in der Welt bekannter als Pelé, das gab es noch nie, dass ein brasilianischer Politiker einen Fußballer überflügelt. Aber der Caudillismus, der Anführerkult, ist in Brasilien unbekannt. Wir hatten nie diese Tendenz zur Idolatrie. Es gibt jetzt eine neue politische Klasse, junge, demokratische Leute, gut ausgebildet, business friendly.

Doch bei aller Zuversicht – die anstehenden Großereignisse legen auch gnadenlos die Probleme offen, die Brasiliens beeindruckende Wachstumsraten überschatten: Die Kriminalitätsrate steht der Südafrikas in manchen Großstädten nicht nach. Die völlig unzureichende Infrastruktur kann jeder erleben, der sich durch das Verkehrschaos vom Flughafen Guarulhos ins Zentrum der Megametropole São Paulo kämpft. Die Armut hat weiterhin bedrückende Ausmaße. Und ein gewisser Schlendrian durchzieht weiterhin jede Planung: Der Weltfußballverband FIFA rügt den fehlenden Baufortschritt bei den Stadien, der längst versprochene Masterplan lässt auf sich warten.

Auf solche Einwände pflegen Brasilianer mit einer Prise Arroganz zu antworten: In Südafrika seien die letzten Hotels auch erst drei Wochen vor der Fußball-WM fertig geworden, brummt Wirtschaftsminister Jorge. Adilson Primo, Siemens-Chef in Brasilien, gelobt: »Eine gewisse Trägheit wird jetzt überwunden.« Allenthalben werden in München die guten Aussichten für die deutsche Wirtschaft betont, die gerade an den Mängeln verdienen könne. Sie finden beste Startbedingungen vor. 1 200 deutsche Unternehmen sind bereits in Brasilien aktiv, sie erwirtschaften zehn Prozent der Wertschöpfung. São Paulo ist größter deutscher Industriestandort außerhalb der Bundesrepublik. Trotzdem drohen andere das Geschäft zu machen: die Franzosen etwa, deren Präsident Sarkozy durch größere Brasilien-Affinität auffällt als die deutsche Kanzlerin; und natürlich die Chinesen, inzwischen größter Handelspartner Brasiliens. Bei dem geplanten Hochgeschwindigkeitszug von Rio de Janeiro nach São Paulo, ein 19-Milliarden-Dollar-Projekt, sind sie am nächsten dran.

Gefühle der Peinlichkeit kann man bei Brasilianern auslösen, wenn man sie auf den großen Stromausfall vom November 2009 anspricht, der das halbe Land lahmlegte, weil im Tropensturm die Leitungen zusammenbrachen. Das Desaster hat gezeigt, dass im Energiesektor noch allerhand zu tun ist. Kurz nach dem »Blecoute« forciert Präsident Lula den Ausbau des umstrittenen Staudamms Belo Monte und wischt alle Einwände von Umweltschützern und Ethnologen beiseite, die unumkehrbare Folgen für Natur und Ureinwohner befürchten.

Auch darauf spreche ich Vizeaußenminister Patriota an.

Er sagt: »Jeder kann Kritik äußern, aber vieles dabei ist wohlfeil und ideologisch, vor allem wenn sie aus Ländern kommt, die sehr wenig für ihre eigene Umwelt tun. Wir können hier mit großem Selbstbewusstsein sprechen, 45 Prozent unserer Energie sind erneuerbar. Unsere Wasserkraftwerke werden genauesten Umweltprüfungen unterzogen, deshalb dauert der Bau so lange. Und wir haben unseren Kopenhagen-Vorschlag umgesetzt, eine Kohlendioxidreduzierung zwischen 36 und 39 Prozent bis 2020. In kürzester Zeit kamen Exekutive, Kongress und Fachleute zu einem Konsens, da war ich selbst überrascht. Stellen Sie sich das mal in den USA vor.«[51]

Eine Lösung seiner Energieprobleme erhofft sich Brasilien von den Ölfunden vor seiner Küste. 2006 entdeckt der Konzern Petrobras die größten Vorkommen in der westlichen Hemisphäre seit dreißig Jahren. Die Lagerstätte im Atlantik enthält nach Schätzungen fünf bis acht Milliarden Barrel Öl sowie Gasreserven. Kurz darauf wird daneben ein weiteres Feld ähnlicher Größe entdeckt. Die Funde könnten Brasilien zum Großexporteur fossiler Brennstoffe, ja zur globalen Energieweltmacht machen. Es scheint so, als laufe beim Aufstieg Brasiliens alles auf beinah unheimliche Weise zusammen.

Allerdings liegt das Öl fünftausend Meter unter dem Ozean, bedeckt von einer dicken Schicht aus Fels und Salzablagerungen. Fachleute warnen, die Ausbeutung könnte sehr schwierig und kostspielig werden. Auch hier setzt sich die Regierung über alle Bedenken bezüglich eventueller Umweltgefahren hinweg, selbst nach der Ölkatastrophe im Golf von Mexiko 2010.

»Das war ein Warnzeichen«, sagt der damalige Vizeaußenminister Patriota. »Aber wir werden modernste Technik einsetzen. Die Planungen gehen weiter. Und wir freuen uns über Investoren.«[52] Der brasilianische Optimismus ist anscheinend durch nichts zu bremsen.

Die Selbstverliebtheit, die Brasilianern manchmal anzumerken ist, hat ihren Ursprung in der Geschichte. Der Gigant war fast zweihundert Jahre mit sich selbst beschäftigt, wuchs nur nach innen. Als günstig für die Entwicklung erwies sich, dass es in Brasilien keiner blutigen Befreiungskriege bedurfte, um die Unabhängigkeit zu erlangen. Der portugiesische König floh in die Kolonie, nachdem Napoleons Truppen 1807 in das Mutterland einmarschiert waren, und blieb einfach dort. Portugal und Brasilien wurden gleichgestellt, das Weltreich faktisch von Rio de Janeiro aus regiert. Auch nach der formellen Unabhängigkeit Brasiliens 1822 blieb dem Land ein Zerfall wie im früheren Machtbereich der Spanier erspart. Im Prinzip erfüllte sich in dem portugiesischsprachigen Teil des Subkontinents der Traum, den Simón Bolívar für den spanischsprachigen Teil geträumt hatte.

Stefan Zweig schrieb der anfänglichen Abgeschiedenheit der Kolonie deren Erfolg zu: »Brasilien liegt Jahrzehnte, ja eigentlich zwei Jahrhunderte lang im Schatten der Weltaufmerksamkeit. Aber gerade diese lange Verborgenheit und Abseitigkeit waren im letzten Brasiliens Glück. Nichts ist einer ruhigen, organischen Entwicklung förderlicher gewesen.«[53]

Zwar verläuft Brasiliens Entwicklung in der zweiten Hälfte des 20. Jahrhunderts weniger harmonisch, als von Stefan Zweig prognostiziert. Doch ohne Zweifel hat Brasilien die nach innen gewendete Entwicklung gutgetan. Es dringt – ähnlich wie die asiatischen Tigerstaaten – erst nach außen, als die Zeit dafür reif ist. Zugute kommt den Brasilianern ihre Grundzuversicht. Umfragen des »Latinobarometro«, eines regierungsunabhängigen Umfrageinstitutes für ganz Lateinamerika, zeigen alljährlich, dass sie immer eine Spur optimistischer in die Zukunft blicken als etwa ihre melancholischen argentinischen Nachbarn.

Brasilien erwirtschaftet im Jahr 2010 mehr als die Hälfte der Wertschöpfung des Subkontinents. Präsident Lula betont stets, man sei sich der daraus erwachsenden Verantwortung für die

armen Nachbarländer bewusst, ja er bietet sogar der krisenge-
schüttelten ehemaligen Kolonialmacht Portugal 2010 Hilfe an,
die inzwischen so etwas ist wie der verarmte Großvater Brasiliens. Nach dem Erdbeben vom Januar 2010 in Haiti wird Brasilien dort der größte Geber. Besonders Bolivien, Peru, Paraguay,
Uruguay profitieren vom brasilianischen Schub. Die Nachfrage
nach Energie oder Arbeitskräften steigt. »Brasilien gehen die Arbeitskräfte aus«, meldet *Associated Press* am 28. Dezember 2010.

Der Motor Brasilien hilft, dass ganz Lateinamerika auch die
Wirtschaftskrise von 2009 relativ gut übersteht. »Viele Länder
der Region befanden sich zu Beginn des Krisenjahres 2009 in einer wesentlich solideren binnen- und außenwirtschaftlichen Position als bei früheren Krisen. Flexible Wechselkurse und keyne-
sianisch inspirierte antizyklische Finanzpolitiken haben dazu
beigetragen, intern die negativen Auswirkungen der globalen
Krise zu begrenzen. Viele lateinamerikanische Regierungen haben zielgruppenorientierte Programme zur Abmilderung der
sozialen Folgen der Rezession in Gang gesetzt«, urteilt Hartmut
Sangmeister vom Hamburger Institut für Lateinamerika-Studien.[54] Die schnelle Erholung nach der Krise sei auf »stabile
Staatsfinanzen, wachsenden Binnenkonsum und steigenden
Handel mit Asien zurückzuführen«, meldet Alicia Bárcena, Ge-
neralsekretärin der UN-Wirtschaftskommission für Lateinamerika in ihrem Jahresbericht.[55] Es sei »die Stunde Lateinamerikas«. Und sogar die Weltbank urteilt: »Durch ihr dynamisches
Wachstum haben die Länder Lateinamerikas die sozialen Folgen
der Krise abfangen können.«[56] Lateinamerika habe sich aufgrund seiner »gesunden makroökonomischen Finanz- und Fiskalpolitik« schnell erholt.

Laut Sangmeisters Analyse zahlte sich dabei ein gewisser
Hang zur Autarkie aus: »Tendenziell sind die Volkswirtschaften
Lateinamerikas von der globalen Krise umso stärker in Mitlei-
denschaft gezogen worden, je intensiver sie in den Weltmarkt
eingebunden und mit den internationalen Finanzmärkten ver-

netzt sind; zudem sind die Kriseneffekte umso stärker spürbar geworden, je höher der Grad der wirtschaftlichen Abhängigkeit von den USA ist.«[57]

Dies bekommt vor allem Mexiko zu spüren, das sich fast völlig in US-amerikanische Abhängigkeit begeben hat. Achtzig Prozent seines Außenhandels wickelt das nordamerikanische Land mit dem Nachbarn ab, was manche für ungesund halten. Als Folge der US-Krise sackt das Bruttoinlandsprodukt in Mexiko 2009 um 6,5 Prozent ab – stärker als anderswo in Lateinamerika. Im Jahr 2010 gibt es schon wieder 4,1 Prozent Wachstum, das ist viel, aber eben auch viel weniger als beim Konkurrenten Brasilien.

»Superber Standort«

Wer von Mexiko-Stadt durch das Hochland in den zentralen Bundesstaat Guanajuato fährt, hat nicht den Eindruck, sich im Frontstaat eines blutigen Drogenkriegs zu befinden. Im Gegenteil: Die endlosen Reihen von nagelneuen, weiß leuchtenden Gewerbebauten auf beiden Seiten der sechsspurigen Autobahn, die langen Road-Train-Lastzüge, die sauberen Provinzstädtchen, all das atmet eine Prosperität, die eher an den Süden der USA erinnert als an lateinamerikanische Misere. Die schmucke Kolonialstadt Guanajuato hat 2010 nicht umsonst Aussichten, den Zuschlag für das neue Werk zu bekommen, das VW plant, um den US-amerikanischen Markt zu bedienen. Guanajuato bietet ein kulturell interessantes Umfeld, es ist Schauplatz des Festival Cervantino, das auf spanische Auswanderer zurückgeht. Studenten ziehen wie in Salamanca in historischer Kleidung durch die Stadt und singen fröhliche Lieder. Guanajuato vibriert in diesen Tagen, man fühlt sich wie bei einem Stadtfest in einer quirligen spanischen Provinzstadt.

Positivbeispiele wie Guanajuato gibt es einige in Mexikos Mitte. In Guadalajara hat die Regierung einen Industriecluster für Software und Elektronik geschaffen, in Monterrey siedelt der Fahrzeugbau, in Querétaro die Luftfahrt. Wie fast überall auf der Welt, so müsse man auch in Mexiko wissen, wie man sich bewegt und wohin, sagt Christian Weber, Repräsentant der bayerischen Wirtschaft im südlichsten Land Nordamerikas bei einem Treffen der Industrie- und Handelskammer in München im Frühjahr 2010. Dort leisten mexikanische Wirtschafts- und Regierungsvertreter mit Hilfe von Power-Point-Präsentationen und Tequila ihr Bestes, um skeptisch dreinblickende deutsche Mittelständler davon zu überzeugen, dass ein Engagement in Mexiko kein Ritt durchs Tal des Todes ist, sondern eine lohnende Investition in einer aufstrebenden Wirtschaftsmacht. Alles ist eine Spur bescheidener als bei den Brasilianern, doch man spürt, dass auch dieses Land auf dem Sprung ist. Die Regierung verbessere derzeit die Infrastruktur, Maschinenbau, Umwelttechnik oder Energieversorgung seien besonders gefragt, wirbt Vizebotschafter Miguel Angel Padilla. Die Produktionskosten seien sehr niedrig.

»Es ist ein superber Standort«, sekundiert Siemens-Manager Bernardo Nehm, deswegen sei man seit 120 Jahren in Mexiko. Die Bürokratie arbeite zwar noch ermüdend langsam, aber die Regierung kämpfe gegen das Problem. Michael Rosenheimer von dem Mammendorfer Institut für Physik und Medizin (MIPM) lobt die gute Aufnahme, die er gefunden habe. »Das Handy funktioniert überall, und die Busfahrten sind ein Genuss!« Max von Igel, Lateinamerika-Direktor des Kläranlagenbauers Huber, schwärmt von den großen Möglichkeiten für seine Branche, jetzt da Mexiko seine enormen Abwasserprobleme angehe.

Dass Mexiko auch ein riesiges Sicherheitsproblem hat, will niemand in Abrede stellen, aber auch nicht gerade betonen. Man sei rechtzeitig aus dem »jetzt ziemlich kriminellen« Grenzgebiet nach Zentralmexiko umgezogen, berichtet Hubertus Tuczek, Direktor des Vilsbiburger Autoteileherstellers Dräxlmaier, der seit 1995 im Land ist.

Der späte Beginn des Kampfes gegen die Drogenmafia, aber auch die zähe Bürokratie erklären sich damit, dass das abgeschottete Mexiko sich erst Anfang der 1990er Jahre zur Welt öffnete, als die Dauerherrschaft der Institutionalisierten Partei der Revolution[58] endete. Das Land trat der Nordamerikanischen Freihandelszone (NAFTA) bei. Während Brasilien weiter die eigene Industrie durch Protektionismus schützte, entblößte Mexiko sich ganz dem Weltmarkt. Kein anderes Land hat so viele Freihandelsabkommen. Es wirbt mit seiner »strategischen Lage« zwischen den Märkten Asien, Europa und Lateinamerika und als Tor zum großen Nachbarn im Norden. Tatsächlich produzieren viele deutsche Firmen billig in Mexiko, um teuer in den USA zu verkaufen. Der Mindestlohn in Mexiko beträgt 3,50 Euro am Tag. Ein Berufsanfänger hat sechs Tage Urlaub im Jahr. Außerdem gehört das Land zum Dollarraum, also gibt es keine Währungsschwierigkeiten. Dafür kann man schon ein paar Abstriche machen: »Niedrige Lohnkosten gibt es eben nicht umsonst«, ahnt der Vertreter des bayerischen Antennenbauers Kathrein.

Doch eigentlich will Mexiko mehr sein als ein Billiglohnland, betont Manuel Montoya Ortega, Vertreter der Autoindustrie in Nuevo Leon, dem wirtschaftsstärksten Bundesstaat. Man wolle lernen und selbst Technik entwickeln. Bislang muss Mexiko seinen Maschinenpark importieren. Immerhin sei die Ausbildung des Nachwuchses gut, lobt Siemens-Manager Nehm. Allerdings wissen inzwischen auch in Mexiko gute Ingenieure, was sie wert sind, hat Tobias Niemczyk vom Metallbetrieb Spanner festgestellt. Ulf Boyer vom Betonverarbeiter Rekers glaubt, dass man an Mexiko nicht vorbeikomme. Die Märkte in den USA und Osteuropa hätten sich für seine Branche erschöpft. In China gebe es zu viel Produktpiraterie. In Lateinamerika sieht er deshalb die Zukunft. »Eigentlich sind wir schon spät dran.«

Dafür gibt es eine Reihe von Anzeichen. Der britische *Economist* spricht am 11. September 2010 im Lateinamerika-Schwerpunkt »So near and yet so far« von einer »kommenden lateinamerikanischen Dekade«. Neben den »Giganten« Brasilien und Mexiko würden auch Panama, Peru, Kolumbien und Chile sehr schnell wachsen und gute Entwicklungsaussichten bieten. Bis 2025 werde sich das Pro-Kopf-Einkommen in Lateinamerika verdoppeln, manche Länder würden das Niveau der alten »Madre Patria« Spanien erreichen. Andere hingegen – wie Nicaragua – verharren in Armut. Die Voraussetzungen für eine Fortdauer des Booms seien insgesamt gut, wenn auch das Tempo abnehmen werde. Mexiko habe es trotz seines Drogenproblems geschafft, ökonomische Stabilität zu bewahren. In Brasilien fördere die staatliche Entwicklungsbank Pharmazeutik, Biotechnik und Informationstechnologie. Argentinien, Brasilien und Kolumbien seien führend in Entwicklungen bei der Landwirtschaft. Costa Rica sei ein Standort für die Mikrochipproduktion.

Dabei sind es nicht mehr ausländische Investoren allein, die den Aufschwung befeuern. Der kolumbianische Kaffeeproduzent Juan Váldez schickt sich an, Starbucks Konkurrenz zu machen. Der brasilianische Flugzeugbauer Embraer beliefert unter anderem die Lufthansa. Die mexikanische Großbäckerei Bimbo ist die zweitgrößte der Welt. Cemex, ebenfalls aus Mexiko, versorgt den ganzen Kontinent mit Baustoffen. Und der reichste Mann der Welt ist seit 2009 ein Mexikaner, Carlos Slim, der an der Entwicklung des mittelamerikanischen Mobilfunkmarkts Milliarden verdient hat. Auch der vermeintliche Nachteil, dass die meisten lateinamerikanischen Firmen eher konservativ agierende Familienbetriebe sind, könnte sich auf lange Sicht zum Vorteil wenden: Laut einer Studie der Unternehmensberatung McKinsey arbeiten Familienbetriebe im Durchschnitt zwar behutsamer, aber letztlich nachhaltiger als andere.[59]

Und schließlich hat Lateinamerika eine sehr junge Bevölkerung, die sich nach Aufstieg und Wohlstand sehnt. Der Höhepunkt der Nachfrage ist noch lange nicht erreicht. 2010 arbeitet noch immer die Hälfte der Lateinamerikaner im informellen Sektor, doch gerade dort sind große Dynamik und starke Eigeninitiative zu Hause, die sich im Laufe der Zeit als segensreich für die industrielle Entwicklung herausstellen können. Gerade die untere Mittelschicht zeige unternehmerische Initiative, schreibt der *Economist*. Die ganze Region sei »gut unterwegs beim Aufbau einer Mittelschicht«. Das Blatt zitiert einen peruanischen Banker, der die Rückkehr von im Ausland ausgebildetem Fachpersonal fördert. »In Peru können Sie innerhalb von fünf Jahren von null zu großer Relevanz gelangen«, sagt er.[60]

In Brasilien ist der Anteil der Mittelschicht an der Gesamtbevölkerung von 43 Prozent im Jahr 2002 um zehn Prozent im Jahr 2008 gestiegen. In Uruguay beträgt die Rate 56 Prozent im gleichen Jahr, im armen Bolivien nur 37 Prozent (zum Vergleich: Italien 68 Prozent). Die Städte sind insgesamt lebenswerter und stabiler geworden, frühere Brennpunkte der Gewalt wie Medellín oder Bogotá in Kolumbien sind durch die Anstrengungen engagierter Kommunalpolitiker zu blühenden Zentren geworden, die sogar wieder Touristen anziehen.

All diese Kriterien nähren die Hoffnung, dass Lateinamerika auch seine Defizite in den Griff bekommt, also die Abhängigkeit vom Rohstoffexport, die Korruption und die Armut. Vom 20. bis 22. September 2010 findet in New York ein Gipfeltreffen der Vereinten Nationen statt, um die bisherigen Fortschritte bei den Millennium-Entwicklungszielen zur Bekämpfung der Armut zu ermitteln und um darüber zu diskutieren, unter welchen Voraussetzungen die Ziele in der verbleibenden Zeit bis 2015 noch erreicht werden können. Auch die Länder Lateinamerikas stehen auf dem Prüfstand. Für vier von acht Millennium-Entwicklungszielen bewerten die Vereinten Nationen die bislang erzielten Fortschritte in Lateinamerika als unzureichend. Besonders schwer wiegt, dass 2010 in Lateinamerika noch immer vierzig Millionen Menschen keinen Zugang zu ausreichender Ernährung haben, wobei viele von ihnen in den ehemaligen Bürgerkriegsgebieten Mittelamerikas leben, wo die Demokratisierung besonders schleppend in Gang kommt. Das zeigt 2009 der

Putsch postkolonialer Eliten gegen einen nach links gerückten Präsidenten in Honduras – erfreulicherweise ein »isolierter Zwischenfall«, wie der *Economist* schreibt. Allerdings löst der »Zwischenfall« gerade deswegen besonderes Entsetzen aus, weil niemand mehr mit einem solchen Rückschritt in die Vergangenheit gerechnet hätte.[61]

Doch die Mehrzahl der Länder hat ermutigende Erfolge erzielt. Eine positive Bilanz kann Lateinamerika in Bezug auf das Millennium-Entwicklungsziel ziehen, den unter extremer Armut leidenden Bevölkerungsanteil bis 2015 gegenüber dem Stand von 1990 zu halbieren. »Als wichtige Instrumente für eine erfolgreiche Armutsreduzierung haben sich zielgruppenorientierte staatliche Programme erwiesen, bei denen die begünstigten Familien an Auflagen gebundene finanzielle Zuwendungen erhalten«, schreibt Hartmut Sangmeister vom Hamburger Institut für Lateinamerika-Studien.[62] Auch dem Entwicklungsziel, bis 2015 den Anteil der Menschen, die Hunger leiden, gegenüber 1990 zu halbieren, sei Lateinamerika recht nahegekommen.

Der Rückgang der Armut ist laut *Economist* auf eine erfolgreiche Mischung zurückzuführen: Wachstum, die Eindämmung der Inflation und eine bessere Sozialpolitik. Ausdrücklich lobt das sonst ganz dem Marktliberalismus verbundene Blatt die staatlichen Förderprogramme wie »Oportunidades« in Mexiko, »Bolsa Familia« in Brasilien oder »Solidario« in Chile. »Die Ausbreitung der Demokratie hat die Anstrengungen befördert, einen moderaten Wohlfahrtsstaat einzuführen.«[63]

In anderen Worten: Lateinamerika baut auf, was anderswo abgebaut wird. Dass inzwischen viele Staatenlenker selbst aus armen Verhältnissen stammten wie Lula oder Morales, habe zu einer Bewusstseinsbildung in der Politik beigetragen, das wirke sich auch auf die Bildung aus, die nun endlich gefördert werde. Das Ziel, Grundschulbildung für alle zu verwirklichen, hätten die Länder des Subkontinents schon bis zu neunzig Prozent erreicht, berichtet das Lateinamerika-Institut, schränkt aber ein:

»Jedoch sagen die hohen Einschulungsquoten nichts über die Qualität der Bildung aus.«[64]

Ein massives Problem ist die geringe Steuerquote. Selbst US-Außenministerin Hillary Clinton übt bei ihrer Lateinamerikareise im Juni 2010 Kritik an der schlechten Steuermoral der Oberschicht. »Im Gegensatz zu anderen Teilen der Welt trägt in Lateinamerika die Fiskalpolitik nur sehr wenig zur Minderung der Armut und sozialen Disparitäten bei, und in vielen Ländern vertieft sie sogar die Kluft zwischen Arm und Reich«, analysiert Karl-Dieter Hoffmann vom Institut für Lateinamerika-Studien.[65] Die Entwicklungshilfe versucht seit Jahren, dem entgegenzuwirken, indem sie die Steuerbehörden berät, wie sie das Steueraufkommen erhöhen können. Letztlich aber seien die dem Staat traditionell skeptisch gegenüberstehenden Lateinamerikaner zu Steuermoral nur zu erziehen, wenn sie einen direkten Vorteil für sich selbst darin erkennen könnten, berichtet ein deutscher Steuerfachmann der Gesellschaft für Technische Zusammenarbeit (GTZ) in Managua.[66] Das sehe man gerade im kommunalen Bereich. Arbeite eine Verwaltung sichtbar mit Erfolg, zahlten die Einwohner sogar freiwillig ihre Gemeindesteuern. Er sieht darin ein ermutigendes Zeichen wachsenden Bürgersinns.

Rettung aus Lateinamerika?

María Teresa Fernández de la Vega wird geradezu lyrisch: Es gehe darum, »dass Lateinamerika in das Herz Europas vordringt und Europa ins Herz Lateinamerikas«, sagt Spaniens damalige Vizepräsidentin bei der Pressekonferenz zum Auftakt des EU-Lateinamerika-Gipfels am 18. Mai 2010 in Madrid. Spanien sei das Land, das »die natürliche Brücke zwischen beiden Kontinenten verstanden habe«. Aus diesem Grund habe das Treffen von sechzig Staaten aus Europa und Lateinamerika von Anfang an ganz oben auf der Agenda der spanischen EU-Ratspräsidentschaft gestanden.

Doch Spanien ist in diesem Moment aus lateinamerikanischer Sicht nicht mehr die geachtete Protektionsmacht in Europa, sondern nach dem Kollaps des Immobilienmarktes ein Sanierungsfall. Die Lateinamerikaner hingegen reisen mit so viel Selbstbewusstsein nach Madrid wie nie. Viele Staaten haben Wachstumszahlen, von denen Europa nur träumen kann. Die britische Finanzpresse registriert »Selbstgefälligkeit«. Diese gründet sich auf Erfolge: Elf Länder haben die Finanzkrise ohne Rezession gemeistert. 2020 werden die sieben reichsten lateinamerikanischen Länder China eingeholt haben. Der Kontinent sei gereift, sagt Enrique V. Iglesias, Chef des iberoamerikanischen Generalsekretariats (SEGIB)[67] in Madrid, das sich als Schnittstelle der Kontinente versteht. Lateinamerika könnte ein privilegierter Partner der EU sein, »das gab es noch nie«.

Doch den Europäern bleiben die Lateinamerikaner offenbar nicht ganz geheuer. Die Exportbilanz der 27 EU-Staaten ist negativ. Einem Überschuss von fünf Milliarden Euro im Jahr 2000 steht 2009 ein Defizit von neun Milliarden gegenüber. Ins Bild passt, dass Kanzlerin Angela Merkel in Madrid nur beim Abendessen dabei ist und Außenminister Guido Westerwelle die Reise ganz absagt. Dabei war es seine FDP, die eine verstärkte Beziehung zu Lateinamerika als erste Regierungspartei in die politische Agenda der Nullerjahre geschrieben hat.

Seine politische Vorbildrolle hat Europa jedenfalls verspielt. »Lateinamerika sieht sich sehr genau an, wie die EU ihre momentanen Probleme lösen wird«, sagt Carlos Vergara von der CEPAL, der UN-Wirtschaftskommission für Lateinamerika bei einem Vorbereitungstreffen mit Journalisten in der Casa America, dem Sitz der SEGIB in Madrid. Das Bild, das die Alte Welt dabei abgibt, ist kein gutes.

Ernesto Tiffenberg, Chefredakteur der argentinischen Zeitung *Página 12,* formuliert, was viele denken: »Was mit Griechenland, Portugal und Spanien geschieht, ist das Gleiche wie in den neunziger Jahren bei uns.« Damals diktierten IWF – unter Leitung des späteren deutschen Bundespräsidenten Horst Köhler – und Weltbank vielen Ländern ein striktes Sparprogramm, um ihre Schulden abzubauen und wettbewerbsfähig zu werden. In Argentinien schlug das spektakulär fehl. Europa könnte von Lateinamerika lernen, welche Fehler man vermeiden sollte, sagt der leitende Redakteur von Argentiniens größter Zeitung *Clarín*, Ricardo Kirschbaum.

Zuversicht demonstriert in Madrid Chiles Expräsidentin Michelle Bachelet.»Unsere Region ist nicht mehr die von früher, die nicht weiß, was sie tun soll. 36 Millionen Menschen wurden durch Reformen aus der Armut gerissen.« Gustavo Martín Prada, Direktor für Lateinamerika-Beziehungen bei der EU-Kommission, mahnt europäische Investoren, die wachsende Mittelschicht in ihre Planung einzubeziehen.

Gerade die Spanier werden nicht müde, das Potential des Lateinamerikahandels zu betonen. Spanische Firmen bohren nach Öl im peruanischen Urwald und haben sich Anteile im boomenden Mobilfunkmarkt erschlossen. Die möglichen Exportgewinne für die europäische Wirtschaft beziffert María Teresa Fernández de la Vega 2010 auf 4,5 Milliarden Euro jährlich. Tatsächlich rettet das Lateinamerikageschäft Spaniens Wirtschaft in der Krise. Firmen wie Telefónica, die Ölkonzerne Cepsa und Repsol, die Energieversorger Iberdrola und Union Fenosa, die Banken Santander und BBVA oder der Versicherungskonzern Mapfre steigen durch ihr Engagement jenseits des Atlantiks zu Global Playern auf.

In Madrid wird vor allem über mehr Freihandel zwischen der EU und Lateinamerika verhandelt. Dass das in seinem Land kaum eine Nachricht wert sei, sieht Ernesto Tiffenberg als gutes Zeichen. Gespräche über Freihandel mit den USA würden in Argentinien stets zu einem Aufschrei führen. Im armen und noch instabilen Zentralamerika hingegen kann Europa nicht mit solchem Vertrauensvorschuss rechnen. Die EU gebärde sich nicht anders als die USA, suche nur nach Profit für ihre Konzerne, sagt Carlos Aguilar vom Netzwerk »Grito de los Excluidos« (Aufschrei der Ausgeschlossenen) bei einem Gespräch in München. Lokale Produzenten hätten das Nachsehen. So fordern mittelamerikanische Länder wie Costa Rica, Europa müsse seine Märkte öffnen, wenn es von den armen Ländern schon ebendies fordere.

Am Ende bringt das Treffen in Madrid 2010 mehr konkrete Ergebnisse zustande als vorangegangene Gipfel. Es wird – den Protesten ziviler Netzwerke zum Trotz – ein Assoziierungsabkommen der EU mit Zentralamerika vereinbart, und es werden separate Freihandelsabkommen mit Peru und Kolumbien ausgehandelt. Die seit 2004 ausgesetzten Verhandlungen über ein Assoziierungsabkommen mit dem Mercosur[68] werden wieder aufgenommen. Daneben wird ein Strukturfonds für die Karibik geschaffen und ein Programm zur Investitionsförderung.

Doch dass Zölle und Exportquoten bald ganz fallen, ist wenig wahrscheinlich. Zu groß ist die Renitenz der europäischen Agrarlobby. Und auch in Lateinamerika gibt es Widerstände. Lokale Erzeuger und Kleinbauern fürchten, von Importprodukten überschwemmt zu werden. Trotzdem ist die EU in Lateinamerika ein geschätzterer Partner als das aggressivere Nordamerika. Das eröffnet vielerlei Perspektiven, die die Europäer noch nicht ausreichend genutzt haben. Das gilt auch für den Tourismus, der sogar in Gegenden erwacht, wo man das jahrzehntelang nicht für möglich gehalten hätte

Das Ende der Einsamkeit

Nennen wir sie Milena. Sie heißt in Wirklichkeit anders, aber sie will offen sprechen, und das ist in Kolumbien manchmal so eine Sache. Milena ist Chefin eines kleinen Restaurants mit Pension an der unwirklich schönen Karibikbucht von Capurganá, einem palmenumkränzten, sanft geschwungenen Meerbusen, der sicher längst mit Touristen überflutet wäre, läge er nicht, tja, eben in Kolumbien. Der Ozean rauscht, die Wellen klatschen an die hölzerne Balustrade, hin und wieder landet ein Spritzer Salzwasser im dunklen Rum Medellín. Vom Strand tönt der Rhythmus einer Champeta herüber, die Musik ist schwarz und undurchsichtig wie die Nacht. Darüber prangt ein sichelscharfer Mond, der mit Milenas Augen um die Wette leuchtet.

Die Männer in Capurganá taugten zu allem möglichen, nur nicht zur Arbeit, sagt Milena und kichert. Also taten die Frauen sich zusammen und pflasterten die Straße im Dorf, um die Pfützen zu verfüllen, in denen das Ungeziefer nistete. Milena war die Anführerin. Harte Arbeit, claro. Aber es ging aufwärts, Touristen kamen, brachten Geld mit, aus dem Karibiknest wurde etwas. Doch mit dem Geld kamen auch Drogen, Prostitution, Neid, Missgunst, Kriminalität. »Die Menschen redeten nicht mehr miteinander, die Familien zerfielen.«

Bis zu jenem Dezembertag 1998, der alles veränderte in Capurganá. Vor Sonnenuntergang kamen die Rebellen aus den Bergen des Urwalds herab, der Capurganá schützt und bedroht. Die Männer und Frauen der FARC[69] sagten, Tourismus sei unmoralisch, er mache sie abhängig von Fremden. Sie hatten Listen mit Namen dabei. Milena stand darauf, sie war ja die Anführerin der Frauen. Die FARC zerstörten ihre Pension, nahmen Geiseln. Milena floh über die Berge ins nahe Panama.

Touristen kamen danach erst mal lange keine mehr, wie auch? Die kleine Fluglinie, die Capurganá mit der Außenwelt verbunden hatte, stellte den Betrieb ein. Die beiden Polizisten türmten, die Dealer und Nutten ebenfalls. Capurganá war nun Rebellengebiet, obwohl die FARC nach nur einer Nacht wieder verschwanden. Doch ihr Wort blieb. Die Menschen gingen in die Berge, um nach Vorvätersitte Zapote-Früchte zu ernten, Bananen und Yucca anzubauen, wie es die Guerilla befohlen hatte. Capurganá sank in einen einsamen Schlaf – wie das kolumbianische Dorf Macondo während des großen Regens, den Gabriel García Márquez beschrieben hat.

Das war schlimm für die Menschen, sagt Milena, doch nicht nur. Die Familien hätten wieder zusammengefunden, die Moral sei zurückgekehrt. War es also gut für Capurganá, dass die Guerilla da war? Milena lächelt und antwortet so, wie nur jemand antworten kann, der Extremes erlebt hat. Man werde immer von jemandem beherrscht, sagt sie und füllt das Glas Rum auf. Es sei wie eine Verschwörung, der eine löse den anderen ab. Man müsse seinen eigenen Weg finden in diesem Kosmos, und niemand wisse, wohin der führe.

Ihrer führte nach Jahren im Exil zurück nach Capurganá. Im Januar 2009 läuft die Pension wieder, sie tischt wie früher Camarrones, Krabben, und Ceviche, in Limetten marinierten rohen Fisch, für Touristen auf, die wiederkommen, seit 2005 der Präsident da war und Schutz versprach. Capurganá, der äußerste Außenposten Kolumbiens an der Karibik, wurde zu einem Symbol der Politik der »demokratischen Sicherheit« des Álvaro Uribe, die aus dem kompromisslosen Kampf gegen die FARC besteht. Im Urwald liegt ein Bataillon Soldaten, vor der Küste kreuzen Schnellboote der Armee. Sandra Vélez, die in dem einzigen größeren Hotel arbeitet, sagt: »Wir sind hier besser geschützt als der Präsident.«

Und doch sind sie noch immer so weit weg von der Welt wie Macondo. Keine Straße führt nach Capurganá, einmal die Woche kommt ein Versorgungsschiff. Auf der Dschungelpiste landen Propellerflugzeuge aus Cartagena de Indias. Der Standortkommandant kommt zur Begrüßung, er lässt seine Handynummer da – für alle Fälle. Pferdewagen bringen das Gepäck zum Hotel. Autos gibt es nicht.

Capurganá heißt »Land des roten Chilipfeffers« in der Sprache der Kuna-Indios, die ein Stück weiter abwärts an der Küste leben. Capurganá hat tausend Einwohner, fast alle Nachkommen schwarzer Sklaven. In der Stranddisco läuft der unvermeidliche Bob Marley. Den Hummer kann man direkt beim Fischer kaufen, dann ins Restaurant tragen und sagen, wie man ihn will. Hauptattraktion ist abends das Krötenrennen am Strand; heute tritt ein glitschiges Tier namens »Uribe« gegen seinen Artgenossen »Chávez« an. Ausländische Touristen kommen noch wenige, Italiener, Spanier, Franzosen. Capurganá ist gringofrei, US-Amerikaner reisen eigentlich nur nach Kolumbien, wenn sie Agenten der Drug Enforcement Agency (DEA) sind.

Das wird bald anders, glaubt Lothar Berg: »Manche sagen, hier hört alles auf, ich sage: Hier fängt alles an.« Lothar ist Südamerikaprofi, spricht Spanisch mit hessischem Akzent. Er hatte ein Kolonialhaus in Bolivien und eine Ferienpension in Venezuela. Dort sei die Stimmung aber schlecht gegenüber ausländischen Investoren. Viel Feindseligkeit, die Polizei habe sich bei ihm einquartiert, ohne zu bezahlen. Kolumbien sei anders, das Militär korrekt, die Menschen hungerten nach Frieden und Entwicklung. Lothar hat Zementsäcke durch den Urwald geschleppt, er hat planiert, terrassiert, gehämmert und aufgeschüttet – und am Ende der Bucht von Capurganá eine Traumlodge gebaut.

»Kolumbien«, sagt Lothar selbstbewusst, »Kolumbien kommt.«

Und die FARC und Paramilitärs?

»Pah, wenn die mich holen wollten, hätten sie mich schon geholt.«

Sein Nachbar ist seit Jahren in den USA – auf Urlaub, heißt es.

»Bezahlter Urlaub«, sagt Lothar lachend. Seit den 1990er Jahren liefert Kolumbien Drogenhändler an die USA aus, was deren Umtriebe stark gebremst hat.

Von Lothars Lodge führt ein Wanderweg an der Küste zurück ins Dorf. Man läuft unter Palmen entlang, die Gischt spritzt an die Felsen. Kinder ernten Zapote-Früchte von Urwaldriesen, Soldaten duschen im Freien. Als ein kleiner Fluss den Weg versperrt, hält ein Pferdekarren, der Kutscher bietet wie Christophorus trockenes Geleit. Niemand, der durch dieses paradiesisch schöne Land reist und seine Menschen erlebt, kann begreifen, dass Kolumbianer sich jahrzehntelang gegenseitig umgebracht haben. Am wenigsten die Kolumbianer selbst. »Wir sind bipolar«, wie der politisch aktive Sänger Juanes sagt.

Nun aber, bedingt durch die höhere Sicherheit, erwacht das

Land. Es gibt Leute, die diesen ungewohnten Zustand mit Leben füllen wollen, touristischem zum Beispiel. Leute wie Milena, Lothar, Sandra; oder wie Douglas, Carlos, Hector und Georg. Georg Rubin ist Deutscher, aber in Kolumbien aufgewachsen, sein Vater war Geschäftsmann. Rubin hat später in Deutschland gelebt, war Unternehmensberater. Dann unternahm er wieder mal eine Reise nach Kolumbien. »Ich wusste sofort, ich bin zu Hause.« Rubin entschloss sich zu einem Wagnis: Er eröffnete ein kleines, exklusives Reisebüro für maßgeschneiderte Touren – mit wachsendem Erfolg. Entdeckerlust gehöre dazu, sagt er. Aber was die Sicherheit angehe, sei er sich ganz sicher.

Zum Beweis führt er uns nach San Agustín im Süden. Dorthin gelangt man von der Provinzstadt Neiva aus. Die Straße war vor wenigen Jahren noch absolutes Risikogebiet, berichtet der Tourismusminister des Departments, Douglas Romero Sánchez, der gewissermaßen zum Ausweis der Sicherheit höchstpersönlich mitfährt. Der spektakulärste Zwischenfall war die Entführung einer Linienmaschine, in der ein Senator saß. Rebellen ließen das Flugzeug auf der Straße landen und verschleppten den Politiker in die Berge. Heute ist die Fahrt nach San Agustín ein feiner Ausflug in ein liebliches Tal voller Kaffee und Kakao, eingebettet zwischen zwei Kordillerenketten mit Viertausendern. Der Minister nimmt sogar seine Familie mit.

Man sieht Männer hoch zu Ross, betörend schöne Frauen, altertümliche Zuckermühlen, weißgetünchte Kolonialkirchen, Plätze mit riesigen Ceiba-Bäumen. In Pitalito zeugen Plakate mit knallbunten Gemälden an der Straße von der Schaffenskraft der Leute. Die Kunst sei ein Mittel gegen den Schmerz, sagt der Minister. Kolumbien hat die größte Künstlerdichte Südamerikas, die meisten Schriftsteller, die besten Zeitungen. Was fehle, sagt Romero Sánchez, sei Gemeinsinn. Jeder denke nur an sich, ein Erbe der Kolonialzeit. An Selbstkritik mangelt es also nicht. »Wir sind alle schuldig«, sagt er, »auch die, die nichts taten, eben weil sie nichts taten.«

Die FARC-Rebellen hätten ihren Rückhalt in der Bevölkerung verloren, seit sie mit Drogen handelten, sagt der Minister. Dies sei früher einmal anders gewesen, als Guerilleros nur den Milchlaster überfallen und die Ladung im Dorf verteilt hätten. An der Not aber haben sie nie viel ändern können. Kolumbien blieb de facto ein Feudalstaat.

»Sehen Sie den Mann auf dem Feld«, fragt Romero Sánchez und zeigt auf eine Gestalt mit Strohhut, »der verdient acht Dollar am Tag.«

Wie der Minister das ändern will?

Es purzelt nur so aus ihm heraus: Marktwirtschaft, Internet, Kooperativen, Eigeninitiative, Tourismus.

Der 1 542 Kilometer lange Rio Magdalena soll dabei eine Rolle spielen. Er ist Kolumbiens Schicksalsfluss, auf dem der Befreier Simon Bolívar einst zum Sterben fuhr, aller Hoffnung beraubt. Schon die Ureinwohner handelten an seinen Ufern mit Smaragden, Salz, Leder, Kakao, Kokos. Bei ihnen hatte er vier Namen: Rio Ararali, Fluss des goldenen Fisches; Rio Yuma, Fluss der Freundschaft; Rio Karipuna, Fluss der Kaimane; Rio Huacahayo, Fluss der Gräber.

Die Gräber findet man in San Agustín. Dort siedelten uralte, noch namenlose Kulturen, die nichts hinterlassen haben als rätselhafte Steinfiguren, Darstellungen von Schamanen mit Jaguargesichtern, umringt von Kaimanen, Adlern, Fledermäusen. Carlos Bolaños weiß viel über sie, über das Band der Ureinwohner zur Natur. Er veranstaltet Führungen für Kinder und nun endlich wieder für Touristen. Während des Krieges hielt Carlos sich mit Wurstmachen über Wasser. Wurstmachen will er nie wieder.

Er begleitet die Besucher zu Hector Ordoñez, der hier oben aus einer kleinen Finca ein Hotel gemacht hat, hübsch, schlicht, mit Holzbalkonen und vielen Blumen. Hector hat einen französischen Teilhaber, der hat ihm gesagt, was Europäern gefällt. Aber Hector ist sich nicht sicher.

»Geht das, ein Hotel ohne Fernseher?«, fragt er vorsichtig am Frühstückstisch. »Ich meine, reicht das?«

Er deutet mit seiner Nachtwächtertaschenlampe auf die Hügellandschaft mit ihren abertausend Grüntönen, die sich aus dem Morgendunst schält.

Es gibt nur eine Antwort: »Hector, dein Hotel ist wunderschön!«

Er kann's kaum glauben.

»Ehrlich, findest du?«

Auch dem Minister gefällt Hectors Hotel. Aber Fortschritt muss sein.

»Sie haben doch die Stauseen am Rio Magdalena gesehen?«, fragt er.

Ich nicke und wohne der Geburt einer Idee bei. Romero Sánchez erklärt seinen Plan: Mit Wasserflugzeugen, die von Stausee zu Stausee fliegen, könnte man Besucher schnell nach San Agustín bringen. Die Seen sind da, fehlt noch das Fluggerät.

»Sagen Sie, Sie wissen nicht zufällig, wo man ein paar Wasserflugzeuge herbekommt?«

Es sieht danach aus, als habe es mit der lateinamerikanischen Einsamkeit ein Ende.

Nachwort: Blick von außen auf Lateinamerika

*Von Roberto Herrscher**

Im Jahr 1755 beauftragte der preußische König Friedrich der Große seinen Hofkapellmeister, den heute fast vergessenen Carl Heinrich Graun (1703 bis 1759), eine Oper über die Eroberung Amerikas durch die Spanier zu komponieren. Hauptfigur dieses Werkes ist der letzte Aztekenherrscher Montezuma. Friedrich der Große selbst schrieb das Libretto, in dem er Rousseaus Mythos vom edlen Wilden mit den allbekannten Schauergeschichten über die spanischen Eroberer mischte.

Der preußische König führte gerade Krieg mit dem spanischen Weltreich, und die Oper sollte eine Waffe in diesem Kampf sein. Sie ist eines der ersten Zeugnisse der romantischen Sicht der Deutschen auf die Neue Welt. Eine ähnliche Form der Wahrnehmung führte später Karl May die Feder, als er den »edlen Apachen« Winnetou erfand.

Während spanische, französische und englische Autoren ihre Epen gern mit »bösen Indios« ausstaffierten, schuf dieser romantische deutsche Blick das Gegenbild vom »edlen Indio«. Bedeutete das, dass die Deutschen die Ureinwohner Amerikas besser verstanden? Sicher nicht. In einem Land, das gerade erst im Begriff war, sich zu erfinden, kam der positive Blick auf den exo-

* Roberto Herrscher, Jahrgang 1963, ist argentinischer Reporter, Schriftsteller und Leiter des Masterstudiengangs für Journalisten an der Universität Barcelona.

tischen Kontinent im Grunde nur einem Versuch gleich, über sich selbst zu sprechen.

Es blieb jedoch nicht bei derartigen Romantisierungen. Deutsche drangen in der Kolonialepoche nach Süd- und Mittelamerika vor, um zu forschen, zu sammeln, zu sichten, zu kartographieren und zu katalogisieren. Das war ihr zweiter großer Antrieb: das wissenschaftliche Ideal, die Welt zu durchschauen und zu verstehen. Studenten und Forscher aus Deutschland bereisen seit Jahrhunderten unsere Länder. Sie entdeckten Schätze, aber sie legten auch unsere Probleme und Versäumnisse frei. Das befriedigte nicht nur den kulturellen Wissensdurst der Deutschen. Es half auch uns Lateinamerikanern dabei, unsere Umgebung mit anderen Augen zu sehen.

Unter den vielen, die die Welt jenseits des Atlantiks mit klarem Blick und wissenschaftlichem Geist zu durchdringen versuchten, ragt einer hervor: Alexander von Humboldt. Von 1799 bis 1804, also vor der Unabhängigkeit der lateinamerikanischen Länder, bereiste Humboldt das Gebiet der heutigen Staaten Venezuela, Kolumbien, Ecuador, Kuba, Mexiko und den größten Teil Mittelamerikas. In den folgenden Jahrzehnten veröffentlichte er die Bände seiner *Reise in die Äquinoctial-Gegenden*.

Humboldt breitet darin sein gewonnenes Wissen über Pflanzen, Tiere, Klima, Berge, Flüsse, Geschichte und Menschen aus. Sogar eine Meeresströmung trägt seinen Namen. Anders als viele nordamerikanische und englische Reisende trieb ihn bei seinen Forschungsreisen nicht etwa der Wille zu beherrschen oder zu »zivilisieren«. Er hatte auch nicht im Sinn, einen bestimmten Nationalcharakter gegen andere aufzuwiegen, wie es viele Intellektuelle taten. Humboldt wollte lernen.

Und er lernte mehr als jeder andere – etwa die fremdartigen Bewohner der besuchten Regionen zu verstehen und zu schätzen. Diesen schrieb er eine gefährliche Streitlust zu und einen gewissen Hang, Anführern zu folgen, anstatt – wie die Nordamerikaner – mutig für ihre persönliche Freiheit einzustehen.

Doch zugleich schätzte er den kulturellen und natürlichen Reichtum der erforschten Gegenden. So kam es, dass er diesen eine große und friedliche Zukunft vorhersagte.

Als die Länder südlich des Rio Bravo vor ziemlich genau zweihundert Jahren für ihre Unabhängigkeit kämpften, formulierte Humboldt die Hoffnung, sein Werk möge die gebührende Aufmerksamkeit finden, wenn die Gemüter sich erst einmal beruhigt hätten und der Frieden sich unter dem segensreichen Einfluss einer neuen sozialen Ordnung in Wohlstand verwandelt haben würde. Das blieb ein Traum.

Seitdem haben Tausende von Forschern, Unternehmern, Technikern, Musikern, Malern, Schriftstellern und Regisseuren sich auf Humboldts Spuren begeben. Die große Mehrheit kam gut zurecht, gewöhnte sich rasch an die Andersartigkeit des Südens, an seine Küche und an die offene Freundlichkeit der Latinos. Viele blieben. Die Erben Humboldts schufen aus der Mischung der Prägungen, denen sie ausgesetzt waren, eine neue, eigenständige kulturelle Ausdrucksform. Der »Blonde im Poncho« ist in den patagonischen Regionen des Südens von Chile anzutreffen, es gibt ihn im Großraum Buenos Aires, in den Kaffeeplantagen Guatemalas und im Südosten Brasiliens. Er gehört zu uns, und er betrachtet unsere Gesellschaften zugleich von außen und von innen.

Aus all diesen Gründen war für uns Lateinamerikaner der »deutsche Blick« stets sehr wichtig. Jenseits der romantischen Verklärung und jenseits der Kriege und Diktaturen des 20. Jahrhunderts fühlten wir uns stets begleitet von diesem Blick, den Humboldt erfand. Es ist ein neugieriger, tiefer Blick, der Sorgfalt und Unvoreingenommenheit offenbart.

Sebastian Schoepp begab sich vor zwei Jahrzehnten auf diesen Weg, als er nach Buenos Aires reiste, um seine Magisterarbeit über einen interessanten Berührungspunkt dieser beiden Welten zu schreiben: das *Argentinische Tageblatt*, die Zeitung der demokratischen Deutschen, die ihrer Überzeugung auch in

Zeiten der Gewaltherrschaft treu blieb. Meine Tante hat fast ein halbes Jahrhundert lang für das *Tageblatt* geschrieben. Es hat stets die Werte der europäischen Vernunft hochgehalten und die Neue Welt zwar distanziert betrachtet, doch oftmals treffend kommentiert.

In Buenos Aires vervollkommnete Schoepp nicht nur seine Kenntnisse der spanischen Sprache, er warf auch einen genauen und oftmals ironischen Blick auf die merkwürdigen Vorkommnisse in den Ländern des Südens. Der Sinn für Latino-Humor begleitete ihn fortan durch die kalten Winter Bayerns. 2001, bereits als Journalist der *Süddeutschen Zeitung*, entschloss er sich, einen Schritt weiter zu gehen. Er schrieb sich für den Masterstudiengang ein, den ich leite und der von der Universität Barcelona und der New Yorker Columbia University gemeinsam veranstaltet wird.

Ich lernte Sebastian Schoepp ein Jahr lang in Barcelona als kritischen, wissbegierigen und gründlich arbeitenden Teilnehmer des Fortbildungsprogramms für Journalisten kennen. Er las, schrieb und diskutierte Seite an Seite mit Studierenden aus Nicaragua, Brasilien, Argentinien, Chile, Venezuela und allen Winkeln Spaniens und trank eine Menge Bier mit ihnen – eine weitere Vorliebe, die Deutsche und Latinos teilen. Heute kommt es mir so vor, als sei in jenem Moment, als er seine Redaktionsroutine hinter sich ließ und sich in diese komplexe Welt begab, die Idee für dieses Buch entstanden.

Nach dem Abschluss des Fortbildungsprogramms und seiner Rückkehr in die Redaktion spezialisierte Schoepp sich ganz auf Lateinamerika. Er berichtet für die *Süddeutsche Zeitung*, aber auch für lateinamerikanische Publikationen regelmäßig über Kultur, Wirtschaft, Politik und Gesellschaft der jeweiligen Länder, die in der nun zurückliegenden Dekade begannen, ihre blutige Vergangenheit voller Diktaturen und Kriege hinter sich zu lassen und ihre feudalen Strukturen allmählich abzuschütteln.

Seit 2005 ist Sebastian Schoepp auch als Dozent in unserem Fortbildungsprogramm tätig. Jedes Jahr hält er Seminare für spanische und lateinamerikanische Journalisten ab, berichtet mir dabei von seinen Reisen und seinen Entdeckungen in Lateinamerika – und auch von seiner Enttäuschung darüber, dass die internationalen Medien der Region so wenig Aufmerksamkeit schenken.

Denn so ist das nun mal: Gewalt und Armut erzeugen Nachrichten, die wirtschaftliche Gesundung und die wachsende Stabilität werden hingegen kaum wahrgenommen. Bezogen auf Lateinamerika ist die journalistische Oberflächlichkeit mehr als ein Versäumnis, sie ist eine schändliche Unterlassung, denn in Lateinamerika entsteht etwas Neues, eine Alternative, ein positives und kreatives Gegenbeispiel zu den katastrophalen Verhältnissen, die uns umgeben.

Kann der Fortschritt in Südamerika die noch immer bedrückende Realität in Mittelamerika beeinflussen? Kann Lateinamerika vielleicht gar ein Beispiel geben für den Mittleren und Nahen Osten, für Afrika? Schoepps Buch ist ein Beitrag zur Debatte über mögliche Entwicklungsmodelle des 21. Jahrhunderts.

»Jemand sollte erzählen, was in Lateinamerika passiert«, sagte Sebastian Schoepp häufig. Als wissbegieriger Journalist spricht er regelmäßig mit Politikern, Unternehmern und Bauern. Als Intellektueller saugt er Bücher, Schriften und Ideen auf. Es hat ein paar Jahre gedauert, bis er sich darüber klar wurde, dass die geeignete Person, um Ordnung und Struktur in die Vielfalt der Nachrichten zu bringen und die immer wieder Neue Welt zu analysieren, von ihr zu berichten und zu erzählen, am besten er selbst wäre.

In diesem Buch fließen Vergangenheit, Gegenwart und Zukunft eines Kontinents zusammen, eines Teils der Welt, der dazu ansetzt, über sich hinauszuwachsen. Es ist wahrscheinlich kein Zufall, dass Lateinamerika seinen Weg gefunden hat in einem Moment, in dem der große Nachbar USA anderweitig beschäftigt ist und keine Zeit hat, sich um seinen »Hinterhof« zu kümmern. Doch nichts geht einfach vonstatten in der Heimat Bolívars, Martís, Pinochets, Che Guevaras und Lulas. Es gilt, viel zu lernen und viel zu erklären. Die Vorgehensweise Friedrichs des Großen ist dafür nicht unbedingt der richtige Weg. Der König erfand einst ein Reich der Träume, in dem er seine eigenen Schlachten schlug. Auch die Methoden der Romantiker führen in die Irre, sie schufen eine Welt, die letztlich nur ihrem eigenen Inneren entsprach. Um die staubigen Wege Humboldts noch einmal abzuschreiten, bedarf es eines systematischeren, tiefgründigeren und auch besser gelaunten Reisenden.

Ich freue mich sehr, dass Sebastian Schoepp sich entschlossen hat, seinen Blick auf meinen so leidgeprüften wie wundervollen Kontinent zu werfen. Es ist notwendig. Ich denke, seine Leser befinden sich in guten Händen. Wir, die Lateinamerikaner, wissen nach Jahren voller angeregter Diskussionen und fröhlichem Lachen sowieso längst, dass er einer von uns ist.

Anmerkungen

Kapitel 1

1 zitiert nach Rehrmann 2009
2 Diese Worte soll Simón Bolívar seinem Arzt nach Darstellung einiger Chronisten kurz vor seinem Tod ins Ohr geflüstert haben; zitiert nach www.simon-bolivar.org.
3 Als Kreolen bezeichnet man gemeinhin die in Lateinamerika geborenen Nachkommen spanischer Einwanderer.
4 Ospina 2006, Seite 163
5 Paz 2004, Seite 238
6 Paz 1998, Seite 164
7 América Latina, region satisfecha, *BBC Mundo*, 18. 11. 2008
8 Ospina 2006, Seite 264
9 ebd., Seite 247
10 Paz 2004, Seite 237
11 ebd.
12 Die lateinamerikanische Hoffnung, *Die Zeit*, 30. 4. 2008
13 Wörtlich: offensichtliche Bestimmung; gemeinhin wird damit das religiös begründete Sendungsbewusstsein bezeichnet, das der politischen und wirtschaftlichen US-amerikanischen Expansion in die Welt zugrunde liegt.
14 Obama bezeichnet Lateinamerika als Vorbild für den Nahen Osten. *Associated Press*, 21. März 2011.
15 Zitiert nach: Lebendige Demokratien, *Süddeutsche Zeitung*, 23. 3. 2011.
16 *Economist*, So near and yet so far, 11. 9. 2010
17 So bezeichnet man die Gesamtheit der Staaten, die aus dem früheren spanischen und portugiesischen Kolonialreich in Amerika hervorgegangen sind.
18 Gespräch mit dem Verfasser, Frankfurt, 1. 10. 2010

Kapitel 2

1 Gespräch mit dem Verfasser, Heidelberg, 6. 10. 2010
2 Rehrmann 2005, Seite 236
3 Volpi 2009, Seite 18
4 ebd., Seite 19
5 ebd.
6 ebd., Seite 20
7 ebd., Seite 21
8 ebd.
9 Der arme Onkel aus Lissabon, *Süddeutsche Zeitung*, 4. 12. 2010

Kapitel 3

1 Presidente Pepe, *Süddeutsche Zeitung*, 23. 10. 2009
2 Gespräch mit dem Verfasser, Managua, 7. 2. 2005
3 Ali 2007, Seite 35.
4 ebd., Seite 45
5 ebd., Seite 15
6 Vargas Llosa elogia los gobiernos de izquierda moderada en Latinoa-mérica, *Agence France Press*, 14. 10. 2010.
7 ebd.
8 Volpi 2009, Seite 110 ff.
9 *Economist*, So near and yet so far, 11. 11. 2010
10 Der Aufklärer, *Frankfurter Allgemeine Zeitung*, 29. 10. 2010
11 Der verkannte Held, *taz*, 1. 11. 2010
12 Gespräch mit dem Verfasser, Heidelberg, 6. 10. 2010
13 ebd.
14 Gespräch mit dem Verfasser, Frankfurt, 8. 10. 2010
15 Bundesregierung wirbt um Aufträge in Brasilien, *Die Welt*, 2. 11. 2010
16 Fortsetzung folgt, *Capital*, 1. 12. 2010
17 Lulas Geschöpf, *Frankfurter Allgemeine Zeitung*, 3. 11. 2010
18 Publicados los primeros deocumentos secretos de los archivos de la dictadura militar sobre Rousseff, *El País*, 19. 11. 2010
19 Fortsetzung folgt, *Capital*, 1. 12. 2010
20 *GIGA Focus Lateinamerika*, 1/2010
21 Als »extrem arm« gilt jemand, der von weniger als einem Dollar pro Tag leben muss.
22 Staudammbau auf Biegen und Brechen, *taz*, 24. 6. 2010

23 Öl fürs Volk, *Financial Times*, 15. 12. 2010
24 Wirklich zum Heulen, *Berliner Zeitung*, 24. 11. 2010
25 *GIGA Focus Lateinamerika*, 1/2011
26 *GIGA Focus Global*, 2/2011
27 Brasiliens Präsident fordert gerechtere Weltwirtschaftsordnung, *Agence France Press*, 15. 4. 2009
28 Bundesregierung wirbt um Aufträge in Brasilien, *Die Welt*, 2. 11. 2010
29 *Der Spiegel*, 22. 5. 2010
30 Ali 2007, Seite 63
31 ebd., Seite 71
32 ebd.
33 Televisión del Sur, wörtlich »Fernsehen des Südens«
34 Gespräch mit dem Verfasser, Barcelona, 8. 11. 2010
35 *Frankfurter Allgemeine Zeitung*, 30. 11. 2007
36 NRhZ-online, 15. 7. 2009
37 Hay una demonización de Chávez, *El País*, 10. 9. 2010
38 Sivak 2008, Seite 109 f.
39 Gespräch mit dem Verfasser, La Paz, 5. 11. 2008
40 Gespräch mit dem Verfasser, La Paz, 7. 11. 2008
41 Gespräch mit dem Verfasser, La Paz, 7. 11. 2008

Kapitel 4

1 Paz 1998, Seite 122
2 Volpi 2009, Seite 144 ff.
3 Ospina 2006, Seite 247
4 ebd.
5 Volpi 2009
6 ebd., Seite 27
7 ebd., S. 245 ff.
8 Galeano 1999, Seite 1
9 Gespräch mit dem Verfasser, San José, 5. 6. 2008
10 Fallas 2007, Seite 92
11 Gespräch mit dem Verfasser, San José, 5. 6. 2008
12 ebd.
13 Gespräch mit dem Verfasser, San José, 4. 6. 2008
14 Gespräch mit dem Verfasser, San José, 5. 6. 2008
15 Asociación interétnica de desarollo de la selva peruana, deutsch: Ver-

einigung der indigenen Völker zur Entwicklung des peruanischen Urwalds
16 Die ILO, die International Labour Organization, ist eine Sonderorgani-
sation der Vereinten Nationen.
17 Gespräch mit dem Verfasser, 9. 6. 2009
18 ebd.
19 *Agence France Presse*, 19. 6. 2009
20 Gespräch mit dem Verfasser, 3. 1. 2010
21 ebd.
22 Gespräch mit dem Verfasser, Berlin 19. 6. 2009
23 Gespräch mit dem Verfasser, 19. 6. 2009
24 E-Mail an den Verfasser, 20. 9. 2010
25 www.klimaretter.info, 15. 9. 2010
26 E-Mail an den Verfasser, 20. 9. 2010
27 dpa, 12. 1. 2011
28 Fuerzas Armadas Revolucionarias de Colombia
29 Drogas y Democracia: Hacía un cambio de paradigma. Declaración de
la Comisión Latinoamericana sobre Drogas y Democracia, www.drogas
edemocracia.org
30 Drogen-Freigabe gefordert, *Süddeutsche Zeitung*, 15. 9. 2010
31 La guerra contra las drogas no funciona. Hay que cambiar la receta, *El
País*, 13. 7. 2010
32 Mario Vargas Llosa, Los hispanicidas, *El País*, 11. 5. 2003
33 Gespräch mit dem Verfasser, 11. 6. 2009
34 Spanisch: Sendero Luminoso
35 El hombre blanco enloquece con la tierra, *El País*, 21. 6. 2009
36 Histórica victoria indigena en Brasil, *BBC Mundo*, 20. 3. 2009
37 *GIGA Focus Lateinamerika*, 8/2010
38 Ospina 2006, Seite 67
39 ebd., Seite 243
40 ebd., Seite 264
41 ebd., Seite 132 f.
42 ebd., Seite 263
43 Die lateinamerikanische Hoffnung, *Die Zeit*, 30. 4. 2008
44 Brief an den Verfasser, 27. 11. 2010
45 ebd.
46 Scholl-Latour 2009, Seite 446

47 Zweig 1997, Seite 12 f.

48 Ospina 2006, Seite 264

49 Paz 1998, Seite 29, 32

50 Paz 2004, Seite 238

51 Die lateinamerikanische Hoffnung, *Die Zeit*, 30. 4. 2008

52 ebd.

53 Zu Deutsch: »Die exportierten Nicas«. »Nica« ist eine Kurzform für Nicaraguaner, die korrekterweise nur Nicaraguaner benutzen dürfen.

Kapitel 5

1 Gespräch mit dem Verfasser, Frankfurt, 8. 10. 2010

2 ebd.

3 ebd.

4 Gespräch mit dem Verfasser, München, 17. 9. 2010

5 Gespräch mit dem Verfasser, Frankfurt, 8. 10. 2010

6 La provisoria paz de la conciencia, *El Pais*, 18. 5. 2009

7 Murió Mario Benedetti, *BBC Mundo*, 18. 5. 2009

8 Gespräch mit dem Verfasser, 17. 9. 2010

9 Vorwort zur deutschen Übersetzung, Paz 1998

10 Paz 1998, Seite 164

11 Martin 2009, Seite 341

12 ebd.

13 Gerald Martin: Vortrag beim Hay-Literaturfestival in Cartagena de Indias, 30. 1. 2009

14 Martin 2009, Seite 357

15 zitiert nach ebd., Seite 414

16 Gespräch mit dem Verfasser, 17. 9. 2010

17 Eine harte verlockende Droge, *Süddeutsche Zeitung*, 16. 1. 2007

18 Gespräch mit dem Verfasser, Berlin, 19. 9. 2007

19 Volpi 2009, Seite 194

20 Gespräch mit dem Verfasser, Heidelberg, 6. 10. 2010

21 Volpi 2009, Seite 181

22 Lima siempre me está vomitando personajes desdichados, *El País*, 6. 2. 2010

23 ebd.

24 Jaime Bayly: Me he permitido ejercer mi hombría como me ha dado la gana, *El Tiempo*, 30. 10. 2009

25 Quieren hacerlo candidato a presidente, www. jaimebayly.com
26 Bayly habla sobre Diego Bertie, www.webdelatele.com, 11. 7. 2007
27 Quieren hacerlo candidato a presidente, www.jaimebayly.com
28 Lima siempre me está vomitando personajes desdichados, *El País*, 6. 2. 2010
29 ebd.
30 Bayly: Presentó novia de 21 en TV, www.youtube.com
31 Bayly: Les presento a Silvia, mi chica, www.Peru21.pe, 8. 2. 2010
32 Federico Salazar, El derecho de Jaime Bayly, *La República*, 7. 2. 2010
33 Diego Bertie tilda de tontos a peruanos por seguir a Jaime Bayly, www. rpp.com.pe, 5. Februar 2010
34 Gespräch mit dem Verfasser, München, 5. 5. 2010
35 ebd.
36 ebd.
37 *El español, lengua global: La economía*, Instituto Cervantes, Santillana, Telefónica, Madrid 2010
38 Gespräch mit dem Verfasser, Tafi del Valle, 27. 10. 2008
39 Argentina: Condenan a ex militares, *BBC Mundo*, 28. 8. 2008
40 Roberto Herrscher: Argentiniens Abschied von der Diktatur, *Süddeutsche Zeitung*, 18. 6. 2005
41 Gespräch mit dem Verfasser, 28. 5. 2009
42 Aufklärung am Amazonas, *Süddeutsche Zeitung*, 23. 12. 2009
43 Fonteles de Lima 2006, Seite 23
44 So heißt Perus Verteidigungsministerium.
45 Uceda 2004, Seite 291
46 ebd., Seite 294
47 Aviso para dictadores, *El País*, 19. 4. 2009
48 E-Mail an den Verfasser, 26. 5. 2009
49 Confederação Nacional da Indústria
50 Gespräch mit dem Verfasser, München, 31. 5. 2010
51 ebd.
52 ebd.
53 Zweig 1997, Seite 101
54 *GIGA Focus Lateinamerika*, 1/2010
55 América Latina y el Caribe crecerá 5,2 %en 2010, Comisión Económica para América Latina (Cepal) – Comunicado de Prensa, 21. 7. 2010
56 Through dynamic growth Latin America and the Caribbean absorbed

the Crisis' Social Impact, World Bank LAC Presse Release 2011/122/ LAC

57 *GIGA Focus Lateinamerika*, 1/2010

58 Partido Revolucionario Institucional (PRI) herrschte in Mexiko von 1929 bis 2000.

59 Shaping a New Agenda for Latin America, *The McKinsey Quarterly*, Special edition 2007

60 So near and yet so far, 11. 9. 2010

61 ebd.

62 *GIGA Focus Lateinamerika*, 10/2010

63 So near and yet so far, 11. 9. 2010

64 *GIGA Focus Lateinamerika*, 10/2010

65 *GIGA Focus Lateinamerika*, 7/2010

66 Gespräch mit dem Verfasser, Managua, Februar 2005

67 Secretaría General Iberoamericana

68 Der Mercosur, Mercado Común del Sur, ist eine Wirtschaftsgemeinschaft Südamerikas, die einen gemeinsamen Markt aufbauen will nach Vorbild der Europäischen Gemeinschaft. Mitglieder sind 2011 Argentinien, Brasilien, Paraguay und Uruguay. Venezuela würde gern dazustoßen, doch scheitert der Vollzug der Aufnahme vorläufig an politischen Differenzen. Chile, Bolivien, Peru, Ecuador und Kolumbien sind assoziierte Staaten.

69 Fuerzas Armadas Revolucionarias de Colombia, deutsch: Revolutionäre Streitkräfte Kolumbiens

Literatur

Acosta, Alberto: *La maldición de la abundancia*, Quito 2009

Alabarces, Pablo: *Für Messi sterben? Der Fußball und die Erfindung der argentinischen Nation*, Berlin 2010

Alarcón, Daniel: *Lost City Radio* (Roman), Frankfurt 2010

Ali, Tariq: *Piraten der Karibik. Die Achse der Hoffnung*, Kreuzlingen, München 2007

Ballesteros, Manuel: *Francisco Pizarro*, Madrid 1987

Barloewen, Constantin von: *Kulturgeschichte und Modernität Lateinamerikas*, Berlin 1992

Bayly, Jaime: *El cojo y el loco* (Roman), Madrid 2010

Bayly, Jaime: *Los últimos días de »La Prensa«* (Roman), Barcelona 1996

Bayly, Jaime: *Sag es keinem* (Roman), Zürich 1996

Bruzzone, Félix: *1976*, Berlin 2010

Caparrós, Martín: *Wir haben uns geirrt* (Roman), Berlin 2010

Caparrós, Martín: *El interior*, Buenos Aires 2006

Carcache, Douglas: *Del dicho al hecho*, Konrad-Adenauer-Stiftung, Managua 2003

Carcache, Douglas: *Los nicas exportados*, Managua 2006

Cepeda, Iván/Jorge Rojas: *A las puertas de El Ubérrimo*, Bogotá 2008

Chatwin, Bruce: *In Patagonien. Reise in ein fernes Land*, Reinbek bei Hamburg 1984

Coates, Anthony G. (Hg.): *Paseo Pantera. Una historia de la naturaleza y cultura de Centroamérica*, Washington and London 2003

Cristoff, Maria Sonia: *Patagonische Gespenster. Reportagen vom Ende der Welt*, Berlin 2010

Díaz, Junot: *Das kurze wundersame Leben des Oscar Wao* (Roman), Frankfurt 2009

Easterly, William: *Wir retten die Welt zu Tode. Für ein professionelleres Management im Kampf gegen die Armut*, Frankfurt 2006

Fadanelli, Guillermo J.: *Das andere Gesicht Rock Hudsons* (Roman), Berlin 2004

Fallas, Carlos Luis: *Mamita Yunai* (Roman), San José 2007

Figueras, Marcelo: *Kamtschatka* (Roman), Zürich 2006

Figueras, Marcelo: *Das Lied von Leben und Tod* (Roman), Zürich 2008

Figueras, Marcelo: *Der Spion der Zeit* (Roman), Zürich 2010

Fonteles de Lima, Pablo César: *Wenn der Tod sich nähert, nur ein Atemzug*, Berlin 2006

Fuentes, Carlos: *Der vergrabene Spiegel. Die Geschichte der hispanischen Welt*, Frankfurt 1998

Galeano, Eduardo: *Die offenen Adern Lateinamerikas. Die Geschichte eines Kontinents*, Wuppertal, Neuausgabe 2009

Galeano, Eduardo: *Las venas abiertas de América Latina*, 15. Auflage, México 1999

García Márquez, Gabriel : *Hundert Jahre Einsamkeit* (Roman), München 1984

García Márquez, Gabriel: *Der General in seinem Labyrinth* (Roman), Frankfurt 2004

Greene, Graham: *Mein Freund, der General* (Roman), Reinbek 1990

Guevara, Che: *Motorcycle Diaries. Latinoamerica. Tagebuch einer Motorradreise 1951/52*, Köln 2004

Guevara, Che/Alberto Granados: *Viaje por Sudamérica*, Tafalla 1994

Herrera, Yuri: *Abgesang des Königs* (Roman), Frankfurt 2011

Herrscher, Roberto: *Los viajes del Penélope. La historia del barco mas viejo de la guerra de Malvinas*, Buenos Aires 2007

Herrscher, Roberto: *Periodismo narrativo*, Santiago de Chile 2009

Hodge, James/Linda Cooper: *Die Geschichte von Pater Roy Bourgeois und die Initiative zur Schließung der »Schule für Amerika«*, Berlin 2006

Humboldt, Alexander von: *Ansichten der Kordilleren und Monumente der eingeborenen Völker Amerikas*, Frankfurt 2004

König, Hans-Joachim: *Kleine Geschichte Lateinamerikas*, Stuttgart 2009

Lessmann, Robert: *Das neue Bolivien. Evo Morales und seine demokratische Revolution*, Zürich 2010

Luna, Félix: *Golpes militares y salidas electorales*, Buenos Aires 1983

Martin, Gerald: *Gabriel García Márquez. Una vida*, Barcelona 2009

Melo, Patricia: *Inferno* (Roman), Stuttgart 2003

Memoria histórica y cultura de la paz. Experiencias en América Latina, Inwent, Mimdes, DED, Lima 2006

Menchú, Rigoberta: *Rigoberta: La nieta de los mayas*, México 1998

Mühlen, Patrick von zur: *Fluchtziel Lateinamerika. Die deutsche Emigration 1933 bis 1945*, Bonn 1988

Oppenheimer, Andrés: *Cuentos Chinos. El engaño de Washington, la mentira populista y la esperanza de América Latina*, Buenos Aires 2007

Ospina, William: *América Mestiza. El país del futuro*, Bogotá 2006

Paz, Octavio: *El Labirinto de la soledad*, dritte Auflage, México 2004

Paz, Octavio: *Das Labyrinth der Einsamkeit*, Frankfurt 1998

Paz Soldán, Edmundo: *Palacio Quemado* (Roman), La Paz 2007

Piñeiro, Claudia: *Die Donnerstagswitwen* (Roman), Zürich 2010

Ramírez, Sergio: *Adiós muchachos. Una memoria de la Revolución Sandinista*, San José 1999

Ramírez Heredia, Rafael: *La Mara*, México 2003

Rehrmann, Norbert: *Lateinamerikanische Geschichte. Kultur, Politik, Wirtschaft im Überblick*, Reinbek bei Hamburg 2005

Rehrmann, Norbert: *Simón Bolívar. Die Lebensgeschichte des Mannes, der Lateinamerika befreite*, Berlin 2009

Rey, Romeo: *Geschichte Lateinamerikas vom 20. Jahrhundert bis zur Gegenwart*, München 2006

Rico, Maite/Bertrand de la Grange: *Quén mató al obispo? Autopsia de un crimen político*, México 2003

Rodó, José Enrique: *Ariel*. Übersetzt, herausgegeben und erläutert von Ottmar Ette, Mainz 1994

Roncagliolo, Santiago: *Roter April* (Roman), 2008

Sardenberg, Carlos Alberto: *Neoliberal, não. Liberal. Para entender o Brasil de hoje e de amanhã*, São Paolo 2009

Sarmiento, Domingo Faustino: *Barbarei und Zivilisation. Das Leben des Facundo Quiroga*, Frankfurt 2007

Schmidt, Heinz G.: *Adiós Revolución. Eine Reise ins Herz Lateinamerikas*, Freiburg 2005

Schoepp, Sebastian: *Das Argentinische Tageblatt 1933 bis 1945. Ein Forum der antinationalsozialistischen Emigration*, Berlin 1996

Scholl-Latour, Peter: *Die Angst des weißen Mannes. Ein Abgesang*, Berlin 2009

Shaping a New Agenda for Latin America, *The McKinsey Quarterly*, Special edition 2007

Sivak, Martín: *El dictador elegido. Biografía no autorizada de Hugo Banzer Suárez*, La Paz 2001

Sivak, Martín: *Jefazo. Retrato íntimo de Evo Morales*, Santa Cruz 2008

Strausfeld, Michi (Hg.): *Schiffe aus Feuer. 36 Geschichten aus Lateinamerika*, Frankfurt 2010

Téllez, Édgar/Jorge Lesmes: *Pacto en la sombra. Los tratos secretos de Estados Unidos en el narcotráfico*, Bogotá 2006

Uceda, Ricardo: *Muerte en el Pentagonito. Los Cementerios secretos del Ejército Peruano*, Bogotá 2004

Vallejo, Fernando: *Die Madonna der Mörder* (Roman), Wien 2000

Vargas Llosa, Mario: *Tod in den Anden* (Roman), Nachdruck, Berlin 2011

Vasconcelos, José: *La raza cosmica*, México 2007

Volpi, Jorge: *El Insomnio de Bolívar. Cuatro consideraciones intempestivas sobre América Latina en el siglo XXI*, Barcelona 2009

Walsh, Rodolfo: *Ein schwarzer Tag für die Gerechtigkeit*, Wien 2010

Wulffen, Bernd: *Deutsche Spuren in Argentinien*, Berlin 2010

Wulffen, Bernd: *Kuba im Umbruch. Von Fidel zu Raúl Castro*, Berlin 2008

Ziegler, Jean: *Der Hass auf den Westen*, München 2009

Zweig, Stefan: *Brasilien. Ein Land der Zukunft*, Frankfurt 1997

WESTEND

Jörg Armbruster

Der arabische Frühling.
Als die islamische Jugend begann,
die Welt zu verändern

Ca. 240 Seiten. Klappenbroschur

Im Frühjahr 2011 hat die islamische Jugend begonnen,
die politische Ordnung vieler arabischer Länder auf
den Kopf zu stellen. Tunesien, Ägypten, Libyen, Jemen,
Syrien, Bahrain – die Probleme in diesen Ländern
ähneln sich, es herrschen politische Unterdrückung,
Korruption, Polizeifolter, Arbeits- und Perspektivlosigkeit
der sehr jungen Bevölkerung. ARD-Korrespondent Jörg
Armbruster zeigt, wie sich diese jungen Menschen nun als
Hoffnungsträger für eine bessere Zukunft erweisen.

Jürgen Gottschlich, Sabine am Orde (Hg.)
Europa macht dicht. Wer zahlt
den Preis für unseren Wohlstand?

Ca. 192 Seiten. Gebunden

Es ist ein Skandal: Die EU schottet sich ab gegen
Flüchtlinge, deren Armut sie durch ihre fragwürdige
Subventionspolitik zum Beispiel in Afrika zu großen Teilen
mit verursacht. Die Folgen: Für Flüchtlinge wird es immer
gefährlicher, in die EU zu gelangen, es wird geschätzt,
dass jeder vierte Flüchtling im Mittelmeer ertrinkt; für
Schlepperbanden hingegen wird dieser »Geschäftszweig«
immer lukrativer. Jürgen Gottschlich und Sabine am
Orde zeigen die fatale Preisgabe der Menschenrechte an
Europas Grenzen, untersuchen die fragwürdige Rolle
der EU-Grenzagentur Frontex und fordern eine neue
Flüchtlings- und Einwanderungspolitik für
Deutschland und für Europa.